ANTON TAUTSCHER

Die Wirtschaft als Schicksal und Aufgabe

Die Wirtschaft als Schicksal und Aufgabe

Gesammelte Aufsätze

von

Anton Tautscher

Professor für Volkswirtschaftslehre
Finanzwissenschaft und Wirtschaftsgeschichte in Graz

DUNCKER & HUMBLOT / BERLIN

Gedruckt 1965 bei Berliner Buchdruckerei Union GmbH., Berlin 61
Printed in Germany

Meiner Frau
zum Zeichen des Dankes
für ihre dreißigjährige Opferwilligkeit
zum 23. 5. 1966

Vorwort

Wenn ich am 17. Jänner 1966 auf sechs Jahrzehnte meines Lebens, auf vier Jahrzehnte der Beschäftigung mit sozialen und sozialwirtschaftlichen Fragen und auf zweieinhalb Jahrzehnte meiner Lehrtätigkeit zurückblicke, dann muß ich festhalten, daß die Art der Fragen, die mich bewegten und bedrängten, immer die gleiche war. Immer wollte ich den sozial Schwachen und wirtschaftlich Geschwächten helfend entgegenkommen. Zuerst waren es die Arbeiter, dann die Bauern und schließlich die Handwerker. Immer wollte ich auch für die jeweilige Übermacht die entsprechende Gegenmacht finden, um die sozialen und wirtschaftlichen Spannungen zu mindern oder um sie gar hintanzuhalten.

Verschieden aber waren meine Stellungnahmen zu den gestellten Fragen.

Lange war ich „staatsgläubig", weil ich die Besserung von der organisierenden Kraft des Staates und von der der Staatsordnung zugrunde liegenden Gerechtigkeit erwartete. Die Einsicht in die organisatorische Gewalt und die wirtschaftliche Übermacht des Staates, die nicht selten der Gerechtigkeit entbehrt, läßt mich heute dem Staat gegenüber vorsichtiger sein.

Lange war ich auch „organisationsgläubig", weil ich von den Selbsthilfeorganisationen die erforderliche Initiative und genügend solidarisches Verhalten erwartete, zwei Eigenschaften, die den Geschwächten die entsprechende Beisteuer und Aushilfe bringen könnten. Der Überschlag von der Macht der Organisationen in die Ohnmacht der Organisierten ließ mich auch den Großorganisationen gegenüber verhaltener werden.

Nach diesen Umwegen entdeckte ich wieder im Menschen, in seiner Haltung und seinem Verhalten das richtige Lot des wirtschaftlichen Geschehens. Da ich erkannte, daß die Wirtschaft dem Menschen Aufgabe und nicht Schicksal sei, versuchte ich, auf Grund der personalistischen Ethik eine Wirtschaftsethik zu erarbeiten. In diese Richtung des forschenden Bemühens gehören alle meine Probleme„ vom Menschen", die ich vor allem für die Arbeiter und Bauern zu lösen trachtete.

All diese menschlichen Anliegen müssen doch wieder in richtig gestalteten Einrichtungen ihren Niederschlag finden. Daher stellte ich mir die Aufgabe: aus der Geschichte der Gesellschafts- und Wirtschaftsordnung die Variationsbreite für eine richtige, d. h. sozial gerechte und volkswirtschaftlich richtige Wirtschaftsordnung zu erarbeiten.

Die mir gestellten Probleme waren für mich nie wertfrei, weil ich hinter allen Fragen und Gegebenheiten als letzten Wert den Menschen sah.

Von diesem meinem persönlichen und wissenschaftlichen Bemühen mögen die folgenden Arbeiten Zeugnis geben.

Die Aufsätze sind von manchen Längen befreit und in manchen Abschnitten prägnanter gefaßt, nie aber sind sie in ihrer Anlage verändert.

Tamsweg, im März 1965

Anton Tautscher

Inhaltsverzeichnis

A. Der Sinn und die geistigen Grundlagen der Wirtschaft

I. Wirtschaft als Schicksal und Aufgabe[1]

1. Das Problem: die Wirtschaft zwischen Ökonomik und Chrematistik

Die Frage, ob die Wirtschaft dem Menschen Schicksal oder Aufgabe ist, ist aus dem Problemkreis der Wirtschaft nicht lösbar. Der Grund hiefür liegt darin, daß das Problem Wirtschaft selbst in der naturgemäßen Bereichsordnung des menschlichen Lebens den unmittelbaren Problemen vom Wesen des Menschen nachgeordnet ist. Daher ist die Stellung des Problems Mensch und Wirtschaft abhängig vom jeweils geltenden Menschenbild.

Die Antwort auf die Frage nach dem Wesen des Menschen, die die Philosophie gibt, ist demnach die Grundlage für die Lösung des Problems Mensch und Wirtschaft. Dieses *Problem* ist mithin *metaökonomischer Natur* und gehört dem Problemkreis der Philosophie an. Ist dort die Entscheidung gefallen, dann kann im Rahmen wirtschaftlicher Probleme die Ausführung hiezu gegeben werden.

Der Mensch ist jederzeit ein Problem, nur wird dieses Problem nicht immer mit gleicher Vehemenz gestellt. Der Grund für die stets bestehende Fraglichkeit des Menschen ist in ihm selbst gelegen. Er gehört nämlich nicht einer Seinsordnung allein an. Zufolge der *Zwiespältigkeit seiner Leib-Seele-Existenz* gehört er zwei Bereichen an: dem *der organischen Natur* und dem *des ungebundenen Geistes*. Deshalb fehlt dem Menschen einerseits die Naturbehütetheit des Tieres (Wust) und anderseits die absolute Freiheit reiner Geistwesen. Diese Zweiheit bringt ihm Unruhe und Ungeborgenheit und versetzt ihn dauernd in eine dialektische Spannung. Und diese Spannung konstituiert letztlich sein Wesen. *Der Mensch bleibt ein Suchwesen* (Wust).

Dieses Suchwesen Mensch ist immer *fragwürdig*, aber auch immer *der Frage würdig*. Darin liegt der Grund, warum „die Frage nach dem Sinn des Menschen die Frage aller Fragen ist" (Messer) und warum „die *Frage nach dem Wesen des Menschen* mit Recht ein *Urphänomen des menschlichen Lebens*" ist (Brandenstein).

---

[1] Wirtschaft, Schicksal oder Aufgabe des Menschen, Wien: Amandus-Verlag 1949, Schriftenreihe „Symposion" Bd. 29, nach einem Vortrag vor der Gesellschaft für christliche Kultur in Altdorf/Schweiz am 4. Dezember 1947.

Der Mensch hat die Kraft, von sich ein Menschenbild zu schaffen. Er macht je nach der wissenssoziologischen Bedingtheit einmal dieses und ein andermal jenes Menschenbild, meist aber ein Zerrbild. Deshalb zeigt die Geschichte von der Wesenserklärung des Menschen eine immerfort geknickte Linie vom Altertum bis zur Gegenwart. Am Ende stellt der Mensch in stumpfer Erschöpfung fest: ein Wissen um das Wesen des Menschen gibt es nicht, denn es ist „transzendent", oder er gibt auf seine Urfrage in angsterfüllter Verzagtheit die Antwort des Existentialismus, die schon Goethe formulierte:

„Was ist der Mensch?
Ein hohler Darm
Mit Furcht und Hoffnung angefüllt —
Daß Gott erbarm."

Ein wahrhaft erbarmungswürdiges Menschenbild!

Das Menschenbild, das der Mensch jeweils gemäß dem Stil der Zeitphilosophie von sich macht, bliebe an sich nur eine Angelegenheit der Philosophie, wäre es nicht auch entscheidend für die Auffassung und für die Ordnung der Gesellschaft in Staat und Wirtschaft. Denn das gesellschaftliche Leben ist ja nichts anderes als eine Darstellung des inneren Reichtums oder der inneren Armut des menschlichen Wesens (Frodl).

Weil aber heute die Folgen der Zerrbilder vom Menschen so schwer auf uns lasten, daß man beinahe an „die letzten Tage der Menschheit" glauben könnte, ist das Problem Mensch mit einer solchen Wucht akut geworden, daß es keinen Denkenden in Ruhe läßt und daß der Ruf nach dem neuen Menschenbild so gellend laut ist, daß ihn niemand überhören kann.

Mitschuld an der qualvollen Klage um den Menschen hat nicht zum geringsten Teil auch die *Wirtschaft*. Das Menschenmodell des *„homo oeconomicus"* machte den Menschen zum Rohstoff, zur Maschine und zum Bedürfnisse heischenden Wesen. Der Mensch wurde Produktionsfaktor, von dem man allerdings nicht genau wußte, sollte man ihn der Arbeit oder dem Kapital oder sogar dem Boden (Blut und Boden) zurechnen.

Die Ursache hiefür war in der Wandlung des Menschenbildes gelegen. Seitdem man die naturgegebene Stellung der Wirtschaft durch den Verabsolutierungsprozeß der einzelnen Lebensbereiche aufgab, kam die gefahrvolle Umkehr in das Verhältnis Mensch und Wirtschaft.

Von Platon bis knapp an Quesnay heran galt, daß „die geistigen Güter von Natur aus den anderen vorgeordnet sind und erst an dritter Stelle die sogenannten Glücksgüter, die sich auf Vermögen und Geldbesitz beziehen, stehen“ (*Platon,* Politeia). Das Streben nach solchen Gütern, das den Inhalt der Wirtschaft ausmacht, war demnach in seiner Rangordnung *allen anderen menschlichen Bereichen nachgeordnet.* Dieser so rangmäßig bestimmte Standort der Wirtschaft gibt auch das Ausmaß für alles wirtschaftliche Handeln. Dies stellte schon *Aristoteles* fest:

„So gibt es denn eine Art Erwerbskunst, die zur Natur der *Ökonomik* gehört, die diejenigen kennenlernen müssen, deren Aufgabe das Sammeln von Mitteln ist, die für das Leben in einer Gemeinschaft, in Haus und Staat *notwendig und nützlich* sind. Aus ihnen besteht der *wahre Reichtum.* Was für einen solchen Erwerb ausreicht zum vollkommenen Leben, ist *nicht grenzenlos.* Vielmehr besteht ein Maß hiefür wie für alle anderen Künste. Denn kein Werkzeug irgendeiner Kunst ist unbegrenzt, weder der Menge noch der Größe nach.“

Demgemäß ist dem Menschen die Aufgabe gestellt: für jeden einzelnen, aber auch für die Gemeinschaft soviel Glücksgüter zu schaffen, daß jeder den nötigen Unterhalt und die auskömmliche Nahrung habe, oder, wie wir heute sagen möchten: daß jeder den gerechten Lebensstandard habe.

Vom Menschen her wurde die Aufgabe der Wirtschaft bestimmt. Diese zu vollziehen war wieder des Menschen Aufgabe und Pflicht.

Die *wirtschaftliche Ordnung,* die sich daraus ableitete, war eine *gebundene* und *gelenkte.* Jedem war das Ausmaß seines Wohlstandsfonds zugeordnet und daraus wurde auch *für jeden der Umfang seines wirtschaftlichen Kraftfeldes abgeleitet.*

Die naturgemäße Grundordnung von Mensch und *Wirtschaft* wurde im Zuge der Wandlung des Menschenbildes verlassen und wurde zu einem *in sich selbst bestimmten autonomen Bereich,* der seine eigene Dynamik entwickelte. Hornigk sagte in Vollzug dieser Tendenz (1684): „Mächtig und reich seyn, ist itzo zu einem Relativo geworden, gegen diejenigen, so schwächer und ärmer seyn.“ In der Reichtumschaffung kommt es nunmehr *auf das Mehr an.*

Davon strahlte in die Wirtschaft eine so ungeheure Dynamik aus, daß sie alsbald alle anderen Lebensbereiche in ihre Maschinerie einbezog und ihnen auch das Gepräge gab. *Der Weg für die Ökonomisierung des Lebens war beschritten.*

Die Wirtschaft entwickelte eine eigene Gesetzmäßigkeit. Die Gesetze der Wirtschaft bestimmen, wer ein Recht auf Leben hat und für wen ein solches nicht besteht. „Nicht für alle ist auf der Tafel der Natur ein Gedeck aufgedeckt“ (Malthus). *Die Wirtschaft wird dem Menschen zum Schicksal.* Die der Wirtschaft immanenten Gesetze bestimmen das Handeln der Menschen.

Was dem Menschen Aufgabe war, wurde ihm Schicksal: die Wirtschaft.

Damit aber noch nicht genug. Dieses Schicksalhafte der Wirtschaft wurde durch die Lehre von der Wirtschaft legitimiert.

Wie dieses Ergebnis moderne Vertreter der Ökonomik zur Selbstkritik veranlaßte, zeigt sich, wenn Spann von „Fluch und Segen der Wirtschaft" (1931) spricht oder wenn Sombart das Buch „Vom Menschen" (1938) als Erbe hinterließ und wenn v. Wiese, die Geschehnisse anklagend, ein Buch „Homo sum" (1940) schrieb und nun in der Überzeugung der Umkehrnotwendigkeit eine *„Ethik in der Schauweise vom Menschen und der Gesellschaft"* (1948) vorlegt, die „den *Sollfragen des menschlichen Lebens*" gewidmet ist.

2. Die Bedrohung des Menschen durch die Wirtschaft

Das Gewinn- und Erwerbsstreben ist nach dem Vindikationsprozeß der Wirtschaft aus ihrer gesellschaftlichen Gebundenheit *nicht mehr zweckgebunden*. Immer mehr muß erworben werden, unabhängig davon, ob das Erworbene sinnvoll gebraucht oder überhaupt verbraucht werden kann. *Der Gewinn muß „mehr" werden.* Die Saldi im Hauptbuch markieren den Weg zum Ziel, das in der Endsumme des Gewinnkontos in Erscheinung tritt.

Von dieser buchhalterischen Erfolgsrechnung geht die *Rechenhaftigkeit* auf alles wirtschaftliche Handeln. Errechnet wird der mögliche Absatz, errechnet werden demgemäß die Bedürfnisse bis in die intimsten Angelegenheiten. Errechnet werden die notwendigen Produktionsfaktoren und in Verfolg dieser Produktionsfaktorenrechnung werden die Menschenkosten der Betriebe verfolgt, auf deren Konto einerseits der Arbeitsertrag und andererseits die „sozialen Lasten" verzeichnet werden. Dies nennt man dann „Menschenökonomie". Errechnet werden die Nutzeffekte der Maschinen, die dann mit Null abgeschrieben werden, wenn ein ertragreicherer Typ sie verdrängt, unabhängig davon, ob ihre technische Leistungsfähigkeit noch Jahrzehnte dauern könnte. *Die Wirtschaft ist Kalkulation und Rechnung geworden.*

Wirtschaftlich rechnen kann man nur mit Quanten. Daher muß *jede Qualität in Quantität aufgelöst* werden. Die Qualität der Erzeugnisse muß in Massenproduktion verwandelt werden. Die Erzeugung schafft Massen und wird mit Massen bewältigt. Dies beginnt schon bei der Standortwahl der Betriebe. Die moderne Fabrik muß dorthin gelegt werden, wo die Arbeitermassen sind. Dadurch entsteht die industrielle Revierbildung, denn Massen ziehen Massen an. Dies nennt man dann „Arbeitsorientierung". Die Arbeitsleistung wird in Stunden und Stückzahl gemessen. *Die Wirtschaft ist nur ein Rechnen in Quanten.*

Da der Absatz die Gewinngrundlage jeder Wirtschaft ist, müssen der hinter dem Absatz liegende Bedarf und die ihn konstituierenden Bedürfnisse „produziert“ werden, wen sie an Zahl und Maß nicht ausreichen, um die Erzeugnisse der Massenproduktion abzusetzen. Das Mittel zur Hervorbringung der Bedürfnisse ist die *Reklame*. Durch immerwährendes Anreizen in Wort und Bild wird der kaufenden Masse lange klargemacht, daß sie ohne diesen oder jenen Bedarf nicht leben kann. *Die Wirtschaft hat damit ihren Zweck umgedreht.* Eigentlich ist ihre Aufgabe: die gegebenen Bedürfnisse mit Gütern zu versorgen; jetzt bringt sie die Bedürfnisse hervor. *Der bedürftige Mensch wird durch die Wirtschaft zum Bedürfnis heischenden Wesen erzogen.*

Weil die Erweiterung der Bedürfnisse wegen der Verschiedenartigkeit dieser zur unrentablen Sonderproduktion zwingt, muß mit der „Bedürfnisanerziehung“ auch eine vereinheitlichende *Straffung der Bedürfnisse vorgenommen* werden. Das Mittel dazu ist die *Mode*. Die Menschen werden durch sie in ihrem Begehren auf eine Linie gebracht. *So wird der Mensch in seinem ureigensten Bereich, in seinem Wunschbereich, zum Objekt der Spekulation.* Die Mode bringt „die Kultur der Gleichform“ (Hirsch) und das „System der Hammelherdigkeit“ (Sombart).

Für den von der Wirtschaft auf die Gewinnerbringung zugerichteten Absatz wird die Produktionsmaschine in Gang gesetzt und immerwährend verbessert und vergrößert.

Die gesamte Erzeugungsapparatur wird von vornherein rechenhaft aufgezogen, weil man die Verrichtungsvorgänge doch nicht dem Zufall der im Betrieb Tätigen überlassen kann. Daher muß jeder Handgriff vorbereitet und vorbestimmt sein. All dies ist Sache der Betriebsleitung. Diese Leitung und Lenkung beginnt beim Eintritt in die Fabrik mit der Abgabe der Arbeitsmarke wirksam zu werden und hat ihren Höhepunkt in der selbst sich zeichnenden Arbeitsleistungskurve im Büro des Betriebsleiters. Alles Geschehen im Betrieb ist kalkuliert, organisiert und kontrolliert. Hier liegt Planwirtschaft vom ersten bis zum letzten Handgriff vor. *Die Privatwirtschaft brachte die Form der Planwirtschaft hervor.*

Der Betrieb läuft und der Mensch wird Teil des Getriebes. Es gibt keinen eigenständigen Entschluß der Tätigen mehr. Der Mensch wurde Maschine! Der aus freudiger Erregung kommende Ausruf „L'homme machine“ von de la Mettrie wurde zur fluchbeladenen Feststellung. *Damit ist die Arbeit ihres Sinnes beraubt, sie hat aufgehört, eine das Leben erfüllende Tätigkeit zu sein.*

Der Mensch ist in *seiner Leistungsweise Maschine und in seinem Bestand Rohstoff.* Dieser Rohstoff hat die Eigenart, von ihm geforderte Leistungen hervorzubringen. Allerdings ist dieser Rohstoff im Betrieb wie jeder andere dem Verschleiß preisgegeben. Daher kann die Gefahr der Verknappung dieses Produktionselementes die Erzeugungsprozedur bedrohen. Deshalb muß im Falle der Verknappung — allerdings nur dann — auch mit diesem sich selbst vermehrenden Rohstoff wirtschaftlich umgegangen werden. Auf diese Beachtung machte Göring im Befehl vom 17. Juli 1943 (Nr. 6105/43 N. f. D. des Chef AW) aufmerksam, indem er sagte: *„Der wertvollste und zugleich knappste Rohstoff ist der Mensch."*

Von der Wirtschaft wird der *Mensch* zum *Güter heischenden Wesen* erzogen, zur Güter *schaffenden Maschine* degradiert und als *Rohstoff in die Wirtschaftsrechnung* eingesetzt.

Wo gibt es ein idealeres Gewinnobjekt?

Die Wirkungen dieser Objektivierung des Menschen gehen durch das ganze gesellschaftliche Leben und treten in den Vermassungserscheinungen zu Tage.

Ist der Mensch seiner Persönlichkeit beraubt, so ist, wie Sombart sagt, „das Menschenleben sinnlos geworden. *Abgeschnitten von den transzendenten Bezügen* ist der Mensch auf sich selbst gestellt und sucht die *Erfüllung seines Sinnes in sich und findet ihn nicht.*" Dies Leersein beschreibt auch Tillich: „Durch das Abschneiden dieser Beziehungen schwingt der Mensch einsam in sich selbst, *umgeben von einer inneren Leere.* In all sein Ringen um sein Sein dringt ständig ein eisiger Hauch von Sinnlosigkeit, der ihn erstarren läßt."

Der in sich sinnlose und *leere Mensch hat keinen Halt,* er ist *Masseteilchen* geworden. Es ist nicht zu wundern, wenn er dann auch in die Gesetze der Massen einbezogen wird. Für die Menschen gilt nun auch das Newtonsche Gravitationsgesetz. Die vermasste Stadt und die Massen der Industriereviere ziehen in gerader Proportion der Annäherung die Massenteile Mensch an sich. Hier liegt der Grund für die Entwurzelungserscheinungen, wie sie in Land- und Gewerbeflucht in Erscheinung treten. Die entpersönlichten und nur mehr Masseteile gewordenen Menschen werden gesetzmäßig von der Masse angezogen.

Diese Massen sind nichts anderes als aufgespeicherte Wucht, die nur „auf den Antrieb von außen wartet" (Pius XII. in der Rundfunkansprache „Benignitas"). Ist der Antrieb gegeben, wirkt sie gesetzmäßig mit $\frac{m\,v^2}{2}$. Allerdings *„haben die Massen nur die Kraft zur Zerstörung.* Und plötzlich wird die blinde Wucht der Masse für einen Augenblick zur Philosophie der Geschichte" (Le Bon).

Die Eigenschaften der Masse sind nach dem Gesetz der seelischen Einheit der Massen folgende. Die Masse ist nicht verstandesmäßig veranlagt, sie ist triebhaft, leicht beweglich, erregbar, beeinflußbar und leichtgläubig, gibt sich gerne einseitigem Überschwang hin, ist unduldsam und verehrt die Macht (Le Bon). Die Masse ist für jedes Schlagwort empfänglich, das die geschickte Propagandamaschine produziert. Dadurch ist *der Mensch auch seiner Überzeugung beraubt*, sie wird von außen an ihn herangebracht (Ortega y Gasset). Es ist nur verständlich, daß sowohl die leichte Formbarkeit als auch die Wucht der Masse geradezu dazu reizt, vom „Übermenschen“ für seine Zwecke benützt zu werden. *Der Mensch verlor die Überzeugung, sie wird für ihn produziert.*

Diese Vermassungserscheinungen geben auch dem Staat und seinen Organisationskreisen das Gepräge. Alle Lebensäußerungen und Notwendigkeiten werden über das Fragebogenverfahren in den Staatskanzleien zentralisiert und von dort her gelenkt. Und zwar beginnen die Registrierungserscheinungen weit vor der Geburt des Menschen schon durch die Staatsintervention bei der Gattenwahl und enden erst im vierten oder fünften Glied. Bis dorthin mußte bei jeder Hotelanmeldung die Generationenfolge auf dem Meldeschein verzeichnet werden.

Wenn man zu diesem Geschehen die begründete Sorge äußert (Hayek): dies ist der *„Weg in die Knechtschaft“*, so ist dem nur die Frage hinzuzufügen: Woher kam all dies? Es kam von der Grundhaltung, die den Liberalismus gebar, der sich jetzt mit Recht von seinem Ergebnis bedroht fühlt. *Der Staat wurde zur zentralen Organisationsmaschine.*

Aus dem wirtschaftlichen Streben nach Mehr wurden alle naturgegebenen Bereiche des Lebens in den Bann der Wirtschaft gezogen, die ihnen ihr Gepräge aufdrückte.

Das Ebenbild Gottes wurde Rohstoff. Der Gottesbildträger wurde Maschine, die nach der Handgrifflehre des Taylor- und Stachanowsystems gehandhabt werden muß. *Der Mensch wurde zum wirtschaftlich verwertbaren Gegenstand und zum vermaßten Gesellschaftsteil ohne eigene Psyche und eigene Überzeugung. Der Mensch wurde Objekt der zentralen Staatsmacht.*

Hat man noch einen Funken von Glauben an die Würde des Menschen in sich, so kann man nicht annehmen, daß dies alles der Mensch aus sich selbst hervorbrachte. Daher sagte schon im Jahre 1937 Sombart:

„Nur wer an die Macht des Teufels glaubt, kann verstehen, was sich in den letzten anderthalb Jahrhunderten zugetragen hat. Denn nur als Teufelswerk kann gedeutet werden, was wir erlebt haben.“

3. Die wissenschaftliche Legitimierung der Chrematistik

All dies Geschehen wäre unmöglich und undenkbar gewesen, wäre nicht die verursachende Theorie und damit die Legitimierung hiefür geschaffen worden: „Denn immer muß die Theorie vor der Übung und Praxis einhergehen“ (J. J. Becher und G. W. Leibniz).

Die verursachende Theorie war die der klassischen Sozialökonomik, die Theorie des Liberalismus, die grundsätzlich *die Befreiung der Wirt-*

schaft von jeglicher sittlichen, staatlichen und korporativen Bindung forderte. Diese Theorie wollte, wie dies später Bastiat in seinen „Harmonies Économiques" formulierte, „die Harmonie der göttlichen Gesetze aufzeigen, die die menschliche Gesellschaft beherrschen. Was diese *Gesetze harmonisch* macht, ist das Zusammenwirken aller Grundsätze, aller Motive, aller Triebkräfte und aller Interessen zu einem *großen Endziel.* Und dieses Ziel ist: *ein stets steigendes Niveau in einer allgemeinen Emporentwicklung.*"

Eine so optimistisch ausgerichtete Wissenschaft brauchte als Voraussetzung einen Glauben. Dies war der Glaube des Deismus. Das Credo formulierte Bastiat:

„Ich glaube, daß Er, der die Weltordnung schuf, auch der sozialen Weltordnung seine Aufmerksamkeit nicht vorenthalten hat. Ich glaube, daß Er die freien Kräfte ebenso kombiniert und in harmonische Bewegung setzt wie die leblosen Moleküle... Ich glaube, daß die unbezwingbare soziale Tendenz auf die ständige Annäherung an ein *geistiges und körperliches Niveau geht, das sich unbegrenzt erhöht und steigert.*"

Die Kraft, die den ewigen Fortschritt erwirkt, ist der *Eigennutz.* Von ihm geht das Streben aus, immer mehr Reichtum zu erlangen und alle ihm verfügbaren Kräfte hiefür nutzbar zu machen. Alles wirtschaftliche Handeln beruht auf dieser Grundkraft des Eigennutzes. Mandeville, der Schöpfer der „Bienenfabel" (1714), die eine große Wirkung tat, meint:

„Stolz, Luxus und Betrügerei
Muß sein, damit das Volk gedeih."

Der Begründer der klassischen Schule der Sozialökonomik, Smith, faßte diesen Gedanken in ein Beispiel. „Nicht vom Wohlwollen des Fleischers, Brauers, Bäckers erwarten wir unsere Mahlzeiten, sondern nur von ihrer Bedachtnahme auf ihr eigenes Interesse." *Die Kraft des sozialen Fortschrittes ist der Eigennutz.*

Wenn er sich voll auswirken kann, ergibt sich, „wie *von einer unsichtbaren Hand geführt*" (Smith), die *soziale Harmonie.* Eines nur darf nicht geschehen: keiner darf je die Gesetze der sozialen Wirtschaft stören. Laissez faire, laissez passer!

Die ungebundenen Wirtschaftskräfte folgen ihren eigenen Gesetzen.

Sie zu erkennen, ermöglicht das geistige *Elternpaar der klassischen Sozialökonomik:* die *Naturrechtslehre* und die *Naturwissenschaft* der Neuzeit. Von jener beziehen die Gesetze ihre Erklärbarkeit und von dieser die Immanenz.

Die *Naturrechtslehre* zeigte, wie die mit angeborenem Recht ausgestatteten Individuen von sich aus im Vertragswege die Gesellschaft und den Staat schaffen. So wie hier der Staat aus arteigenen Kontrakthandlungen entsteht, so entsteht die *soziale arbeitsteilige Wirtschaft aus Tauschakten der eigeninteressierten Wirtschafter.*

Wie in der *Naturwissenschaft* die unabänderlichen Gesetze erforscht werden, so gilt es auch in der Lehre von der sozialen Wirtschaft, die immanenten Gesetze der Wirtschaft zu erforschen. *Naturgesetze beherrschen die soziale Wirtschaft,* Gesetze der Erzeugung und Gesetze der Verteilung. Dabei ist es nur eine methodische Frage, ob tatsächlich Naturgesetze der Wirtschaft erforscht werden, ob die „exakten" Gesetze a priori konstruiert werden, wie dies C. Menger tut, oder ob diese Gesetze als Regeln bezeichnet werden, in denen ursächliche Zusammenhänge ausgedrückt werden, wie dies Max Weber will. *Die soziale Wirtschaft folgt unabänderlichen Gesetzen.*

Die vielen Gesetze der sozialen Wirtschaft sind alle mehr oder weniger Variationen des einen Grundgesetzes: des Preisgesetzes. Der Ursachenzusammenhang der Preisbildung wird zum Zentralproblem der theoretischen Sozialökonomik, denn *„die Preisbildung ist der Regulator unseres Wirtschaftslebens"* (Röpke).

Der Preis entscheidet, was und wieviel erzeugt wird. Ist in einer Erzeugung mehr zu verdienen, so strömt mehr Arbeit und Kapital dorthin. Ist anderswo weniger als durchschnittlich zu verdienen, so fließen von dort die Erzeugungselemente ab. Das Zusammenwirken von Angebot und kaufkräftiger Nachfrage bestimmt Richtung und Umfang der Produktion, unabhängig davon, ob die Art und das Ausmaß der Produkte für den jeweiligen Bedarf des Volkes notwendig, wünschenswert oder überflüssig sind.

Der Preis ist auch der Entscheidungsfaktor der Verteilung. Er hat die Funktion, alle die von der Güternachfrage auszuschließen, die nicht über die nötige Kaufkraft verfügen. Wie die in der Wirtschaft Tätigen zu ihren Kaufkraftattesten kommen, entscheidet wieder der Preis. Er bestimmt zufolge des „Spieles der freien Kräfte", was an Lohn, wieviel an Kapitalprofit und was an Grundrente verteilt wird.

Allerdings verteilt das Preisgesetz das Sozialprodukt nicht in der ursprünglich angenommenen Harmonie. Auf der einen Seite zeigte sich ein Wohlstandszustrom, wie ihn die Geschichte noch nie kannte, auf der anderen Seite entstand die massenhafte Verelendung des durch diese Verteilungsgesetze hervorgebrachten Proletariates.

Daß gegen diese Disharmonie eine sittliche Entrüstung zutage trat, ist nicht zu wundern, „denn lange genug gelang es dem Besitz oder dem Kapital, sich einen übermäßigen Anteil vorweg zu sichern. Die gesamte Produktion und den gesamten Gewinn eignete sich das Kapital an und überließ dem Arbeiter kaum das Notwendigste zur Erhaltung und Erneuerung seiner Kräfte" (Pius XI. in „Quadragesimo anno").

Weil das *Verteilungsgesetz* zugleich auch ein *Schicksalsgesetz* ist, wird die Proletarierklasse auch entsprechend beurteilt: „Wir halten sie nicht mehr für schlechte Menschen wie früher, aber wir rechnen ihnen ihr Unglück als Schuld an — mit einem Wort: wir haben sie im Verdacht, arm zu sein“ (E. L. Bulwer, 1836).

Allen notwendigen Maßnahmen der Sozialpolitik wird jede Dauerwirkung abgesprochen, weil sie nur „ein Schlag ins Wasser sind, denn die Gesetze der Wirtschaft sind unüberwindbar“ (Zwiedineck).

Das Ergebnis der durch den Preis erfolgten Reichtumsverteilung hat Ruskin also geschildert:

„In der Gesellschaft, in der sich das Leben nur nach den Gesetzen von Angebot und Nachfrage regelt, sind:

die, die reich werden: die Fleißigen und Knauserigen, die Schlauen und die Gefühllosen;

die, die arm bleiben: die Törichten und Weisen, die Dummen und Gelehrten und die im Herzensgrunde Gerechten und Heiligen.“

Dieser Zustand kann mit Smith als „Wohlstand der Völker“ oder aber auch mit Malthus als „Armut der Völker“ angesprochen werden.

Weil die freien Räume des Absatzes durch den Gigantismus der Erzeugung immer mehr ausgeschöpft werden und die Massenproduktion gemäß ihrem Gesetze zu sehr mit fixen Kosten belastet ist, sind die Unternehmer gezwungen, sich über die Absatzgebiete und Preisbedingungen zu einigen. Diese Gesetzmäßigkeit löst die aus der freien Wirtschaft selbst gewordene Organisierung der sozialen Wirtschaft aus. Die Träger des kapitalistischen Progresses haben nichts mehr zu „unternehmen“, sie haben nichts mehr zu tun, „sie haben sich selbst überflüssig gemacht“ (Schumpeter).

Von wo die klassische Theorie ausging, dorthin kehrt sie wieder zurück, allerdings haben sich die Vorzeichen verändert. Sie bewies, daß jede Bindung der Wirtschaft unerträglich sei, jetzt aber wird die Sozialökonomie zu einer Lehre von den Ursachen der wirtschaftlichen Organisationen. Eine eigenartige Antinomie!

Stand in der klassischen Sozialökonomik am Anfang der Glaube an die soziale Harmonie, so steht nach dem Glauben des marxistischen Sozialismus die Harmonie am Ende der naturgesetzlichen Entwicklung. Aus der Gesetzmäßigkeit des Kapitalismus, die Marx allein erklären will, ergibt sich mit Naturnotwendigkeit sowohl die Ausbeutung der Arbeiter als auch die Wandlung in der Kapitalzusammensetzung. Dadurch bildet sich wieder die industrielle Reservearmee und über den Weg der Akkumulation die Konzentration des Kapitals. Aus dem Spannungsverhältnis beider ist der Schlußakt der Entwicklung: die Expropriation der Expropriateure zu erwarten. Es genügt die Feststellung der Tatsache: wenn alles schlecht geht, werde alles nur umso besser — in hundert oder mehr Jahren. Bis dahin kann keine Enttäuschung den Optimismus hemmen, denn am Ende geht doch aus „dem Kampf auf Leben und Tod" und aus dem Berg von Kadavern die regenerierte Menschheit hervor. „Der Durchschnittsmensch kümmert sich allerdings keinen Pfifferling um die regenerierte Menschheit, aber er verlangt einen Vorwand, um auf eine Freiheit verzichten zu können, deren Risiko er nicht mehr tragen will" (Bernanos).

Da die Wirtschaftsgesetze zugleich gemäß dem *historischen Materialismus* die Gesellschaftsgesetze sind, sind beide *naturgesetzlich bestimmte Geschichtsgesetze.* Der Mensch wird hiebei von der Flut der Geschehnisse mitgerissen, ein Entrinnen gibt es nicht!

Ein *Fluch* lastet so auf der Wirtschaft, die wie die tote Natur sinnlosen und unerbittlichen Naturgesetzen preisgegeben ist. *Die Wirtschaft ist das Schicksal der Menschen geworden.*

4. Die andere Sozialökonomik: die Wiederentdeckung des Menschen

Um der Wahrheit und Gerechtigkeit willen darf nicht verschwiegen werden, daß es auch eine andere Lehre von der sozialen Wirtschaft als die sogenannte klassische gab und gibt. Zieht man die Zeiträume zum Vergleich, in denen die eine oder die andere in Geltung war, so kann man den Einbruch der Klassik nur als Zwischenspiel ansprechen.

Wenn auch Platon und Aristoteles und ihre Epigonen an sich keine Wirtschaftslehre und schon gar nicht eine rechenhafte geben wollten, so waren doch die von ihnen gestellten Postulate die Grundlage für eine in sich geschlossene Lehre von der sozialen Wirtschaft — die Ökonomik. Diese trägt allerdings eine Wertbestimmtheit und damit eine Gebundenheit in sich. Der Wirtschaft sind Schranken gesetzt. Die Rangstufe des wirtschaftlichen Bereiches ist genau bestimmt. Die Ökonomik ist die Lehre von der Wirtschaft des ζῶον πολιτικόν, das von seiner Stellung in Gemeinschaft und Staat den gerechten Bedarfsumfang zugebilligt bekommt und diesen durch die wirtschaftliche Tätigkeit decken kann. Mehr braucht der Mensch nicht, will er nicht im Wirtschaftlichen versinken. Hiezu wird er allerdings immer wieder versucht. Die Lehre dieser raffenden Wirtschaft ist die Chrematistik, die Lehre von der Kaufmannsökonomie in Konten und Bilanzziffern.

Thomas v. Aquin gibt den Zeitverhältnissen entsprechend, trotzdem aber nicht zeitgebunden, die Erläuterungen für den gerechten Lohn und den gerechten Preis. Immer ist *der Mensch Mittelpunkt* der Wirtschaft. Von ihm und seiner sozialen Stellung aus wird der Bedarf bestimmt, für den die Wirtschaft die Deckung zu leisten hat. Vom standesgemäßen Einkommen her werden die Produktionskosten und über diese der gerechte Preis erstellt. *Das Qualitative in der gesellschaftlichen Stellung des Menschen tritt quantitativ im „standesgemäßen Unterhalt" in Erscheinung.*

Der Kameralismus, die volkswirtschaftliche Theorie des Merkantilismus, hält an diesem funktionalen Denken und Werten der sozialen Wirtschaft fest, nur tritt an die Stelle der mittelalterlichen selbstherrlichen Stände der landesfürstliche Wohlfahrtsstaat. Er wird der Veranstalter und Gestalter der Volkswirtschaft. Deshalb konnte L. B. M. Schmid im Jahre 1780 sagen: „Soll nämlich die Haushaltung des Volkes dauerhaft seyn, so müssen alle im Staat vorhandenen Glieder und Theile fest zusammenhalten. *Sie müssen daher von einerley Hand entworfen, gebildet und bestimmt seyn.*"

Allerdings geht von diesem Staat die kapitalistische Dynamik aus, die ihm dann vom Bürgertum vindiziert wird.

Gegen die Verteilungslehre der Klassik ruft Thünen zur Umkehr, indem er die *Lohnfrage* als das sieht, was sie ist: *„eine Frage nach der Bestimmung des Menschen"*.

Von hier aus geht in nicht unterbrochener Folge die Linie der Volkswirtschaftslehre weiter, deren Vertreter unentwegt sowohl das Menschenentwürdigende des „ehernen Lohngesetzes" als auch die Betonung der geistigen Kräfte des Menschen für den Erfolg der Wirtschaft (List) hervorheben, bis als Höhepunkt Schäffle die *„anthropologische Volkswirtschaftslehre"* zu begründen sucht. Dies vor allem deshalb, weil die Klassik „den Menschen nur als Mittel betrachtet und ihn bloß in einigen abstrakten Begriffen und Formeln zuläßt, während *der Mensch in den Mittelpunkt alles Wirtschaftens wie auch als Ausgangs- und Zielpunkt gestellt und als herrschendes Agens betrachtet werden muß"*.

Gegen die Ökonomisierung und Entmenschlichung revolutionierend, kommen von der *sozialistischen Seite* Strömungen und Kräfte, die zur Reform drängen. Von den theoretischen Vertretern führt eine Linie von Fichte über Rodbertus, Lasalle und Wagner zu eben diesem Ziel. Von den Gewerkschaften aller Art wird im Selbstschutzverfahren das gleiche angestrebt.

Von der Entartung des verwirtschaftlichten Menschen entsetzt streben voll sittlicher Verantwortung die christlichen Kirchen zur Reform. Leo XIII. ruft im Rundschreiben „Rerum novarum" aus: „Das sehen wir klar und alle geben es zu, daß den Leuten des niedrigen Standes schnell und in geeigneter Weise geholfen werden muß", denn, so vervollständigt Pius XII., *„jeder helfe an der Wiedereinsetzung der menschlichen Persönlichkeit in die ihr durch Gottes Schöpferwillen von Anbeginn verliehene Würde"* (in der Rundfunkansprache „Con sempre").

Eine solche Lehre von der Wirtschaft mit dem Zielpunkt: Wohlstand für den Menschen kann nicht mehr blinde und sinnlose Naturgesetze als Grundlage der sozialen Wirtschaft annehmen. *Auch für den wirtschaftlichen Bereich gelten Normen,* die für alles menschliche Handeln gelten: *die sittlichen Normen.* „Die sittlichen Prinzipien können zwar nicht den Arbeitslohn im einzelnen bestimmen und den Preis der Waren angeben, aber es ist klar, daß sich die Volkswirtschaftslehre auf ihren Boden zu stellen hat und davon ausgehen muß, daß keine Einrichtung wirtschaftlich wohltätig wirken kann, welche mit den Grundlehren des natürlichen Rechtes im Widerspruch steht" (Linsemann).

Darauf fußend konnte Ratzinger „die Volkswirtschaft in ihren sittlichen Grundlagen" aufbauen und als Postulat herausstellen: *„Die Grundlagen und Gesetze der volkswirtschaftlichen Ordnung sind dieselben wie die des sittlichen Lebens."*

Durch diese Renaissance der ethischen Volkswirtschaftslehre geschah ein so großer Einbruch in die hergebrachte Sozialökonomik klassischer Prägung, daß die Theorie *vor einer neuen Aufgabe* stand. Solange das Wirtschaftsleben ein „freies Spiel der Kräfte" war, fehlte überhaupt jeder Zugang zu einer sittlichen Wertung. Weil nun von dieser Bruchstelle das gesamte System der klassischen Sozialökonomik ins Wanken kam, wurde in der Werturteilsdiskussion des Jahres 1913 im Rahmen des Vereins für Sozialpolitik diese Einbruchsstelle abermals zu verstopfen versucht — durch einen Beschluß: die Sozialwissenschaften sind und müssen wertfrei bleiben! Sind sie nämlich wertbestimmt, das heißt *an die naturgegebenen Normen* der Ethik gebunden, so gibt es *keine naturgesetzliche Immanenz* sozialökonomischer Gesetze. *Es gibt dann nur mehr die der Wirtschaft vorgeordneten Werte* und diesen Werten folgend: Zweckmäßigkeiten.

Die Idee der sozialen Gerechtigkeit gewinnt erst wieder Leben, wenn ihr eine konkrete Wertstufung unterstellt wird. Erst von ganz bestimmten Vorstellungen über Aufgabe, Zweck und Wert des Menschen können Normen für die soziale Wirtschaft abgeleitet werden. „Solange wir in der Volkswirtschaft einen Mechanismus von Kräften, Stoffen und Interessen sehen und das Recht nur als Zwangsordnung betrachten, haben ethische Werturteile in der Sozialökonomik keinen Sinn" (Dobretsberger).

Alles wirtschaftliche Handeln und demgemäß alle volkswirtschaftlichen Geschehnisse sind demnach nie in sich selbst begründet und autonom, sondern sie sind immer von sittlichen Prinzipien abgeleitet. Die Volkswirtschaft ist daher immer eine von sittlichen Prinzipien des Menschen durchdrungene Aufgabe. *Wirtschaft ist wieder Aufgabe!*

Die Lehre von der sozialen Wirtschaft ist nicht mehr nur eine Lehre von kausalgesetzlich Unausweichlichem, sondern *eine Lehre von teleologischen und funktionellen Zusammenhängen.*

Auch die Nationalökonomen nahmen den Ruf auf und gründeten unter der Führung Schmollers den „Verein für Sozialpolitik" (1872), unter dessen Einfluß wesentliche Korrekturen im Wege der Sozialpolitik im volkswirtschaftlichen Geschehen veranlaßt wurden. So setzte die Theorie der Sozialpolitik ein, deren Vertreter unzählbar sind und die aus allen Weltanschauungsrichtungen kamen.

Soll der Mensch als Person nicht vernichtet werden, so muß er aus der angeblichen Naturgesetzlichkeit der sozialen Wirtschaft herausgenommen werden. Es muß um ihn vorerst eine Schutzmauer sozialpolitischer Maßnahmen errichtet werden.

Der Mensch ist in Frage gestellt und deshalb verstummt nicht mehr die *„soziale" Frage, die in erster Linie eine anthropologische und erst in zweiter eine soziale ist.*

In Entfaltung dieser Bestrebungen ging *auch der Sozialismus* von der Theorie der Naturgesetzlichkeit der sozialen Wirtschaft ab, wie dies Renner tat, wenn er sagte (1918): „Die Altmarxisten sind Naturgesetzanbeter, die sich auf Bergsturz und Überschwemmungen verlassen und es für Frevel halten, daß man dort, wo das Gesetz spricht, mit Menschenhänden etwas bewirken wolle." Der Sozialismus führte daher in seiner letzten Phase zum *personalistischen Sozialismus.*

Nicht anders ist es im Liberalismus, dessen Hauptvertreter Röpke als Ausweg zwischen Kapitalismus und Kollektivismus den „dritten Weg" propagiert. Er erkennt, daß „Liberalimus und Kapitalismus während der letzten anderthalb Jahrhunderte mit verhängnisvollen Fehlentwicklungen belastet wurden", die sich im „monopolistischen Industriefeudalismus" und in der „Verproletarisierung der Massen" zeigten. Daher muß der *„revisionistische Liberalismus"* von nun an „die Konkurrenz so gestalten, daß ihr der halsabschneiderische und nervenzerrüttende Charakter genommen wird". *Die Wirtschaft muß nach der „Krise der Gegenwart" in der civitas humana wieder den Menschen zum Mittelpunkt haben.* Die Lehre von der sozialen Wirtschaft ist nicht mehr nur Lehre von kausalen Unausweichlichkeiten, sondern sie ist die *Lehre von zweckmäßigen Veranstaltungen.*

War durch die Neusichtung wirtschaftlicher Probleme auf Grund der wieder erfolgten ethischen Fundierung eine *wesentliche Änderung für die Voraussetzungen der Lehre von der sozialen Wirtschaft* gegeben, so erfolgte durch die methodologische Umwandlung eine *grundlegende Änderung in der sozialwirtschaftlichen Betrachtungsweise.*

Konnte man durch das Summationsverfahren der Klassik mit dem Gedankenmodell vom Beziehungsnetz der Tauschakte einzelner die Volkswirtschaft weder in ihrer Gesamtheit noch im funktionalen Gefüge ihrer „Organe" erkennen, so war durch diese Methode die *Einsicht in die Wesenszusammenhänge von vornherein versperrt.* Diese „Comptoir- und Kaufmannsökonomik“ (List) konnte sozialwirtschaftliche Probleme gar nicht sichten, geschweige denn erklären. Denn mit der Kenntnis wirtschaftlicher Verhaltungsweisen einzelner kann man nicht volkswirtschaftliche Zusammenhänge erklären. Es ist deshalb nur verständlich, daß sich gegen diese Verfahrensweise eine andere meldete.

An die Stelle summativer Beziehungsmodelle werden „Gebilde“-, „Gestalt“- und „Ganzheits“modelle gesetzt. Hiebei wird *von der Volkswirtschaft in ihrer Gesamtheit ausgegangen* und es werden die in ihrem Gefüge funktional bestimmten und wirkenden „Organe“ analysiert.

Auch hier steht Thünen wieder an der Spitze, indem er feststellt, „daß Stadt und Land wie alle aktiven Stände Glieder eines organischen Körpers sind, von welchem keines verletzt werden kann, ohne daß die übrigen Glieder mitleiden, und daß *nur in der Gesundheit und Kraft des ganzen Organismus das Wohl der einzelnen Glieder zu finden ist“*.

Dieser Feststellung gibt List die theoretische Begründung. Nach ihm ist die *Volkswirtschaft ein organisches Gefüge* von spezifischer Individualität, das eigene Organe entwickelt, die im Rahmen des gesamten Organismus ihre Funktionsinhalte und Funktionsbereiche erhalten. Alle Organe sind nach bestimmten Proportionen ausgerichtet, so daß sie in ausgeglichenen Verhältnissen einander entsprechen und untereinander funktionell, das heißt: sinnvoll, verbunden sind. Die Organe der Volkswirtschaft sind die Erzeugungszweige: Landwirtschaft, Gewerbe, Industrie, Verkehr, Handel und Geldwesen. Die Funktionen der Wirtschaftszweige können nicht getrennt für sich allein bestehen, sie sind in ihrer Zweckmäßigkeit auf das Zusammenwirken aller abgestellt. „Die Ergiebigkeit jedes Erzeugungszweiges und zuletzt die der gesamten Volkswirtschaft beruht darauf, daß *die Tätigkeit aller im richtigen Verhältnis zueinander steht“* (List).

Die Volkswirtschaft ist dadurch ein veranlagtes und ein meist nur der Potenz nach gegebenes Gefüge, weil von sich selbst aus die gegenseitige Bedarfs- und Proportionalordnung der Erzeugungszweige nie eine vollkommene ist. Immer gibt es wegen der Überwucherung dieser und des Zurückbleibens jener Erzeugungszweige Dismembrationen. *Daher ist die Volkswirtschaft immer im Werden.* Sie muß immer zur Vollentfaltung der richtig aufeinander abzustimmenden Organe gebracht werden. Dieses Werden der sich vervollkommnenden und in richtiger Proportionalität der Erzeugungszweige voll entfaltenden Volkswirtschaft muß immer von neuem gestiftet und veranlaßt, das heißt organisiert werden. *Die Volkswirtschaft bedarf daher immer der Lenkungsordnung.*

Damit ist aber die Volkswirtschaft an sich Aufgabe und die Gestaltung dieser im Werdegang immer eine organisatorische Leistung des Menschen.

Die Sozialökonomik hat dadurch wieder zu ihrer eigentlichen Aufgabe zurückgefunden. Sie hat zu untersuchen: wie einerseits für die gegebene Bedarfsordnung eines Volkes die zur Verfügung stehenden Produktivkräfte bereitgestellt werden sollen und wie andererseits im Rahmen der gesamten Volkswirtschaft die *veranlagte Struktur zur gestalteten Einheit im Rahmen der wertbestimmten Gesellschaftsordnung gebracht werden kann und soll.*

5. Die Wirtschaft als Aufgabe

Sieht man den Weg, den der Mensch durch die Wirtschaft getrieben in die Knechtschaft ging, und sieht man die mühevollen Versuche, den Menschen aus der von ihm selbst geschaffenen Bedrängnis herauszuführen, so muß man noch einmal fragen: *Was ist das Wesen der Wirtschaft?*

Die Wirtschaft ist der menschliche Lebensbereich, in dem *für den Bedarf des Menschen die Mittel geschaffen werden.*

Da der Mensch dies nicht allein vollbringen kann, bedarf er hiezu der Gemeinschaft. Auch im Wirtschaftlichen ist der Mensch ein ζῶον πολιτικόν. Wie der Mensch sich dieser Gemeinschaft verbunden sein läßt, hängt vom jeweils geltenden Menschenbild ab. Für den Bedarf müssen die Mittel geschaffen werden. Wie groß dieser *Bedarf* ist, bestimmt *eine metaökonomische,* nämlich gesellschaftliche und naturrechtliche *Norm.* Von dieser gesellschaftlichen Norm geht der Wert in die Wirtschaft über. Die Wirtschaft ist daher immer wertbestimmt. Dieser Wert gibt der Wirtschaft die Grenzen und bestimmt den Umfang des wirtschaftlichen Handelns. Die Wirtschaft ist nie unbegrenzt, sondern immer eine gebundene und wertbestimmte. *Die Wirtschaft ist in einen sozialen Wertrahmen eingespannt.*

Im Rahmen der Wirtschaft bleibt bloß die Schaffung der Mittel und die Beurteilung, mit welchen Mitteln am besten der Bedarf gedeckt werden kann.

Daraus geht hervor, daß *die Wirtschaft nur ein dienender Bereich der menschlichen und gesellschaftlichen Lebensordnung ist.* Alles, was im Rahmen der Wirtschaft geschieht, ist nur ein Dienendes, ist kein Erstrangiges, sondern immer ein Abgeleitetes. Allerdings *wächst* im Rahmen dieses Dienstes *der Wirtschaft eine Erhabenheit zu,* indem jeder wirtschaftlichen Handlung in der Mittelbeschaffung *etwas von der Zielhaftigkeit der Wirtschaft und vom Wert, dem sie dient, zukommt.* Die Wirtschaft ist demnach nie etwas Sinnloses und ein reines Naturgeschehen, sondern jedem Wirtschaftsakt kommt immer ein Sinn und ein sittlicher, gesellschaftlicher und kultureller Wert zu, für den er bestimmt ist. *In die Wirtschaft strömt so der gesamte Gehalt des Menschen und seiner Kultur ein.*

Damit ist die Wirtschaft der Knotenpunkt in den menschlichen Bereichen, von dem der geistige Gehalt des Menschen und seiner Gemeinschaft sowohl in die Zweckhaftigkeit als auch in den Vollzug der Naturunterwerfung übergeht. Der Schöpfungsauftrag, den der Mensch bekam, wird durch die Wirtschaft der Natur aufgeprägt. *Die Wirtschaft ist somit eine Fortsetzung des immerwährenden Schöpfungsauftrages.*

Allerdings zeigt sich, daß *der Wirtschaft zwei Grenzen* gezogen sind.

Die *obere Grenze* liegt dort, wo für jeden einzelnen und für jede Gemeinschaft der *Umfang der zu schaffenden Mittel vorgegeben* ist. Und diese Vorgabe an Umfang ist gesellschaftlich, kulturell und ethisch bestimmt.

Die *untere Grenze* liegt dort, wo der Mensch in dem ihm zukommenden Raum die ihm *gegebenen Naturkräfte nicht mehr überwinden kann.* Nur diese Untergrenze der Wirtschaft ist dem Menschen jeweils schicksalhaft. *Sie zu überwinden, ist ihm immerfort Aufgabe!*

Wie alles Menschliche immer ein Wagnis ist, so ist auch die *Wirtschaft ein Wagnis.* Greift der Mensch über die schöpfungsmäßig festgelegte Naturordnung hinaus und will er durch die Wirtschaft mehr erreichen, als ihm zusteht, *so wird ihm die Wirtschaft zum Fluch!* Wagt er sich nicht über die gesellschaftliche Grenze der Bedarfsordnung und sucht er immer mehr die Natur und ihre Kräfte sich dienstbar zu machen, so *wird ihm die Wirtschaft zum Segen!*

Die Aufgabe der Wirtschaft ist zuerst ein Dienst an den menschlich und gesellschaftlich vorgegebenen Lebensbereichen und dann erst ein Herrschen über die Natur und ihre Kräfte.

II. Die Produktivkraft des menschlichen Geistes[1]

Es ist nicht nur unverständlich, sondern sogar tragisch, daß in der Wissensdisziplin, in der die Erzeugung von Gütern und die Hervorbringung von Leistungen Untersuchungsgegenstand ist, heute noch um die Kenntnis gerungen werden muß, ob der Geist des Menschen oder ob nur die sachlichen „Produktionsfaktoren", worunter neben Kapital und Boden auch die menschliche Arbeit gezählt wird, die produktiven Kräfte sind.

Obwohl man seit jeher das Urwissen hatte, daß der Mensch mit seinen geistigen Fähigkeiten und Kräften den Schöpfungsauftrag fortzusetzen habe, und obwohl in der kameralistischen Theorie von J. H. G. Justi die geistige Kraft des Menschen klar als produktive Kraft herausgestellt war, wurde durch A. Smith und die materialistische klassische Schule, wie auch durch K. Marx und die Sozialisten und durch die Epigonen beider ein derartiger Rückschlag hervorgebracht, daß heute noch bis in das Einzelne bewiesen werden muß, daß doch der menschliche Geist die eigentliche und originäre Produktivkraft ist.

Diese Problemlage läßt es geraten erscheinen, vor der systematischen Erläuterung eine dogmengeschichtliche Skizze des Problems zu geben.

1. Zur Geschichte des Problems

a) Die Kenntnis von der Produktivkraft des Geistes bei Justi

Die kameralistische Sozialwirtschaftslehre hatte als ihr Hauptanliegen, die Kenntnis von den Wachstumskräften der Wirtschaft zu ermitteln, weil der Landesfürst mit seiner Wohlstandspolizei den Reichtum steigern wollte. Die Reichtumssteigerung war dem absolutistischen Zeitgeist entsprechend sowohl für den Fürsten von Bedeutung, weil größerer Reichtum größere Macht bedeutete, als auch für die Untertanen von Belang, weil ein höheres Lebensniveau eine stärkere Vermehrung der Bevölkerung brachte. Und diese war wieder ein Symptom der staatlichen Machtsteigerung.

---

[1] Die Produktivkraft des Geistes und die Investitionen höherer Ordnung, in: Festschrift Walther Heinrich, Graz 1963.
Forschung und Wirtschaft, Vortrag bei der 11. Kärntner Hochschulwoche in Villach und Klagenfurt am 15. u. 16. Oktober 1964, Klagenfurt 1965.

Auf der Suche nach der eigentlichen Produktivkraft der Wirtschaft fand Johann Heinrich Gottlob Justi: *„das Genie der Nation"*. „Dieses Genie der Nation zeigt sich bei den einzelnen als Begierde und Fähigkeit, sich durch Geschicklichkeit, Fleiß und Arbeitsamkeit untereinander hervorzutun" (Justi: Die Grundfeste zu der Macht und Glückseligkeit der Staaten, 1760, Bd. 1, § 784).

„Das Genie und die Arbeitsamkeit des Volkes ist unstreitig *das erste und wichtigste Beförderungsmittel eines blühenden Nahrungsstandes;* ohne dieselben kann man sich auf den Flor der Commerzien und Gewerbe nicht die geringste Hoffnung machen." „Man kann sich unmöglich einen blühenden Nahrungsstand vorstellen, wenn man nicht das Genie der Nation zur Arbeitsamkeit und Geschicklichkeit in den Manufakturen, im Ackerbau und in den Commerzien zu bilden weiß. Dies ist das erste und wichtigste Beförderungsmittel" (§ 784).

Damit ist die *geistige Fähigkeit,* die die handwerkliche Geschicklichkeit im Gewerbe und in der Landwirtschaft und die Arbeitsamkeit mit dem Willen zum Fleiß in allen Bereichen, von der Landwirtschaft über die Manufaktur bis zu den Commerzien hervorbringt, als die *„erste und wichtigste" Produktivkraft* angesprochen. Diese Produktivkraft wird als Beförderungsmittel für den Flor des gesamten Nahrungsstandes bezeichnet und trifft daher das, was in der Terminologie von heute die „produktive Kraft" ist.

Diese geistige Fähigkeit treibt jeden mit Begierde zu Fleiß, Geschicklichkeit und Arbeitsamkeit so an, daß jeder jeden übertreffen will. Die geistige Kraft, mit dem Willen zur Leistung gepaart, bringt den blühenden Nahrungsstand oder das Wachstum der Wirtschaft mit der Steigerung des Wohlstandes für das Volk und die Steigerung des Reichtums für den Fürsten hervor. *Der Schlüssel zur landesfürstlichen Macht und zum Wohlstand des Volkes sind die geistigen Kräfte und Fähigkeiten der Nation.*

Sie zu fördern ist die erste und wichtigste Aufgabe der Wohlstandspolizei und der Wirtschaftspolitik.

Dies geschieht vornehmlich durch die Förderung der Wissenschaften. Die Ausgaben für Wissenschaft und Unterricht sind demgemäß die eigentlich fördernden Investitionen für die Volkswirtschaft, weil aus ihnen die erzeugenden Kräfte aller Art sprießen. *Die Wissenschaft fördern heißt: die produktiven Kräfte des Volkes und des einzelnen wecken und steigern.*

„Die Wissenschaften haben nämlich ein wichtiges Verhältnis zum Besten des Staates, indem sie sowohl das Volk vernünftig und gesittet als auch dasselbe fähig machen, alle Art von künstlichen Arbeiten mit desto größerer Vollkommenheit zustande zu bringen. Ja! Viele Wissenschaften halten selbst die Erkenntnis und Hilfsmittel in sich, wodurch das Beste des Staates und das Aufnehmen des Nahrungsstandes befördert werden kann" (Bd. 2, § 57).

Mit dieser Kenntnis von der „ersten und wichtigsten" Produktivkraft: von der originären Produktivkraft des menschlichen Geistes und des „Genies der Nation" *wäre der richtige Ausgangspunkt für die Lehre von den Produktivkräften der Wirtschaft gegeben gewesen.*

Leider wurde in der Entwicklung der Lehre von der Wirtschaft diese Kenntnis alsbald und gründlich verschüttet.

b) *Die Leugnung der Produktivkraft des Geistes bei Smith*

Auch für Adam Smith war das wissenschaftliche Anliegen: das Wesen und die Ursachen des Reichtums der Völker zu suchen und zu finden. Dies ist ihm auch gelungen. Nur hat er sich in der gleichen Aussage die Kenntnis von der eigentlichen Produktivkraft wieder vergraben. In der Einleitung des Hauptwerkes hält Smith die zwei Ursachen, denen der Wohlstand des Volkes entstammt, fest. Sie sind gegeben:

1. *„in der Geschicklichkeit, Fertigkeit und Einsicht,* mit der die Arbeit im allgemeinen verrichtet wird, und

2. *im Verhältnis zwischen der Anzahl derer, die einer nützlichen Arbeit obliegen und derer, die dies nicht tun"* (Smith: Reichtum der Völker, 1776, Einleitung).

In dieser Aussage ist die ganze Tragik der Lehre von den produktiven Kräften bei Smith gegeben. Er erkennt, daß „die Geschicklichkeit, Fähigkeit und Einsicht, mit der eine Arbeit verrichtet wird", die eine Ursache des Reichtums der Völker ist. Mit der „Einsicht" ist wohl unweigerlich die geistige Fähigkeit, die Dinge bei der Verrichtung der Arbeit in ihrem richtigen Zusammenhang zu erkennen, gemeint. Die *eine Ursache für den Reichtum* der Völker ist *mit der Einsicht* in die Verrichtung der Arbeit *doch wohl die geistige Kraft des Menschen.*

Mit dieser Feststellung stand Smith auf der gleichen Ebene wie Justi.

Aber, nun wörtlich: im gleichen Atem verschüttet sich Smith selbst diese grundlegende Erkenntnis, indem er die in der Arbeit Schaffenden in zwei Gruppen teilt, in die, „die einer nützlichen Arbeit obliegen", und in die, „die dies nicht tun". Gemäß der doch nur materialistischen Sehweise und Methode geht Smith von hier an in die Irre; und mit Smith eine schier unübersehbare Reihe von Nationalökonomen. Dabei folgt Smith mit einer konsequenten Starrheit dem Weg des Irrtums vom falschen Ansatzpunkt bis zum irrigen Ergebnis.

Der Reichtum eines Volkes besteht in einem Güterfonds, aus dem die Menschen ihre Bedürfnisse befriedigen können. Dieser Haufe von Sachgütern stellt insofern einen Wert dar, als die Waren gegeneinander nach Tauschwerten getauscht werden können. *Der Reichtum ist ein nationales Warenlager in sachlichen Gegenständen.*

Dieses Sozialprodukt oder den sachlichen Reichtum des Volkes herzustellen, ist die Produktionsaufgabe der arbeitsteiligen und daher sozialen Wirtschaft. Neben den Produktionsfaktoren Boden und Kapital ist hiebei die Arbeit als Produktionsfaktor tätig.

Die Arbeit tritt aber in zwei Arten hervor: in der *produktiven, werteschaffenden Arbeit* und in der *unproduktiven, daher wirtschaftlich wertlosen Arbeit.*

„Es gibt nämlich eine Art von Arbeit, die dem Wert des Gegenstandes, auf den sie verwendet wird, etwas hinzufügt, und eine andere Art von Arbeit, die diese Wirkung nicht hat. Die erstere kann, da sie einen Wert hervorbringt und produziert, *produktive,* die letztere *unproduktive* Arbeit genannt werden. So fügt die Arbeit eines Handwerkers dem Wert der von ihm bearbeiteten Materialien in der Regel noch den Wert seines Unterhaltes und des Meistergewinnes hinzu ... Die Arbeit fixiert und realisiert sich *in einem bestimmten Gegenstand oder in einer verkäuflichen Ware,* welche die Vollendung der Arbeit noch eine Zeitlang überdauert. Die Ware ist gleichsam eine gewisse Menge Arbeit, die angesammelt und aufbewahrt wird, um im Bedarfsfalle gegen eine ebenso große Arbeitsmenge in Bewegung gesetzt zu werden" (Buch 2, Kap. 3). *Produktive Arbeit ist nur die Tätigkeit, die Sachgüter mit Tauschwertcharakter oder Waren mit materialisierter Arbeit hervorbringt.*

„Die Arbeit der Dienstboten fügt keiner Sache einen Wert zu", weil das Ergebnis dieser Arbeit keine verkäufliche Ware ist. Die Arbeit, die sich „nicht in irgendeinem Gegenstand oder in irgendeiner verkäuflichen Ware fixiert und realisiert", ist nämlich nicht produktiv. Solcher Arbeiten gibt es mehrere; ja, gerade *„die Arbeit der achtbarsten Klassen der Gesellschaft bringt keinen Wert hervor"* (Buch 2, Kap. 3).

„Die Arbeit einiger der achtbarsten Klassen der Gesellschaft bringt gerade so wie die der Dienstboten keinen Wert hervor und fixiert und realisiert sich nicht in einem dauernden Gegenstand oder in einer verkäuflichen Ware, welche die Vollendung der Arbeit überdauert und für die sich später eine gleiche Arbeitsmenge beschaffen ließe."

„So sind der Monarch und alle seine Civil- und Militärbeamten mit der ganzen Armee und Flotte unproduktive Arbeiter. Sie sind die Diener des Volkes und empfangen ihren Unterhalt durch einen Teil vom Jahresprodukt des Fleißes anderer Leute. So ehrenvoll, nützlich und notwendig ihr Dienst auch sein mag, so erzeugt er doch nichts, wofür sich eine gleiche Menge Dienste später beschaffen ließe."

In die nämliche Klasse müssen sowohl einige der ernstesten und wichtigsten, als auch *manche unbedeutende Berufe* eingereiht werden: Geistliche, Juristen, Ärzte, Gelehrte aller Art, — Schauspieler, Musiker, Opernsänger, Tänzer usw. *Die Arbeit der edelsten und nützlichsten unter ihnen bringt nichts hervor.* Wie die Deklamation des Schauspielers, der Vortrag des Redners oder das Tonstück des Musikers, *so geht die Arbeit all dieser Leute im Augenblick ihrer Produktion verloren,* weil sie sich nicht in einem Gegenstand fixiert (Buch 2, Kap. 3).

Diese Auffassung von der wirtschaftlichen Unfruchtbarkeit der geistigen Arbeit vernebelte die Sicht auf die eigentliche Produktivkraft der Wirtschaft, auf die produktive Kraft des menschlichen Geistes, weshalb *das Problem der Produktivkraft des Geistes von Smith und seinen Epigonen bis heute gar nicht gesehen werden konnte.*

In die gleiche Epigonengruppe gehören auch Karl Marx und die Sozialisten. Wenn Marx nur die in den Waren eingefrorene Arbeitsmenge, die in Arbeitszeiten verrechnet wird, als Arbeitserfolg anerkennt, so folgt er folgerichtig der Smith'schen Lehre von der Unproduktivität des menschlichen Geistes. Dies ist bei allen Sozialisten bis heute so geblieben, soweit sie vom „arbeitenden Volk" sprechen, dem eigentlich der gesamte Produktionsertrag gebührt, weil auch nur das arbeitende Volk die Sachgüter hervorbringt und daher allein produktiv ist.

Daher muß auch heute noch gegen die Lehre der End-Klassiker und die der Spät-Sozialisten bewiesen werden, daß diese oder jene geistige Arbeit in den verschiedensten Disziplinen der Wissenschaft, im Unterricht und in der Erziehung des Volkes nicht nur notwendig, nützlich und ehrenvoll, sondern auch produktiv ist.

c) Die Wiederentdeckung der Produktivkraft des Geistes bei List und Spann

Ebenso wie die oben genannten Nationalökonomen war Friedrich List auf der Suche nach den Quellen des Reichtums und des Wohlstandes. „Im Verlauf der täglichen Kämpfe, die ich zu bestehen hatte, kam ich auf den *Unterschied* zwischen der *Theorie der Werte* und der *Theorie der produktiven Kräfte.*"

„Smith geriet auf den Abweg, die geistigen Kräfte aus den materiellen Verhältnissen zu erklären und legte dadurch den Grund zu all den Absurditäten und Widersprüchen, woran seine Schule bis auf den heutigen Tag krank liegt." Nach der materialistischen Theorie der Werte gilt nur die Sachgüter erzeugende Arbeit, nicht aber die geistige als produktiv. „Die angeführten Irrtümer und Widersprüche der Schule werden sich vom Standpunkte der Theorie der produktiven Kräfte aus leicht berichtigen lassen. Die, die Schweine großziehen oder Pillen fabrizieren, sind produktiv, aber die Lehrer der Jugend und der Erwachsenen, die Virtuosen, die Ärzte, die Richter und Administratoren sind es in einem viel höheren Grad" (List: Das nationale System der politischen Ökonomie, 1841, Kap. 12).

Durch die Theorie der produktiven Kräfte zerriß List die klassische und marxistische Nebelbrühe, indem er schon am Eingang seiner Nationalökonomik feststellte: „*Die Kraft, Reichtum zu schaffen, ist unendlich wichtiger als der Reichtum selbst* ... Wenn nicht mehr die Kräfte hinter dem Reichtum stecken, die ihn geschaffen haben und die ihn immer neu schaffen können, dann wird der Reichtum höchst fraglich, wenn nicht gar wertlos. Die Prosperität einer Nation ist *nicht umso größer, je mehr sie Reichtümer*, d. h. Tauschwerte aufgehäuft, *sondern je mehr sie produktive Kräfte entwickelt hat*" (Kap. 12).

Die Theorie der produktiven Kräfte kennt als die eigentliche Produktivkraft den menschlichen Geist. „Was ist es denn, wodurch die Köpfe, die Arme und Hände zur Produktion veranlaßt und wodurch diesen Anstrengungen Wirksamkeit gegeben werde? Was kann es anders sein, als *der Geist, der die Individuen belebt*" (Kap. 12).

Der Geist des Menschen hat in seiner erfinderischen und entdeckenden Kraft wie auch in seinem ordnenden und veranstaltenden Vermögen die Kräfte des Bodens und die Maschineninstrumente zum Einsatz für die Wohlstandschaffung beordert. Wo immer etwas geschaffen wird, dort ist der Geist des Menschen die originäre Kraft. „Der jetzige Zustand der Nationen ist eine Folge der Anhäufung aller Entdeckungen, Erfindungen, Verbesserungen, Vervollkommnungen und Anstrengungen aller Generationen, die vor uns gelebt haben; *sie bilden das geistige Kapital der lebenden Menschheit.* Jede einzelne Nation ist nur produktiv in dem Verhältnis, in welchem sie die Errungenschaften früherer Generationen in sich aufzunehmen und sie durch eigene Erwerbungen zu vermehren gewußt hat" (Kap. 12).

Die Kraft des Geistes zeigt sich als produktive Kraft in vielerlei Hinsicht: im technischen Erzeugungsverfahren, im Haushalten oder im wirtschaftlichen Umgehen mit den Gütern, im Erzeugen, Sparen und Verbrauchen, wie auch in der Ordnung der Familie, der Gemeinschaften und des Staates. Insofern all diese Erscheinungsweisen des menschlichen Geistes den Wohlstand der Menschen hervorbringen und vergrößern, insofern ist *der Geist des Menschen die eigentliche Produktivkraft der Wirtschaft.*

Mit dieser List'schen Theorie der produktiven Kräfte war die Sicht für die Erkenntnis der geistigen Kräfte als der schaffenden Leistungskräfte für die Wirtschaft freigelegt.

Dieser Aufriß des Problems durch List hatte zu seiner Zeit kaum eine, sicher aber keine nachhaltige Wirkung, weshalb die Sicht für den gesamten Fragenkomplex weiterhin verstellt blieb. Die Sozialwirtschaftslehre blieb der materialistischen Theorie der drei sachlichen Produktionsfaktoren verbunden. Der Geist als die eigentliche Produktivkraft blieb wieder unerkannt.

Im Übergang zum Heute trat Carl Menger hervor, dessen Theorie der Güterstufen eine Brücke von Smith zu Spann schlug.

Die Menger'sche Lehre bot die Möglichkeit, die geistigen Produktivkräfte des Menschen als Produktivkräfte zu erkennen (Menger, Grundsätze der Volkswirtschaftslehre, 1871, Kap. 2). Indem Menger eine Stufenfolge der Güter mit den Gütern erster Ordnung oder den Konsumgütern, den Gütern zweiter Ordnung oder den Rohstoffen, den Gütern dritter Ordnung oder den produzierten Produktionsmitteln und den Gütern höherer Ordnung aufbaute, wäre der Weg offen gewesen, die geistigen Kräfte, die die Güter niederer Ordnung hervorbringen, als Güter höherer Ordnung und damit als Produktivkräfte anzuerkennen. Diesen Durchbruch vermochte aber Menger nicht mehr zu leisten.

Obwohl der Schlüssel zur richtigen Erkenntnis von der eigentlichen Produktivkraft für die Wirtschaft gegeben war, blieben doch die alte Unkenntnis und der alte Irrtum bestehen.

Den Durchbruch zur gegenwärtigen Kenntnis von der originären Produktivkraft des menschlichen Geistes schlug Othmar Spann mit seiner *„Theorie des Kapitals höherer Ordnung“* (Spann: Fundament der Volkswirtschaftslehre, 1917, § 10 u. 12).

Die Kapitalien ordnete Spann in entfernter Analogie zur Mengerschen Güterlehre in solche erster Ordnung wie etwa Maschinen, zweiter Ordnung wie die Pläne für die Maschinenkonstruktionen, dritter Ordnung wie die Fähigkeit, die Konstruktionspläne zu erstellen, und schließlich in *Kapitalien höherer Ordnung.*

Die Kapitalien höherer Ordnung erscheinen in mannigfachen Formen: in *Sicherungsleistungen,* die den wirtschaftlichen Erfolg der unmittelbaren und mittelbaren Erzeugung durch Sicherung erhöhen, in *veranstaltenden Ordnungsleistungen,* die in richtiger Planung eine Reihe von Vollzugshandlungen verursachen, in *„Vorleistungen“* wie Erfinden, Entwickeln und der Weitergabe der durch die Wissenschaften und ihre Lehre erzeugten Kenntnisse.

Durch diese Theorie des Kapitals höherer Ordnung war endlich die Sicht für die Erkenntnis vom Geist als produktiver Kraft freigelegt.

Selbst diese Erkenntnis von den Stufen der produktiven Kräfte fand nicht unmittelbar den Weg zur praktischen Verwertung, sonst müßte nicht die Wissenschaft ihre produktive Kraft heute noch immer wieder unter Beweis stellen.

Die endgültige Sichtung für die produktiven Kräfte des Geistes brachte die *Betriebswirtschaftslehre* und die *Arbeitswissenschaft,* denn diese erkannten, daß die *Arbeit* im Betrieb *keine Ware,* sondern *die Entfaltung der geistigen Produktivkraft des Menschen ist.* Die Betriebswirtschaftslehre erkannte auch, daß die wissenschaftlichen Erkenntnisse vielfach so verwertbar sind, daß das größere geistige Potential eines Betriebes über seine Leistungskraft und Wettbewerbsfähigkeit entscheidet.

In der Praxis der Betriebsführung erkannte man den Zusammenhang von Leistungskraft einerseits und Wissen und Bildung anderseits schon länger, denn aus der Erkenntnis dieses Zuammenhanges wurden die niederen, mittleren und hohen Schulen für die Industrie, das Handwerk, den Handel und die Landwirtschaft geschaffen.

Heute weiß man beinahe schon allgemein, daß die *zweckbedingte Fachausbildung* eine Kraft zur Steigerung der Ergiebigkeit für die Betriebe ist. In kleineren Kreisen erkennt man sogar schon, daß nicht nur die zweckgebundene Fachausbildung und die spezialisierte Forschung eine die Leistung steigernde Kraft ist, sondern daß *auch die zweckfreie Wissenschaft* und ihre Lehre, von der die Sonderdisziplinen ihren methodischen Ausgang nehmen und ihre fortschreitenden Impulse erhalten, *produktive Kräfte* sind.

Obwohl heute mit rechenhaften, ökonometrischen Methoden versucht wird, den Geist, verengt auf die Form der Wissenschaften und ihrer Ergebnisse, auf seine wirtschaftliche Ergiebigkeit zu ermitteln, hat man *noch immer kein System des Geistes als produktiver Kraft herausgearbeitet.*

2. Die originäre Produktivkraft: der menschliche Geist

a) Der menschliche Geist als Produktivkraft

Wirtschaften ist die Tätigkeit, die einem Spannungsverhältnis entspringt. Dieses wird von einem Pol mit den vielen Bedürfnissen angespannt und vom anderen Pol mit den immer nur knapp verfügbaren Mitteln und Gütern abgespannt. Es gilt demnach für das Wirtschaften, die verfügbaren Mittel richtig einzuteilen und jeweils zu ergänzen, damit das Spannungsverhältnis gemildert werde und mit dem Verfügbaren das Auslangen gefunden werde.

Dieses wirtschaftliche Verhältnis ist nicht nur eines im persönlichen Bereiche des einzelnen, sondern auch eines der Gemeinschaft, weil der einzelne auch mit seinem wirtschaftlichen Handeln und Tun in der Gemeinschaft lebt.

Die Tätigkeit des Wirtschaftens besteht in einem vielfältigen Handeln: in einem *technischen Hervorbringen* von Gütern und Dienstleistungen, in einem *organisierenden Handeln* der Bereitstellung von Rohstoffen und Instrumenten und in der *richtigen Verteilung* des sozial erzeugten Produktes an alle Mitarbeiter und schließlich in einer *richtig zeitlichen Einteilung* der Produkte für den Verbrauch in der Gegenwart und in der Zukunft.

All diese Vorgänge und Handlungen bedürfen der betriebswirtschaftlichen und sozialwirtschaftlichen Kenntnisse, damit sie richtig disponiert und ergiebig ausgeführt werden können. Diese Kenntnisse für das Disponieren und Planen und für das Durchführen der Dispositionen und das Ausführen der Pläne entspringt dem Geist des Menschen. *Alles Wirtschaften hat daher im Geist des Menschen seinen Anfang und in den geistigen Fähigkeiten des Menschen seinen letzten Grund.*

Wenn der Mensch zur Kenntnis der wirtschaftlichen Zusammenhänge und zur Erkenntnis der wirtschaftlichen Vorgänge kommen will, muß er seinen Geist im Forschen und Entwickeln tätigen.

Die Wortwurzel von *Forschen* führt über das mittelhochdeutsche „vorschen" zum althochdeutschen „forscon" und bedeutet dort „fragen" und „ausforschen". Forschen ist ein Denken, das die letzten Zusammenhänge erfragen und aus den letzten Elementen erkennen will. Da das Wort Forschen mit dem Wort „Furche" verwandt ist, bedeutet Forschen „wühlen", „aufwühlen" und „aufreißen", bis die Wurzeln und letzten Fasern der Zusammenhänge erkannt sind. Weiß man, wie die letzten Fäden geknüpft sind, dann erkennt man auch den untersuchten Gegenstand oder Vorgang. Wenn man diesen erkennt, weiß man auch mit ihm umzugehen.

Wenn der menschliche Geist „auf Entdeckung geht", dann deckt er die unwichtigen und nebensächlichen Auflagen von einem Fragenkomplex ab, so wie es das Wort *„Entdecken"* in seiner ursprünglichen, aus dem mittelhochdeutschen „endecken" und aus dem althochdeutschen „entdecchan" aussagt. Entdecken ist ein Denken, das einen Vorgang oder einen Gegenstand vom Unwesentlichen befreit und entblößt und so das Eigentliche aufdeckt. Stößt man gedanklich auf diese Weise bis zum „Kern der Sache" und damit bis zum Wesentlichen vor, dann entdeckt man den wahren Gehalt — man entdeckt die Wahrheit. So gewinnt man mit dem entdeckenden Denken die richtige Kenntnis und die wahre Erkenntnis, die man gegebenenfalls verwerten, auswerten und gebrauchen kann.

Das Erkennen und die Kenntnis gibt dem Menschen das Wissen von dem, was man durch Forschen und Entdecken erblicken (lateinisch videre und griechisch idein), eben wissen kann, und von dem, was der Mensch auch für seine bessere Lebensführung wissen will und muß.

Der forschende Mensch dringt auch in die Sparten erkennend ein, die das Wirtschaften braucht, und zwar in die *technischen Zusammenhänge* der Gütererzeugung und Leistungserstellung und in die *organisatorischen Gegebenheiten* des Wirtschaftens in den Betrieben und sonstigen Wirtschaftsgemeinschaften. Ohne die geistigen Kenntnisse kann weder die technische Erzeugung noch die organisatorische Gestaltung der Wirtschaftsgemeinschaften und Vorgänge in diesen bewerkstelligt, d. h. zum Werkerfolg geführt werden. *Die geistigen Fähigkeiten des Menschen sind demnach die ursprüngliche Kraft des Wirtschaftens, der alle weiteren Vollzugshandlungen entspringen.*

Als der Mensch in seiner nomadischen Ausgesetztheit nach Sicherung strebte, erforschte er die Lebensgewohnheiten der Jagdtiere. Die gewonnenen Kenntnisse verwertete er für die Domestizierung und züchtete Haustiere. Als Erfolg dieser technischen Kenntnisse der Viehzucht erwuchs dem Menschen ein hoher Grad an sicherer Nahrungsversorgung.

In gleicher Weise erging es dem Menschen, als er die Fortpflanzung aus den Samen der Früchte entdeckte. Diese Entdeckung ließ eine Fülle von Früchten und Lebens-Mitteln gesichert sein, so daß der Mensch der wetterhaften Unsicherheit entkam.

Von diesen beiden Ansätzen in der Viehzucht und im Ackerbau führt die Agrikultur zu den Kenntnissen, Entdeckungen und Erfahrungen von heute, die allen in den voll entwickelten Ländern lebenden Menschen die auskömmliche Nahrung in bester Güte garantieren. *Der menschliche Geist war die eigentliche Kraft für die Nahrungssicherung.*

Im gewerblichen Bereiche suchte der Mensch eine Erleichterung für seine Lebensführung. Er wollte mit mehr und besseren Geräten die Umwelt so formen und zurichten, daß er gesichert und angenehm leben könne.

Wieder war es die forschende Kraft des Menschen, die zur Entdeckung des Rades und zu dessen Auswertung führte. Damit aber war die „Bodengebundenheit" überwunden und eine neue Entwicklungsphase konnte ansetzen. Die erreichte Beweglichkeit der Menschen und Dinge veränderte ihre Lebensführung.

Als die entdeckende Kraft des menschlichen Geistes auch noch die überall beinahe unabhängig von der Natur setzbare Kraftquelle und Antriebskraft der Dampfmaschine erfand und sie für alle Zwecke der Produktion und des Verkehrs weiterentwickelte, war der Mensch soweit frei, daß eine schier unbegrenzte Aufwärtsentwicklung der Lebenshaltung möglich wurde. *Dies alles war das Ergebnis der forschenden Kraft und der erfinderischen Entdeckung des menschlichen Geistes.*

Von all diesen technischen Ansätzen zieht eine ungebrochene Linie der Entwicklung bis zur zivilen Auswertung der Atomkraft und der Wirtschaftsplanung durch Rechenmaschinen, denen man bloß die Ausgangsdaten und das gewünschte Ziel vorgeben muß, und schon erhält man die Durchführungspläne für den automatisierten Vollzug.

Am Anfang all dieser Vorgänge steht allein die Geisteskraft des Menschen. Was seither geschaffen wurde, war allein der Erfolg des originären Produktionsfaktors, des menschlichen Geistes.

Es konnte dem menschlichen Geist nicht verdeckt bleiben, daß neben der Technik die Wirtschaft selbst der Entdeckung wert war. Dabei galt es, den Gehalt des Wirtschaftens, die Einteilung der Güter für Verbrauch und Erzeugung ebenso wie die Einteilung für heute und morgen, die Zuteilung an alle Tätigen und schließlich das richtige Gestalten der Wirtschaftsgemeinschaften zu erkennen.

Will der Mensch seiner Ausgesetztheit entkommen, *muß er wirtschaften.* Er muß mit den gegebenen Mitteln die Höchstzahl der Ziele oder mit dem geringsten Aufwand an Mitteln die einzelnen gesetzten Ziele zu erreichen streben. Diese Kenntnis-Notwendigkeit ergab sich aus der Naturbedrängtheit und der Geworfenheit des Menschen. Zur Überbrückung und Überwindung der Lebensnot mußte der forschende Geist des Menschen *das wirtschaftliche Prinzip erkennen* und seine weiteren Handlungen diesem Prinzip unterordnen. So hat der Mensch das Wirtschaften in seinem inneren Gehalt erkannt und sich in der Folge demgemäß verhalten.

Wenn das Spannungsverhältnis der zu knapp verfügbaren Mittel zu den vielen Bedürfnissen rational überwunden werden soll, muß im Wirtschaften ein mannigfaches *Einteilen* erfolgen. Dieses bedarf wieder der ordnenden Kraft des menschlichen Geistes. Die verfügbaren wirtschaftlichen Güter müssen zunächst in solche, die dem Verbrauch gewidmet sind, und in solche, die für die weitere Erzeugung bestimmt sind, eingeteilt werden. Diese einmal gesetzte Planung muß durch die vom Geist gelenkten Verhaltensweisen auch eingehalten werden, sonst ist die Planung selbst sinnlos. Dann aber muß die Einteilung der verfügbaren Güter auch hinsichtlich der Zeitfolge geschehen. Es muß durch die dispositive Einteilung entschieden werden, welche Güter heute verbraucht werden dürfen und welche für morgen gespart werden müssen. Wieder ist es die ordnende und erkennende Kraft des Menschen, die den wirtschaftlichen Geschehnissen die Leitlinie gibt. Da das Wirtschaften im wesentlichen doch ein rationales Handeln ist, muß überlegt werden, *wie für den Verbrauch und die Erzeugung und wie für den gegenwärtigen und den künftigen Verbrauch die verfügbare Gütermenge eingeteilt werden muß.*

In gleicher Weise ist es erforderlich, daß jedem in der Gemeinschaft die entsprechende Portion an Gütern *zugeteilt* werde. Wenn auch die Zuteilung oft nach außerwirtschaftlichen Grundsätzen erfolgt, so muß doch der *ordnende Geist* die wirtschaftliche Verteilung im Vollzug der vorgegebenen Verteilungsprinzipien folgerichtig vornehmen.

Da die wirtschaftliche Tätigkeit immer in Gemeinschaft erfolgt, muß der findige Geist des Menschen die wirtschaftlichen Gemeinschaften ordnen. Dieses Ordnen der Wirtschaftsgemeinschaften ist ein zweifaches Disponieren: ein Einrichten der Ordnungselemente in jeder Wirtschaftsgemeinschaft und ein Einfügen der kleinen in die übergeordneten, großen Wirtschaftsgemeinschaften.

Soweit man die Wirtschaftsgeschichte in die Vorzeit zurückverfolgen kann, immer kann eine arbeitsteilige Ordnung festgestellt werden. Ob dies bei den Menschen war, die im genau arbeitszerlegten Verfahren den Höhlenbären erlegten (nach O. Abel), ob dies bei den Bergmännern der Kupfer- und Bronzezeit war oder ob dies heute noch bei den im Paläozoikum verbliebenen Feuerland-Indianern (Gusinde) ist, immer wurde *aus der geistigen Disposition heraus das arbeitszerlegte und arbeitsteilige Verfahren geformt und gestaltet.* Für diese dispositive und organisatorische Fähigkeit war und ist das Erkennen der Zusammenhänge und die verwertete Kenntnis der Organisationserfahrungen vonnöten. Jedes Wirtschaften in der Gemeinschaft setzt eine ordnende Fähigkeit voraus, die aus der geistigen Kraft zu disponieren entspringt. Wie die Arbeitsgruppen in die Betriebsgemeinschaft, wie die Betriebsgemeinschaften in die Unternehmungen erfolgreich eingefügt werden, hängt nur von der richtigen Disposition der Werkmeister, der Betriebsleiter und der führenden Unternehmer ab. Nur die richtig disponierte und organisierte Wirtschaftsgemeinschaft garantiert den Erfolg. *Das richtige Ordnen und Gestalten der Wirtschaftsgemeinschaften entstammt der geistigen Fähigkeit der jeweils leitenden Personen.*

Die Wirtschaftsgemeinschaften sind selbst wieder in ein horizontal und vertikal gegliedertes Wirtschaftssystem eingefügt. Von der Hauswirtschaft bis zur Weltwirtschaft reicht dieses System. Da die Lebensfähigkeit für die kleinen Wirtschaftsgemeinschaften von den größeren kommt, weil diese jenen die Absatzmöglichkeiten bieten, ist *das Einfügen der kleineren in die größeren Wirtschaftsgemeinschaften* das Um-und-auf der Fähigkeiten der Unternehmer, der Verbandsdirektoren, wie auch der staatlichen und supernationalen Disponenten. Wo im größeren Bereich Absatzchancen zum Vorschein kommen, dort ist für die Waren und Dienstleistungen der Betriebe und Unternehmungen eine Einordnungsmöglichkeit und damit eine Gewinnchance. Die gesamte Marktaufbereitung und Marktbehandlung im Einkauf und Verkauf folgt aus *der organisatorischen Dispositionsfähigkeit der Marktdirigenten.* Ob dies die Unternehmer oder die Konzern- und Kartellsyndici oder ob dies die Akteure der zwischenstaatlichen Handelsvertragsagenda sind, immer geht es um die richtig disponierte Einordnung eigener Möglichkeiten in die vorgegebenen, sozialwirtschaftlichen Potenzen der höheren Wirtschaftsgemeinschaften. *Alle Wirtschaftsgemeinschaften bedürfen als erster Voraussetzung für ihr erfolgreiches Wirken der geistigen Fähigkeit der dispositiven Kraft.*

Wenn schon das Wirtschaften immer eine Gemeinschaftsangelegenheit ist, dann bedarf es wohl auch der Entdeckung *integrativer Organisationsinstrumente.* Diese sind „die Werkzeuge", die die Menschen zu den Wirtschaftsgemeinschaften zusammenführen und die wirtschaftlichen Handlungen in den Gemeinschaften ermöglichen und durchführen lassen. Diese Instrumente mußten auch *von der Phantasiekraft des Geistes entdeckt* und durch die geistigen Folgerungen *aus den Erfahrungen entwickelt* werden.

Solch integrativer Koppelungsinstrumente gibt es zwei Arten: das *Geld* mit all seinen Surrogaten und das *Wirtschaftsrecht* mit dem Gesellschaftsrecht, dem wirtschaftlichen Verkehrsrecht und vielen einschlägigen Rechtssparten.

Das *Geld* mag aus der Wirtschaft selbst oder aus sakralen Handlungen und Vorgängen (Laum) herausentwickelt worden sein, immer ist es als Tauschmittel oder als Tausch-Vermittlungsinstrument ein organisatorisches Integrationsmittel. Da das Geld die Menschen in der Wirtschaft zusammenführt und zusammenhält, stiftet es immer von neuem die verschiedenen Wirtschaftsgemeinschaften und wirtschaftlichen Verbindungen. Soferne der menschliche Geist das Geld entstehen und in den verschiedenen Formen entwickeln ließ, ist es immer wieder der Geist, der dieses integrative Organisationsmittel schuf und den Fortgang der Wirtschaft ermöglichte.

Das *Wirtschaftsrecht* der unternehmerischen Kaufleute gibt die Grundlage für den Verkehr der Wirtschafter untereinander, es gibt die Möglichkeit für die Zusammenschlüsse der Wirtschafter in den Gesellschaften. Es bereitet auch die Grundlage für die ergänzenden Gemeinschaftshilfen, die von Stufe zu Stufe der Wirtschaftsgemeinschaften subsidiär in Anwendung kommen. Dieses Wirtschaftsrecht ist ein Instrument, das die Wirtschafter zusammenbringt und verbindet.

Alle wirtschaftlichen Integrationsinstrumente sind nur der phantasiereichen Einbildungskraft des Geistes entsprungen, so daß wieder der Geist als gemeinschaftsbildende Kraft wirksam wurde.

Welche Seite des Wirtschaftens immer betrachtet wird, ob die Produktion in technischer und organisatorischer Hinsicht, ob die dispositive Planung oder die organisierte Ausführung, *es ist immer der menschliche Geist, der die einzige und originäre Produktivkraft ist.*

b) Die Produktivkraft des Geistes und die Produktionselemente: Boden und Kapital

Aus all dem Vorgebrachten geht eindeutig hervor, daß es nur den einen originären Produktionsfaktor, den menschlichen Geist, gibt. Alles was im Rahmen der Wirtschaft geschieht, ist der Ausfluß dieses Geistes. Daher sind alle Erfolge einzig und allein die Erfolge dieses einen Produktionsfaktors. Der Mensch mit seiner Geisteskraft ist der originäre und vorwärtsstrebende Träger des Wirtschaftsgeschehens. Als solcher kann der Mensch mit seiner geistigen Fähigkeit in der herkömmlichen Weise als Produktionsfaktor angesprochen werden, obwohl die Verbindung Produktions-Faktor eine starke Verengung ist, weil die gestaltende Kraft des menschlichen Geistes nicht nur in der Produktion, sondern auch in allen anderen Sparten der Wirtschaft, wie in der Zirkulation und Distribution, zur Wirkung kommt. So betrachtet, könnte man eigentlich *nur von der geistigen Gestaltungskraft des Menschen als originärer Produktionskraft sprechen.*

Wenn man bisher die Arbeit als Produktionsfaktor bezeichnete, so war das nur eine Verengung des Produktionsfaktors menschlicher Geist. Die „Arbeit" reicht von den schöpferischen Einfällen bis zu den letzten Ausführungshandlungen vorgegebener Wirtschaftspläne und organisierter Verrichtungen. Immer ist die Arbeit der Effekt des Geistes und nie gibt es eine Arbeitsverrichtung ohne den Einsatz der geistigen Fähigkeiten. *Der Produktionsfaktor Arbeit geht demnach im Produktionsfaktor menschlicher Geist auf.*

Daß es neben dieser einzigen Produktivkraft noch andere, gleichartige Faktoren in der Erzeugung geben soll, scheint so abwegig, daß es schon einer verbogenen Phantasie bedurfte, um auf diesen Gedanken zu kommen. Smith hat diesen Gedanken nun schon einmal geprägt und die Traditionsträgheit vieler Generationen von Nationalökonomen hält bis heute daran fest. Der Unsinn dieser Aussage von den drei Produktionsfaktoren ist so bedenkenlos und kritiklos hingenommen worden, daß er als unangefochtenes Dogma mit Tabu-Charakter in allen Lehrbüchern steht.

Von den wenigen, die sich dagegen wehrten, sei Otto Conrad genannt, der in seiner Arbeit „Die Todsünde der Nationalökonomie" (Wien 1934) sagen konnte, daß die Lehre von den drei Produktionsfaktoren völlig verfehlt sei. „Die einfache Wahrheit ist doch die, daß das Produzieren eine Tätigkeit ist und daß *die leblosen Produktionsmittel keine Tätigkeit entfalten und daher keine Produktionsleistungen verrichten können. Damit stürzt die Lehre von den drei Produktionsfaktoren in sich zusammen*" (S. 4).

Daß sich der produktive Geist sachlicher Werkzeuge und Instrumente bedient, ist ihm entsprechend und daher verständlich. Diese Werkzeuge könnte man ihres sachlichen Charakters wegen *Produktions-Elemente* nennen. Als solche kann man ohne weiteres die überbrachten zwei: Boden und Kapital ansprechen. *Neben der originären Produktionskraft des menschlichen Geistes gibt es die sachlichen Produktionselemente Boden und Kapital.*

Der Boden wird in zweifacher Weise für die Wirtschaft in Anspruch genommen: als *Standort* und als *Rohstoffquelle.*

Als Standort ist er der Platz, auf dem die wirtschaftliche Tätigkeit dieser oder jener Art verrichtet wird. Welcher Ort als Standort in Anspruch genommen wird, ist wieder eine rationale Entscheidung des abwägenden und alle Orientierungspunkte erwägenden Geistes. *Standort wird ein Platz nur durch den Widmungsakt des menschlichen Geistes.* Damit ist aber der *instrumentale Charakter* des Bodens als Standort klargelegt. Aus sich selbst kann keine Stelle des Bodens Standort werden.

Ähnlich ist es selbst mit dem Produktionselement Boden als *Träger der Rohstoffe.* Welche und wie viele Rohstoffe im Boden vorhanden sind, kann nur der findige Geist des Menschen „fündig machen". Wo die brauchbaren und wirtschaftlich verwertbaren Rohstoffe ihre Lagerstätten haben, muß der entdeckende Geist ermitteln. Wo immer Rohstoffe dem Boden abgerungen werden, *dort muß der menschliche Geist sie zuerst entdecken und dann mit dem geistig ermittelten Verfahren dem Boden abringen.* Beinahe könnte man sagen: welche Rostoffe, wie viele und wo sie der wirtschaftende Mensch vom Boden in Anspruch nimmt, entscheidet die planende und kalkulatorische Kraft des Geistes. *Der Abbau der Rohstoffe folgt der Entscheidung der menschlichen Überlegung.*

Der Boden wird auch in der Landwirtschaft durch den *Anbau* in Anspruch genommen, indem er pfleglich so behandelt wird, daß er immer wieder seine Ernteergebnisse vom Menschen entnehmen läßt. Wieder gilt: *welche Böden und wie diese genutzt werden, entscheidet der kalkulierende Geist des Menschen.*

Wo immer der Boden im Wege des Abbaues und des Anbaues genutzt wird, *er wird bloß als sachliches Element gemäß den planenden Dispositionen des Menschen in die Produktion eingesetzt.*

Während das Produktionselement Boden die Rohstoffe in sich hat und die Wachstumskräfte für den Anbau jederzeit aus sich bereithält, bis der Mensch sie in Anspruch nimmt, ist das Produktionselement Kapital ohne den Menschen weder in seinem Wesen noch in seinem Entstehen vorhanden. Das Produktionselement Kapital muß durch den Menschen und seine dispositive Entscheidung erst geschaffen und darnach wieder durch die Intentionen des Wirtschafters zum Einsatz beordert werden. Dabei ist es gleichgültig, ob es sich um Produktionskapital oder Erwerbskapital handelt.

Schon das *Entstehen des Kapitals* entspringt dem menschlichen Geist. Ob Kapital gebraucht wird, ergibt sich aus den betriebswirtschaftlichen Kalkulationen der Unternehmer. Damit ist die *Vorfrage für die Entstehung des Kapitals schon die Folge geistiger Überlegung.* Fällt die Entscheidung positiv aus, dann erfolgt die Kapitalbildung und Kapitalerneuerung, kurz das Investieren. Hiebei wird das Verhältnis der Eigen- und Fremdmittel für die Investitionen mitentscheidend dafür, ob und wieviel Kapital in den Betrieb genommen wird. Daß der *technische Werdegang* der produzierten Produktionsmittel und der Erwerbsmittel, soweit sie in Waren bestehen, durch den planenden und vollziehenden Einsatz des Geistes erfolgt, bedarf kaum einer Erwähnung. Sowohl die wirtschaftliche Ursache als auch die technische Entstehung des Kapitals entspringt dem menschlichen Geist. Das Kapital als Produktionselement ist menschlicher Geist in einem umgeformten, anderen wirtschaftlichen Aggregatzustand. *Das Kapital ist gefrorener Geist.*

Der wirtschaftliche *Einsatz des Kapitals* in den Betrieben und Unternehmungen erfolgt gemäß den betriebswirtschaftlich und sozialwirtschaftlich ermittelten Daten und den rechenhaft erarbeiteten Gewinnchancen. *Wo* und *wieviel* Kapital zum Einsatz beordert wird, entscheidet wiederum der unternehmerische Geist auf der Basis dispositiver Überlegungen. In gleicher Weise wird auch die Entscheidung über das *Wie* des Kapitaleinsatzes ermittelt. Da nämlich *der Kapitaleinsatz spekulativen Überlegungen und kalkulatorischen Erwägungen entspringt, ist die Verwendungnahme von Kapital ausschließlich eine Angelegenheit des unternehmerischen Geistes.*

Kapital ist im Entstehungsgrund, in der Entstehungsweise und in der Verwendung die Folge des disponierenden Geistes des Unternehmers.

Insoferne hatte auch Schumpeter recht, wenn er meinte, daß der Kapitalzins eine Funktion unternehmerischer Dispositionen ist.

Boden und Kapital sind Produktionselemente im Dienste des Produktionsfaktors menschlicher Geist.

3. Die Arten des produktiven Geistes

Alle Arten des produktiven Geistes bilden derart ein System, daß aus den letzten und höchsten Wurzeln des Geistes, aus der Forschung und Wissenschaft, die produktiven Kräfte höchster Ordnung, aus der belehrenden Vermittlung im Unterricht die produktiven Kräfte dritter Ordnung und aus den organisierenden und veranstaltenden Handlungen und Anordnungen die produktiven Kräfte zweiter Ordnung entstammen. Erst in diesen geistigen Produktivkräften finden die sachlichen Produktivelemente ihren produktiven Einsatz und produktiven Erfolge. Alle sachlichen Erfolge der Produktionselemente haben nur einen Produktionserfolg, soweit sie selbst vom produktiven Geist produziert werden.

a) Der schöpferische Geist in Forschung und Erfindung

Die Forscher und Wissenschafter erarbeiten auf Grund des Wissensgutes ihrer Vorgänger in mühevoll, im Stillen und in der Abgeschiedenheit der Laboratorien und Gelehrtenstuben geleisteten Verfahren und Methoden neue Kenntnisse und neue Erkenntnisse. Hiebei wird oft in intensiver Kleinarbeit ein weiter Umweg beschritten, ehe über manche Abwege hinweg der angestrebte Erfolg zum Vorschein kommt. Es kann aber auch über spontane Einfälle „das Eigentliche erkannt werden" und eine grundlegend neue Erkenntnis errungen werden.

Zu einer solch forschenden Arbeit bedarf es gewiß auch der sachlichen Hilfsmittel und der persönlichen Assistenten, aber im letzten entspringen die meisten Errungenschaften der Wissenschaft der *urpersönlichen Einfallsleistung der Forscher und Wissenschafter.*

Diese theoretischen Erkenntnisse können vielfach noch nicht unmittelbar verwertet und müssen oft erst durch ein Verfahren der Entwicklung getrieben werden. Hier werden die theoretisch erkannten Zusammenhänge Stufe für Stufe auf ihre Auswertbarkeit geprüft. Das Ergebnis dieser mühevollen Kleinarbeit sind dann die neuen Erzeugungsverfahren und die neuen Einsatzmöglichkeiten der vom Geist gebändigten Naturkräfte.

Ob die Wissenschafter wegen der Sonderheit der Disziplinen zweckgerichtete Forschungen pflegen oder ob sie im rein Abstrakten der Urwissenschaften von den Grundlagenwissenschaften bis zur Philosophie der Forschung dienen, ist für die wissenschaftlichen Ergebnisse gleichgültig, weil alle Wissenschaften ein oft nach außen nicht sichtbares, aber im Inneren doch bestehendes System bilden. Ergebnisse der theoretischen Disziplinen wirken sich auf die „praktischen" Disziplinen vorwärtstreibend aus wie auch die Ergebnisse der Laboratorienwissenschaften auf die theoretischen Fächer. *In der Wissenschaft geht kein Geist, wo immer er angesetzt wird, verloren, unabhängig, ob er unmittelbar oder mittelbar zu einem Ergebnis führt.*

Die Wirkungen des schöpferischen Geistes in der Forschung und in den Wissenschaften zeigen sich in den Fortschritten der Wirtschaft. Alles, was je in der Wirtschaft an Neuerungen geleistet wurde, war die Folge des forschenden Geistes. *Der forschende Geist und die wissenschaftliche Forschung sind die eigentliche Produktivkraft der Wirtschaft, sie sind die Produktivkraft höchster Ordnung.*

b) Der anregende Geist in Erziehung und Unterricht

Zwischen Wissenschaft und Unterricht besteht eine Wechselwirkung, weshalb die Wissenschaft des Unterrichtes bedarf, weil nur auf diese Weise die Wissenschaft ihre Ausgebildeten und für die Forschung Vorgebildete erhält, und der Unterricht der Wissenschaft bedarf, weil auf diese Weise die Ergebnisse der Forschungen weitergegeben und ausgewertet werden können.

Die aus der Forschung gewonnenen *wissenschaftlichen Ergebnisse müssen einem breiteren Kreis von Menschen vermittelt werden.* Diese Vermittlung geht über mehrere Transformationsstufen, denen die Schulen in den verschiedenen Fachstufen folgen. Von den Universitäten und den Hochschulen mit den Sonderdisziplinen werden die wissenschaftlichen Ergebnisse über die Lehre weitergegeben. Dadurch wird ein Stab von Menschen ausgebildet, die imstande sind, selbst den Weg der Forscher zu gehen, oder die die Aufgabe haben, die Lehren mit den neuen Forschungsergebnissen einem noch breiteren Kreis in den zugehörigen Fachschulen aller Art zu vermitteln. Auf dieser Unterrichtsstufe steigen die wissenschaftlichen Forschungsergebnisse in die letzten Verwertungsstellen der Werkstätten und Comptoirs herab. Überall, wohin die „neuen Lehren" getragen werden, werden Anregungen gegeben, dieses oder jenes Verfahren neu zu gestalten oder diese oder jene Betriebsmethode zu verbessern. *Über den Unterricht werden die Ergebnisse der Produktivkraft des Geistes allen zugänglich.*

Dies ist unschwer für die technischen und kommerziellen Fachschulen der Landwirtschaft, des Handwerks und der Industrien einzusehen. Aber auch die allgemeinbildenden Schulen, von den Volksschulen über die Hauptschulen bis zu den höheren Bildungsschulen nehmen an der Aufgabe des Unterrichts teil, weil sie die Ergebnisse der Sonderdisziplinen dem weitesten Kreis vermitteln und auf diese Weise Anregungen bewirken, die bis in die Forschungszentren und die Betriebsstätten anderseits zurückstrahlen können.

Wie das System der Wissenschaft eine Einheit ist, so ist auch das System der Schulen eine Einheit, und zwar auch dann, wenn selbst die Schulorganisation nicht zureichend ist. Durch alle Schularten dringt der erneuernde und anregende Geist von den Forschungsstellen bis zu den Wirtschaftern aller Art herab. Über dieses vielfältige System der Transmission werden die wissenschaftlichen Ergebnisse der unmittelbaren Verwertung und Auswertung zugeführt. Die Schulen bringen den produktiven Geist unmittelbar zum Einsatz. *Der Unterricht und die Lehre sind der produktive Geist zweiter Ordnung.*

c) Der produktive Geist der organisierenden Handlungen

Alle Gemeinschaften, welcher Art sie immer sein mögen, bedürfen der Ordnung. Diese führt die einzelnen zusammen und hält sie zusammen. Die Gemeinschaftsordnung gibt jedem auf Grund seiner Sonderheit den Standort und die Aufgaben in der Gemeinschaft. Für den Vollzug der persönlichen und sachlichen Aufgaben gibt die Ordnung den Rahmen und die Vollzugslinien vor. *Die Ordnung ist die Grundlage jeder Gemeinschaft.*

Die richtige Ordnung der Betriebsgemeinschaft garantiert das reibungslose Zusammenarbeiten im Betrieb. Der richtige Einsatz aller Mitarbeiter und das richtige Zusammenarbeiten der einzelnen Werksabteilungen bringt den Betriebserfolg. *Die richtige Arbeits- und Betriebsordnung ist die Basis für den Erfolg der einzelnen Betriebsabteilungen und des gesamten Betriebes.*

Das Zusammenarbeiten der Betriebe und Unternehmungen in den Wirtschaftszweigen und in der Volkswirtschaft wird wiederum von der gesetzten Ordnung garantiert. Diese mindert die Reibungsverluste und damit die Kosten, die sich aus einer unrichtigen und daher gegenläufigen Zusammenarbeit in ruinöser Konkurrenz oder in Monopolherrschaften ergeben können.

Die geordnete und daher planmäßige und richtige Zusammenarbeit aller Wirtschaftsgemeinschaften ist die Voraussetzung für das Gedeihen aller einzelnen Wirtschaftsgemeinschaften.

Ordnen und Organisieren oder die Organe in das richtige Verhältnis Setzen ist ein Handeln, das andere Handlungen nach sich zieht. *Organisieren ist ein veranstaltendes und stiftendes Handeln,* das den Inhalt und den Rahmen setzt, *dem die ausführenden Vollzugshandlungen nachfolgen müssen.* Da dieses organisierende und ordnende Handeln ausschließlich den dispositiven Fähigkeiten entstammt, ist *jeder organisierende Akt die Folge des ordnende Menschengeistes.*

Wenn die Ordnung die Voraussetzung und die Grundlage für die Leistungserstellung und daher für den Wirtschaftserfolg ist, dann ist wohl auch das Ordnen und Organisieren eine produktive Kraft.

Das organisierende, veranstaltende und stiftende Handeln ist die Produktivkraft dritter Ordnung.

4. Die Investitionen höherer Ordnung

a) Die Ausgaben für die Produktivkraft des Geistes: Investitionen höherer Ordnung

Investieren ist das Ausrüsten eines Betriebes mit Erzeugungsanlagen und produzierten Produktionsmitteln. Der Zweck der Investitionen ist einerseits die Erneuerung des im Erzeugungsverfahren verschlissenen Kapitals und anderseits die Neubildung von Kapital. Die durch die Investitionen zugesetzten Kapitalien bringen höhere Erträge. *Die Kapitalausrüstung im Wege der Investitionen ist die Grundlage für die Steigerung von Produktion und Produktivität.*

Die Erzeugungsanlagen und Produktionsmittel, wie Fabrikanlagen und Maschinen, sind das Kapital, das unmittelbar dem Betriebserfolg dient, *es ist daher Kapital erster Ordnung.* Die Aufwände zur Erneuerung und Neubildung dieses Kapitals sind die *Investitionen erster Ordnung.*

Ehe die Produktionsanlagen gebaut und die Maschinen konstruiert werden können, bedarf es der Kenntnisse, die Bauten zu planen und die Maschinen zu entwerfen. Den *speziellen Fachkenntnissen* kommt demnach der Charakter eines *Kapitals zweiter Ordnung* zu. Die Ausgaben für die Gründung und Führung der Fachschulen sind dem zugehörigen Kapitalsgrad entsprechend *Investitionen zweiten Grades.*

All die Kenntnisse, die im Unterricht vermittelt werden, gehen auf die wissenschaftlichen Forschungsergebnisse zurück. Daher erzeugen die Wissenschaften mit ihren Forschungen das Stammkapital aller geistigen Kapitalien. *Die Wissenschaft mit ihren Forschungsergebnissen* kann als *Kapital höchster Ordnung* gelten. Die für die Forschung und die Wissenschaft auszugebenden Beträge für Sach- und Personalaufwände sind daher die *Investitionen höchster Ordnung.*

Durch diese *Theorie der geistigen Produktivkräfte und Kapitalstufen* und die *Theorie der Investitionsstufen* stehen die eigentlichen Produktivkräfte nicht mehr als metaökonomische Erscheinungen über und außerhalb des wirtschaftlichen Geschehens. Die entsprechenden Ausgaben für Investitionen höherer Ordnung gelten demnach für die Wirtschaftspolitik als ökonomische Daten und Größen.

Die Investitionen höherer Ordnung stiften das Kapital höherer Ordnung und erzeugen die wirtschaftliche Leistungskraft der Betriebe und der Volkswirtschaft.

Das Ergebnis ist demnach: die geistigen Produktivkräfte in den Stufen des Kapitals höherer Ordnung und die zugehörigen Investitionsstufen entscheiden über die Leistungskraft der Betriebe und über den Wohlstand der Völker.

b) *Die Ergiebigkeit der Investitionen höherer Ordnung*

Da die Investitionen höherer Ordnung die verschiedenen Arten der Kapitalbildung hervorbringen, bilden sie das *Stammkapital aller Kapitalien* höherer Ordnung und aller persönlichen Leistungskraft der Unternehmer und Mitarbeiter. Die Ausrüstung mit Kapital höherer Ordnung bestimmt die *Leistungsfähigkeit* und die *Wettbewerbsfähigkeit der Betriebe.* In gleicher Weise ist auch die Leistungsfähigkeit einer gesamten Volkswirtschaft anderen Volkswirtschaften gegenüber größer, wenn sie über mehr geistige Produktivkräfte oder mehr Kapitalien höherer Ordnung verfügt.

Die durch den produktiven Geist gesteigerte Ergiebigkeit der Volkswirtschaft läßt sich als Index des technischen Fortschrittes (allerdings etwas verengt) sogar in Zahlen ermitteln. So weist M. Solow für die Vereinigten Staaten von Amerika die Zunahme der Arbeitsproduktivität auf Grund des technischen Fortschrittes und damit der erhöhten geistigen Produktivkräfte von 1909 bis 1949 mit 87,5 vH und G. Bombach für Deutschland von 1950 bis 1956 mit 90 vH nach. Wie immer die Zahlenergebnisse sein mögen, sicher ist: die Investitionen höherer Ordnung bringen das Kapital höherer Ordnung und den schöpferischen Geist für die Wirtschaft hervor. *Im schöpferischen Geist ist das Stammkapital aller Kapitalien gegeben.*

Sämtliche Neuerungen in den Erkenntnissen aller Wissenschaften werden allen kostenlos zur Verfügung gestellt. Sind Erkenntnisse einmal errungen, dann kann sie *jedermann*, der hiefür die Fähigkeit hat, *verwerten* und *auswerten*. Die geistige Produktivkraft der Wissenschaft und der Forschung in allen ihren Ergebnissen ist ein für alle zugänglicher Schatz. Die wissenschaftliche Forschung erarbeitet nicht nur die neuen Produktivkräfte des Geistes, sondern stellt diese allen freimütig zur Verfügung. *Der Geist schenkt seine Forschungsergebnisse allen, damit alle am fortschreitenden Wohlstand teilnehmen können.*

B. Die Aufgaben und Gefahren der Öffentlichen Wirtschaft

I. Grundlegung der integralen Finanzwissenschaft[1]

1. Der Wandel in der Finanzwissenschaft

Die öffentliche Wirtschaft macht gegenwärtig in ihrer Gesamtheit wie auch in all ihren Institutionen und Gliedern eine grundlegende Änderung durch, die sich quantitativ in der steten Ausweitung ihres Umfanges und qualitativ in der Wandlung ihrer Funktionen zeigt. Die öffentliche Wirtschaft trat aus der Autonomie der reinen Fiskalwirtschaft heraus und wird immer mehr von der Wirtschaftspolitik mediatisiert (F. K. Mann). Damit wird sie aber in all ihren Institutionen zum Organon der Wirtschaftspolitik und in ihrem Wesen zur Organisationswirtschaft der Volkswirtschaft.

Dieser Änderung geht eine ebensolche Wandlung in der finanzwissenschaftlichen Theorie parallel. Sie verursacht die Wandlungsvorgänge in der öffentlichen Wirtschaft, wird aber auch wieder von diesen beeinflußt.

Die Prinzipien der alten, autonomen Finanzwissenschaft werden beinahe zur Gänze unbrauchbar, weil sie auf eine ganz andere Funktion der öffentlichen Wirtschaft abgestellt waren. Sie waren darauf gerichtet, die öffentliche Wirtschaft so zu gestalten, daß von ihr keine lenkenden und organisierenden Wirkungen auf die Volkswirtschaft ausgehen sollen.

Die öffentliche Wirtschaft der Gegenwart muß hingegen mit all ihren Einrichtungen die Volkswirtschaft lenkend beeinflussen und gestalten. All dies erfordert die „neue" Finanzwissenschaft[2].

Da die öffentliche Wirtschaft zum Organisationsmittel der Volkswirtschaft wurde, die diese immer zur Einheit integriert und sie in ihrer Struktur und in den Bewegungsvorgängen organisiert, bedarf die Lehre der öffentlichen Wirtschaft der integralen Methode. Diese soll die öffentliche Wirtschaft in ihrer integralen Funktion erkennen lassen. Die Grundlegung der integralen Finanzwissenschaft soll nach einer Dar-

[1] Grundlegung der integralen Finanzwissenschaft, in: Schmollers Jahrbuch für Gesetzgebung, Verwaltung und Volkswirtschaft, Jg. 71, 1951.
Integrale Finanzwissenschaft, in: Wissenschaft und Weltbild, Jg. 4, 1951.

[2] Alte und neue Finanzwissenschaft, in: Finanzarchiv, N. F., Bd. 13, 1951, S. 37 ff.

legung über den Wandel in der Finanzwissenschaft aus dem Wesen der Volkswirtschaft und der Organisationsfunktion des Staates gegeben werden.

a) Die alte Finanzwissenschaft

Die Sozialwissenschaften tragen die Zeichen ihrer Geburtsstunde, die die Aufklärungsphilosophie bestrahlte, noch heute weitgehend an sich. Dem damaligen Weltbild entsprechend war die wissenschaftliche Methode das Zerlegen des zu untersuchenden Gegenstandes in seine Elemente und das gedankliche Wiederentstehenlassen des nunmehr gedachten Erkenntnisobjektes. „Ubi generatio nulla, ibi nulla philosophia intellegitur" (Hobbes). Mit dem Zerlegen aber verlor man die Sonderheiten der ein Gebilde konstituierenden Elemente und fand nur gleichartige, gleichsam wie in der Statistik gestraffte Bauelemente des ganzen Gebildes. Mit dieser Gleichmachung der Bauelemente verlor man zwar die integrale Qualität der Teile, gewann aber für die Methode der Sozialwissenschaften die Möglichkeit, mit den Bau-„Stoffen" zu rechnen. Denn mit gleichartigen Massen kann man, weil sie nur quantitative Merkmale an sich haben, rechnen. Und „Denken ist Rechnen" (Hobbes).

Für die damals entstehenden Sozialwissenschaften hieß dies, daß man die Sozialgebilde in ihre Teile zerschlug, um sie im gedanklichen Zusammensetzspiel zu erkennen. So war es in der Naturrechtslehre im Erkennen des Staates und in der Sozialwirtschaftslehre im Erfassen der Sozialwirtschaften. Man wollte gar nicht die Wesenheiten an sich, sondern nur jeweils gedanklich gesetzte Modelle erkennen.

In der Wirtschaftswissenschaft wollte man nicht die μορφή der sozialen Gebilde erfassen, sondern nur das aus den einzelnen Handlungen der Wirtschafter immer werdende Beziehungssystem, in dem die sozialwirtschaftlichen Gemeinschaften erscheinen.

Die Wirtschaftswissenschaft erstellte demgemäß das Modell der freien Verkehrswirtschaft, für das sie noch die determinierte Gesetzlichkeit von den Naturwissenschaften auslieh.

Die Wirtschaftsgemeinschaften sind daher ein auf Grund des eigennützigen Strebens der Wirtschafter entstehendes Beziehungsnetz. Dieses ist in sich geschlossen und autonom und nur durch endogene Gesetze gelenkt, deren Zentralgesetz das Preisgesetz ist. Jeder wirtschaftliche Vorgang in der Erzeugung, in der Zirkulation und in der Verteilung wird nur durch das Preisgesetz bestimmt. Jeder Eingriff in diesen ordre naturel ist zwecklos, weil wirkungslos.

Im Rahmen der so erkannten Volkswirtschaft hat die Wirtschaft des Staates und seiner Körperschaften eine eigenartige Stellung. Sie ist keine Privatwirtschaft, weil ihr der eigennützige Impetus fehlt. Sie ist aber auch keine gestaltende und führende Wirtschaft, weil es eine solche unter den Wirtschaften gleicher Art nicht gibt, aber auch gar nicht zu geben braucht, denn „es geht alles von selbst". Die *Staatswirtschaft* ist demgemäß ein *Fremdkörper in der Volkswirtschaft* und als solcher ein *„notwendiges Übel"* (Ricardo). Da von ihr keine positiv gestaltenden, sondern nur störende Wirkungen ausströmen, muß sie durch zwei Postulate beschränkt werden: durch die *Minimität* und die *Neutralität.*

Die Staatswirtschaft soll, weil sie ein störendes Übel ist, so klein als möglich sein (Say). Da sie sowohl durch die Entnahme als auch durch die Wiederausgabe der Geldmittel die sozialwirtschaftlichen Vorgänge verzerrt, muß sie in all ihren Institutionen möglichst neutral sein, so daß sie in der Volkswirtschaft möglichst keine Wirkungen hervorruft.

Die *Finanzwissenschaft alten Stils* ist demgemäß nichts anderes als die *Buchhaltungslehre* einer Quasi-Wirtschaft, der besondere Beschränkungen auferlegt sind. Der Inhalt dieser Lehre ist die Bilanz- oder Haushaltslehre mit der Auflage, die „neutralen" Geldein- und -ausgänge zu erkennen. Sie bleibt von der Volkswirtschaftslehre unabhängig und daher autonom (Moll).

Da das sozialwirtschaftliche Geschehen naturgesetzlich nach dem gedanklich erstellten ordre naturel abläuft (Quesnay), braucht kein nur irgendwie gestaltendes Element existent zu sein. Eine „unsichtbare Hand" regelt die soziale Wirtschaft (Smith), jeder Eingriff durch den Staat und seine Wirtschaft ist von Übel (Ricardo bis Hayek).

Da der Staat für seinen vom Volk konzessionierten Kompetenzbereich (Locke) eine Wirtschaft zur Beschaffung der erforderlichen Mittel führen muß, ist „die finanzielle Tätigkeit des Staates eine Summe außerwirtschaftlicher Phänomene" (R. Fubini) und daher *im Rahmen der Sozialwirtschaft ein Fremdkörper.*

Die außerwirtschaftlichen Merkmale der Staatswirtschaft treten vor allem dadurch hervor, daß sie sich juristisch von den Merkmalen der Privatwirtschaft unterscheiden. Die staatswirtschaftlichen Vorgänge bezwecken vor allem die Mittelbeschaffung für den Staat, die zum größten Teil im Wege des Zwanges vor sich geht. Daher wird die Staatswirtschaft in der finanzwissenschaftlichen Literatur fast durchgehend nur als *Zwangswirtschaft* gekennzeichnet. Diese Charakterisierung ist methodisch richtig, weil ein außerwirtschaftliches Phänomen nur metaökonomisch — hier juristisch — erklärt werden kann. Diese Kennzeichnung der Staatswirtschaft geschieht beinahe von allen Vertretern, so daß die Hervorhebung einiger ein ungerechtes Verhalten gegen die Nichtgenannten wäre.

Diese außerwirtschaftliche Charakterisierung des Fremdkörpers Staatswirtschaft findet ihre Fortsetzung, indem das Verhältnis von Leistung und Gegenleistung den Unterschied von Staatswirtschaft und Privatwirtschaft besonders hervortreten läßt. Zwischen den Privatwirtschaften gilt das Prinzip der speziellen Entgeltlichkeit, während in der „ökonomischen" Auseinandersetzung zwischen Privatwirtschaften und Staatswirtschaft das Prinzip der generellen Entgeltlichkeit gilt. Obwohl in dieser Unterscheidung schon wirtschaftliche Erscheinungen vorliegen, gelten doch noch mehr juristische Unterscheidungsmerkmale, denn als solche sind die der Entgeltlichkeit wohl anzusprechen. Auch dieser Erklärungsversuch ist mit Ausnahme von Gerloff beinahe allgemein. Die Finanzwissenschaft ist demgemäß eine *verwaltungsrechtliche „Wirtschafts"-Lehre.*

Da die Staatswirtschaft in ihrer Zwecksetzung keine Güter wie die Privatwirtschaft hervorbringt, ist sie in ihrem zentralen Bereich eine *„Verbrauchswirtschaft"*. Dadurch kommt die fremdartige Eigenschaft und das außerwirtschaftliche Phänomen der Staatswirtschaft verstärkt zum Vorschein. Als Verbrauchswirtschaft kann sie für sich gar nicht bestehen, sie ist lediglich ein Annex zu den Privatwirtschaften. Außerdem ist sie ein „schmarotzender" Anhang, weil sie nur verbraucht, und zwar das, was andere hervorbringen. Sie entzieht anderen Wirtschaftern deren Geldfonds auf Grund ihres Hoheitsrechtes. Ein größeres Übel kann es im Rahmen der Sozialwirtschaft nicht mehr geben. Die Verbrauchswirtschaft des Staates verzehrt daher stets einen Teil des volkswirtschaftlichen Kapital- und Konsumfonds (Ricardo). Dies sind Gründe genug, um die Staatswirtschaft zu verkleinern und zu neutralisieren. Die Finanzwissenschaft ist eine *Verbrauchslehre des Staates* mit der Verpflichtung zu zeigen, wie der Verbrauch des Staates stets vermindert und wie er in der Volkswirtschaft möglichst wirkungslos gemacht wird.

Für den Verbrauch bedarf die Staatswirtschaft der Einnahmen. Ihr Charakteristikum ist daher das Einnehmen. Dieses Einnehmen ist aber nur ein Entnehmen aus der Privatwirtschaft. Die Staatswirtschaft ist „Einnahmewirtschaft", *„Entnahmewirtschaft"* und „Bezugswirtschaft" (Passow). Diese Eigenschaft der Staatswirtschaft kennzeichnet die Finanzwissenschaft als Lehre von der Mittelbeschaffung (Leroy-Beaulieu, Kaizl, Heißenberger u. a.). „Die vornehmste Aufgabe der Finanzwissenschaft ist es daher, die öffentliche Einnahmewirtschaft darzustellen, während über die Lehre von den Ausgaben nur kurz zu berichten ist" (Eheberg, Földes u. a.). Da die Staatswirtschaft nichts produziert, ist ihre Einnahmebeschaffung wirtschaftswissenschaftlich nicht zu fassen. Die Finanzwissenschaft ist deshalb auch nur eine *„Kunst-Lehre der Zahlungsmittelbeschaffung"* (Hawtrey), und damit ist sie ihres wirtschaftswissenschaftlichen Charakters vollends entkleidet. Das Objekt der Finanzwissenschaft (Erkenntnisobjekt) ist die Beschaffung und Bereitstellung der in der öffentlichen Wirtschaft erforderlichen Mittel. Sie hat also die

Aufgabe: wirtschaftlich geregelter Ausgabenfeststellung und Einnahmegewinnung. „Darüber hinaus reicht die Aufgabe der Finanzwissenschaft nicht" (Gerloff).

Von den Ausgaben der Staatswirtschaft hat die Finanzwissenschaft lediglich die in der Politik festgestellten Größen zur Kenntnis zu nehmen (Eheberg), weil man mit deren Erörterung „den Boden der Wissenschaft, mindestens aber den der Finanzwissenschaft, verläßt und sich auf das schwankende Brett der Politik begibt" (Moll). Jede Erläuterung über Notwendigkeit, Wichtigkeit und Größe der Staatsausgaben muß anderen Disziplinen überlassen bleiben (Eheberg). Mit dieser Charakterisierung steht die Staatswissenschaft zweifellos nur „am Rande der Volkswirtschaft" (Földes) — als Fremdkörper.

Da die Staatswirtschaft ihre Verbrauchs- und Einnahmewirtschaft nicht voneinander getrennt belassen kann, muß sie beide im öffentlichen Haushalt zusammenführen. Haushaltswirtschaft zu sein, ist demgemäß das Wesen der Staatswirtschaft (Köppe, Eheberg), wodurch allerdings das außerwirtschaftliche Phänomen schon die privatwirtschaftlichen Charakterzüge der Buchhaltung annimmt. Die Finanzwissenschaft ist daher *Staatshaushaltungslehre* (Földes).

Es ist verständlich, daß sich die Finanzwirtschaftslehre mit diesen meist außerwirtschaftlichen und jedenfalls außersozialwirtschaftlichen Deutungsversuchen nicht zufriedengeben konnte. Daher folgten Versuche, die öffentliche Finanzwirtschaft zu „reökonomisieren". Daß man bei diesem Reökonomisierungsprozeß von privatwirtschaftlichen Tatbeständen ausging, war naheliegend, denn wenn die Finanzwissenschaft ein eigenes finanzwirtschaftliches Prinzip aufstellen will, so kann dies nicht anderes sein, als daß dieses „seiner Natur nach aus privatwirtschaftlichen, d. h. eindeutigen Maximen besteht" (Moll). Und wenn die finanzwirtschaftlichen Prinzipien nur als privatwirtschaftliche „eindeutig" sind, so kann die Finanztheorie die Erklärung der staatswirtschaftlichen Maßnahmen als „von gewissen psychischen Grundfaktoren verursacht" vornehmen (Lindahl). Die Aufgabe der Finanzwissenschaft ist es also: *die gemeinwirtschaftlichen Phänomene in systematischer Gleichbehandlung mit den privatwirtschaftlichen zu erfassen*" (Sax).

Die privatwirtschaftlichen Tatbestände sind in den Bedürfnissen begründet. „Von diesen hedonistischen Voraussetzungen ist auszugehen" — auch in der Finanzwissenschaft (Viti de Marco). Daher ist die Theorie der Bedürfnisse die Grundlage für das Verständnis der wesentlichen staatswirtschaftlichen Erscheinungen (Ritschl). Die wirtschaftliche Betätigung des Staates entspringt aus dem Kollektivbedürfnis (Sax), d. h. „aus einem Unlustgefühl der die Gesellschaft bildenden Einzelnen" (Viti de Marco). Gemäß dieser Bedürfnislehre gibt es in der Finanzwissenschaft auch die zugehörige Güterlehre. Neben den privatwirtschaftlichen

Gütern gibt es staatswirtschaftliche oder öffentlichen Güter (Sax, Földes u. a.), die die Staatswirtschaft zu erzeugen und abzusetzen hat. Die Finanzwissenschaft ist demnach die Lehre von den Kollektivbedürfnissen und den zugehörigen öffentlichen Gütern mit der Spekulation über die Umwandlung von privaten in öffentliche Güter und die Grenznutzenerwägung über die Nutztransformation von Individual- in Kollektivbedürfnisse.

In Ausführung zu dieser Lehre von den kollektiven Bedürfnissen wird auch der „Wertbegriff aus der Privatwirtschaft auf das Gebiet der öffentlichen Wirtschaft übertragen" (Viti de Marco). Die Ausgaben der Staatswirtschaft erzeugen öffentliche Güter, mit denen Kollektivbedürfnisse befriedigt werden, wodurch den einzelnen ein Wertzuwachs zukommt. Die Einnahmen der Staatswirtschaft sind hingegen ein Wertentgang für die einzelnen. Wertzugang und Wertentgang sind im Wechselspiel der Individual- und Kollektivwirtschaft die Quanten in der staatswirtschaftlichen Wertrechnung (Einaudi). Damit ist die Finanzwissenschaft *ein Sonderfall der allgemeinen wirtschaftlichen Wertlehre* (Sax).

Die Staatswirtschaft verbraucht materielle Güter und erzeugt durch sie immaterielle Güter (Dietzel, Wagner) wie: Rechtsschutz, öffentliche Ordnung, Sicherheit, öffentliche Gesundheit, Bildungspflege usw. Diese Güter müssen von der Staatswirtschaft produziert werden, „weil die Bevölkerung sie nach dem privatwirtschaftlichen System nicht oder nicht so gut produzieren kann" (Wagner). Wie bei jedem Produktionsvorgang ist auch bei der Herstellung der öffentlichen, immateriellen Güter die Rentabilität entscheidend (Moll). Damit kann in der Staatswirtschaft wieder gerechnet werden und „alle Fragen der Finanzwirtschaft finden durch die Theorie der Erzeugung der öffentlichen Güter ihre Lösung" (Viti de Marco). Die Finanzwissenschaft ist die *Lehre von der Produktion immaterieller Güter* und die der dazugehörigen Rentabilität.

Die vom Staat erzeugten immateriellen Güter werden gegen die Privatgüter der Staatsbürger getauscht. „Dabei steht der erzeugende Staat mit den verbrauchenden Staatsbürgern in einem Austauschverhältnis, wie es gar nicht anders sein kann" (Viti de Marco). Dadurch findet auch die Steuer ihre wirtschaftliche Erklärung. Sie ist die „Bezahlung der Dienste des Staates" (Vocke). Die Finanzwissenschaft ist mithin eine Tauschwirtschaftslehre geworden, wie sie die Nationalökonomik schon in allen Variationen entwickelte.

Verkauft der Staat die von ihm erzeugten immateriellen Güter an die Staatsbürger, dann ergeben sich Preise. Ein solcher Preis wird als Steuer genommen. Die Steuer ist daher der „politische Preis" für die Staatsleistung (Einaudi, Pantaleoni). Damit ist auch die schwierige Frage der

Steuergrenze durch die Preistheorie lösbar, denn „der Preis entspricht für jeden Beteiligten dem Grenznutzen“ (Lindahl). Die staatswirtschaftlichen Erscheinungen sind demgemäß Preiserscheinungen und daher durch die Preistheorie zu erklären. Die Finanzwissenschaft ist zu einem *Spezialfall der Preislehre* geworden.

Es wäre die Parallele mit dem System der klassischen Volkswirtschaftslehre nicht vollends gegeben, wenn die staatswirtschaftlichen Vorgänge nicht auch als Verteilungsprozeß angesehen worden wären. Dies geschah von Jèze, Edgeworth, Dalton u. a. Da die Staatswirtschaft den Privaten Geld entzieht, ist die Wirkung ihrer Tätigkeit die Verteilung der öffentlichen Lasten auf die Staatsbürger. Gleichviel, ob es sich um Ausgaben oder Einnahmen, um öffentliche Tarife, Gebühren, Steuern oder Anleihen handelt, immer liegt mit ihnen auch ein Verteilungsproblem vor. Demgemäß ist die Finanzwissenschaft nur als *sozialwirtschaftliche Verteilungslehre* konstituierbar.

Die gekennzeichnete Finanzwissenschaft ist gegenüber den Erfordernissen der modernen Staatswirtschaft *unbrauchbar*. Sie ist aber auch *unzulänglich* wegen der erfolgten Methodenwandlung der Sozialwissenschaft.

Unbrauchbar sind die Ergebnisse der Finanzwissenschaft alten Stils, weil das gesamte Erklärungssystem einer Staatswirtschaft zugeordnet ist, die nach dem von der Klassik konstruierten Modell der freien Verkehrswirtschaft nur eine statische, neutrale und damit negative Rolle spielt. Alle Institutionen der so erklärten Staatswirtschaft haben das negative Vorzeichen des Nicht-Tun-Sollens.

Das Budget ist eine neutrale und sich stets verjüngende Buchhaltung des Fiskus. Die Ausgaben des Staates sind so weit zu minimisieren, daß sie gerade noch den Bestand des Staates ermöglichen. Die Einnahmen sind als störende Faktoren in der Sozialwirtschaft unter das Postulat der Neutralität gestellt.

Entgegen diesen finanzwissenschaftlichen Erkenntnissen und gegen die entsprechenden Dogmen der Finanzpolitik hat sich die Staatswirtschaft sowohl dem Umfange nach stets erweitert als auch dem Wesen nach grundlegend geändert. Die Staatswirtschaft nimmt immer mehr an Weite zu und intensiviert ständig ihre Institutionen in bezug auf deren volkswirtschaftliche Wirkung, so daß die Finanzpolitik von der Wirtschaftspolitik inkameriert wurde. Alle staatswirtschaftlichen Einrichtungen erhalten positive Aufgaben für die Volkswirtschaft und sind deshalb zum dynamischen Faktor der Wirtschaftspolitik geworden.

Aus diesem Zwiespalt von Theorie und Praxis heraus kann wohl nur *die alte Theorie als unbrauchbar angesprochen* werden.

Unzulänglich ist diese Finanzwissenschaft, weil sie einem sozialwissenschaftlichen Verfahren entstammt, das nur vermeintlich gleichartige Elemente in ihrem Zusammenwirken erklären kann. Diesem Verfahren zufolge werden nur die eigennützigen Privatwirtschaften als Elemente des sozialwirtschaftlichen Geschehens angespochen, wodurch einem Gebilde wie der Staatswirtschaft, dem dieses eigennützige Quale nicht zukommt, die Wesenserklärung versagt bleiben muß. Außerdem kann der am Rande der Volkswirtschaft stehenden Staatswirtschaft keine eigentliche Erklärung zuteil werden, weil sie ein außerwirtschaftliches Phänomen bleibt. Und wenn schon der Staatswirtschaft eine wirtschaftstheoretische Deutung zuteil wird, geschieht dies durch Heranziehung artfremder Merkmale (wie Bedürfnis, Wert und Produktion) und durch die Heranziehung sozialwirtschaftlicher Erscheinungen (Tausch, Preis, Verteilung), die für die Staatswirtschaft als „Unternehmen besonderer Art" keine analoge Anwendung zulassen. Weil die klassische Sozialökonomik keine verschiedenartigen Bauelemente zuließ und daher das Gebilde der Volkswirtschaft gar nicht in seiner Tiefe erkennen konnte, konnte sie auch das besondere und eigenartige Gebilde *Staatswirtschaft weder in seinem Wesen noch in seinem Wirken erkennen.*

b) Die neue Finanzwissenschaft

Obwohl von den verschiedensten Seiten die staatswirtschaftlichen Institutionen und Vorgänge neuerdings zum Problem geworden sind, geht doch eine Grundlinie durch alle finanzwissenschaftlichen Erörterungen der Gegenwart. Und gerade in dieser Grundlinie unterscheidet sich die Finanzwissenschaft neuen Stils von der des alten. Die Neuerung tritt negativ dadurch zum Vorschein, daß die prinzipielle Trennung der Staatswirtschaft vom Geschehen der Volkswirtschaft als falsch abgelehnt wird (Masoin). Daher wird die Staatswirtschaft nicht mehr in ihrem „Sonderdasein" und in ihrer Autonomie zu erkennen versucht (Griziotti). Positiv ausgedrückt tritt die Wandlung der Finanzwissenschaft dadurch in Erscheinung, daß die Staatswirtschaft in ihrem erweiterten Wirkungsfeld und in ihrer besonderen Bedeutung erkannt wird. Die Staatswirtschaft mit ihren finanzpolitischen Maßnahmen bildet nicht mehr ein selbständiges System von Mitteln, das den Ausgleich im öffentlichen Haushalt sichern soll, sie wurde „zum Arsenal wirtschaftspolitischer Mittel" (Mann). *Die Staatswirtschaft wurde Wirtschaftspolitik* (Andreae). Als solche ist sie ein „hochwichtiges Glied in der Kette der Einzelwirtschaften", indem sie die privaten Wirtschaftsgebilde beeinflußt und von ihnen beeinflußt wird (Wagner).

Als hochwichtiges Glied der Volkswirtschaft und mit ihrer zentralen Stellung in dieser muß die Staatswirtschaft ihre systematische Einordnung in die Volkswirtschaft erst finden (Ritschl). Damit ist die Frage nach der Stellung der Staatswirtschaft im Rahmen der Volkswirtschaft und die Frage nach der besonderen Funktion der Staatswirtschaft in der Volkswirtschaft „zum wichtigsten Problem der Finanzwissenschaft" geworden (Jecht).

Durch diese Fragestellung hat sich die Problematik der alten Finanzwissenschaft in ihr Gegenteil verkehrt. *Damals* galt: *wie kann und soll die Staatswirtschaft am Rande der Volkswirtschaft verbannt bleiben? Jetzt* gilt: *wie und wieweit nimmt die Staatswirtschaft die zentrale Stellung in der Volkswirtschaft ein?*

Die Volkswirtschaft zeigt in ihrem Aufbau verschieden qualifizierte Bauelemente. Eines der zentralen und wichtigsten, um das sich die anderen aufbauen, ist die Staatswirtschaft, weil sie als „aktiver Faktor" die gesamte politische, monetäre und soziale Ökonomie eines Landes dirigiert (Masoin). Die Staatswirtschaft ist in dieser besonderen Qualität *„wirtschaftspolitisches Instrument"* (Terhalle). Indem die Staatswirtschaft die sozialwirtschaftlichen Vorgänge korrigiert, fördert, hemmt und regelt, wird sie „zum bestimmten Führer der Gesamtwirtschaft" (Ritschl). Und in dieser Funktion wird sie das *„oberste und leitende Organ der Volkswirtschaft"* (Armbruster).

Die organisatorische Leistung, die die Staatswirtschaft zu vollbringen hat, kommt ihr zu, weil sie die Wirtschaft des Organisators Staat ist. Da der Staat in seinem letzten Wesen Organisator der Gesellschaft und deshalb auch der Volkswirtschaft ist, muß auch die von ihm geführte Wirtschaft die Charakterzüge eines organisierenden Wirtschaftsgebildes an sich haben. Die *Staatswirtschaft ist die Organisationswirtschaft der Volkswirtschaft.*

Die Lehre von dieser so gearteten und so qualifizierten Staatswirtschaft ist *ein Teil der Lehre von der Wirtschaftspolitik,* oder um es anders zu sagen: die Finanzwissenschaft ist *ein Teil der wirtschaftlichen Organisationslehre des Staates.*

Über die Finanzwissenschaft neuen Stils kann gesagt werden, daß es gar keine nur mehr staatswirtschaftlich wirksame Institution gibt, sondern alle Institutionen der Staatswirtschaft zu volkswirtschaftlichen und wirtschaftspolitischen Problemen geworden sind.

Diese Entwicklung der Staatswirtschaft und die ihr teils vorausgehende und teils folgende Erneuerung der finanzwissenschaftlichen Probleme änderten die Staatswirtschaft und wandelten die Finanzwissenschaft. Der Charakter der Finanzwissenschaft ist nunmehr ein anderer. Ihre Probleme sind nicht mehr die der Autonomie, der volkswirtschaftlichen Organisation und der Wirtschaftspolitik. Die Finanzwissenschaft wurde ein Teil der staatlichen Organisationslehre in bezug auf die zu gestaltende Volkswirtschaft, ihre *Probleme* wurden solche der *„volkswirtschaftlichen Finanztheorie“* (Keller).

Aus der Unbrauchbarkeit und Unzulänglichkeit der alten Finanzwissenschaft und aus der wirtschaftstheoretischen und wirtschaftspolitischen Erörterung der einzelnen staatswirtschaftlichen Institutionen und Vorgänge wurde in den letzten Jahrzehnten „immer bewußter der Kampf um die Erneuerung der Finanzwissenschaft geführt“ (Mann). In diesem Erneuerungsprozeß ist die grundlegende und konstituierende Frage der Finanzwissenschaft: *welchen Charakter hat die neue Finanzwissenschaft?*

Wenn alle staatswirtschaftlichen Institutionen auch volkswirtschaftliche Funktionen haben, sind alle finanzwissenschaftlichen Probleme auch volkswirtschaftliche Probleme. In dieser Problemlage drängt sich die Frage auf: Was ist nunmehr das einheitlich Verbindende aller finanzwissenschaftlichen Probleme? *Welches Identitätsprinzip* ist allen finanzwissenschaftlichen Problemen gegeben? Was also konstituiert das Erkenntnisobjekt der Finanzwissenschaft?

Das durchgehende und bleibende Merkmal aller staatswirtschaftlichen Probleme kommt von der „besonderen Art des Wirtschaftssubjektes“, das der Staat und seine Körperschaften darstellt. Alle erkenntnistheoretischen Merkmale staatswirtschaftlicher Probleme leiten sich demgemäß vom wesentlichen Merkmal des handelnden Wirtschaftssubjektes Staat ab. Deshalb war und ist es auch heute noch gerechtfertigt, daß der Staat als Zentrum des gesellschaftlichen Lebensprozesses die „Mitte“ aller finanzwirtschaftlichen Probleme bildet (Teschemacher).

Als Wesentliches des Staates gilt hier nicht seine rechtsetzende und rechtvollziehende Aufgabe, sondern die hinter diese gelagerte gestaltende, organisierende und integrierende Funktion in der Gesellschaft und hier vor allem auch in der Volkswirtschaft.

Wo immer der Staat tätig wird und werden muß, immer zwingt ihn dazu seine organisatorische Verpflichtung auf Grund seiner integrativen Kraft. Er muß die sozialen Gebilde, soweit sie es nicht selbst vermögen, „in den richtigen Stand setzen“, damit sie ihren Entfaltungsbereich halten und ihren Leistungsinhalt vollbringen können. Aus dieser allgemeinen Zwecksetzung des Staates leitet sich auch das letztlich Wesentliche des Staates und seiner Wirtschaftspolitik ab. Der Staat muß den Organismus der Volkswirtschaft nach der im Strukturplan der Volkswirtschaft potentiell vorgegebenen Entwicklungsmöglichkeit im Verein mit den in der Volkswirtschaft tätigen Privatwirtschaftern jeweils aktuieren. Dies heißt — und damit ist der Inhalt der staatlichen Wirtschaftspolitik gegeben —, der Staat muß subsidiär dort intervenierend und gefügegestaltend eingreifen, wo ein Organ der Volkswirtschaft über seinen Funktionsbereich hinausstrebt und die anderen damit „erdrückt", oder wo ein Organ der Volkswirtschaft seinen Funktionsbereich nicht mehr auszufüllen vermag. Wo die privaten Wirtschafter ihre Wirtschaftsgebilde nicht im volkswirtschaftlich vorgegebenen Rahmen entfalten, muß der Staat regelnd und lenkend intervenieren. Das gesamte Gebilde Volkswirtschaft und deren Wirtschaftszweige mit den zugehörigen Unternehmungen und Betrieben richtig „zu einem Leib zu formieren" (J. J. Becher) und die Volkswirtschaft zur richtigen Gestalt zu bringen, wie sie der veranlagten Struktur entspricht, ist die Aufgabe der staatlichen Wirtschaftspolitik. Damit veranlaßt der Staat, daß die Wirtschaftsgebilde in der Volkswirtschaft eine sachgerechte und richtig gegliederte Einheit bilden. In dieser zusammenfassenden und organisierenden Eigenschaft *integriert der Staat die Volkswirtschaft* immer wieder von neuem.

Dieser die Volkswirtschaft integrierende Staat führt, um sich die Mittel für seine Aufgabe zu beschaffen, seine eigene Wirtschaft, die Staatswirtschaft. Ist der Staat der Integrationsfaktor der Volkswirtschaft, indem er sie organisiert, dann ist der oberste Zweck der Staatswirtschaft auch im Bereich dieser organisatorischen Aufgabe begründet.

Die *Staatswirtschaft* ist für den die Volkswirtschaft aktuierenden und integrierenden Staat ein *besonderes Organ* für seine organisatorische Aufgabe gegenüber der Volkswirtschaft. Im Ziel der Staatswirtschaft ist die Organisierung der Volkswirtschaft gelegen, in der Mittelaufbringung und in der Mittelverwendung der Staatswirtschaft muß diese organisierende und integrierende Eigenschaft der Staatswirtschaft auch zur Geltung kommen. *Die Staatswirtschaft ist das integrierende „Verbindungsglied" in der Volkswirtschaft.* Sie ist das integrative Mittel des Staates für die Gestaltung der Volkswirtschaft, und zwar in den Zielen und im Bereiche der Mittel. *Die Staatswirtschaft ist die staatliche Organisationswirtschaft der Volkswirtschaft.*

Die Finanzwissenschaft verliert dadurch nicht die Verpflichtung zu lehren, wie der Staat seine Wirtschaft als eigenes Gebilde führt und führen soll, sie hat nur die Grundlage für die Kenntnisse auf die Ebene der Volkswirtschaftslehre gehoben. Die Finanzwissenschaft wird dadurch allerdings *ihrer Autonomie und ihres Selbstzweckes beraubt, tritt aber in den Dienst der umfassenden Volkswirtschaftslehre.* In dieser Eigenschaft spielt sie nicht „nur die Rolle eines Comparsen" (Gerloff), sondern sie wird einer der wichtigsten Teile der Volkswirtschaftslehre, nämlich der Organisationslehre in der Volkswirtschaftslehre (Spann). Dadurch sind ihre Probleme vom Rande der Volkswirtschaftslehre in deren Zentrum versetzt. *Die Finanzwissenschaft ist damit ein Teil der politischen Ökonomik.*

2. Volkswirtschaft und Staat

a) Die Volkswirtschaft: ein organisches Gefüge

Die Volkswirtschaft ist ein *organisches Gefüge ihrer Wirtschaftszweige* Landwirtschaft und Bergbau, Gewerbe und Industrie, Handel und Verkehr, Geld und Kredit. Im organischen Gefüge der Volkswirtschaft hat jeder Wirtschaftszweig seinen bestimmten *Funktionsinhalt* und seinen abgegrenzten *Funktionsbereich.* Im Rahmen dieser sind die Unternehmen mit ihren Betrieben und im Rahmen dieser wieder die wirtschaftenden Menschen tätig.

Jeder Wirtschaftszweig vollbringt seine bestimmte Funktion in der Volkswirtschaft dadurch, daß er eine bestimmte Güter- und Leistungsart hervorbringt. *Landwirtschaft* und *Bergbau* bringen die Rohstoffe für die Weiterverarbeitung. *Gewerbe* und *Industrie* verwandeln die Rohstoffe in den gebrauchs- und verbrauchsfähigen Zustand. Der *Handel* vermittelt Güter und Leistungen von den Stätten der Erzeugung an die des Absatzes und bringt die Güter an die Stätten der Weiterverarbeitung und des Verbrauches. Der *Verkehr* führt durch seine Transportleistung die örtliche Verschiebung der Güter von den Orten der Erzeugung an die der Weiterverarbeitung und des Verbrauches durch. Das *Geld- und Kreditwesen* stellt die für die Durchführung der Erzeugung und der Vermittlung von Gütern und Leistungen erforderlichen Tausch- und Kreditmittel bereit.

Da jeder Wirtschaftszweig nur eine bestimmte Güter- und Leistungsart hervorbringt, kann keiner für sich allein bestehen. Jeder Wirtschaftszweig braucht alle anderen. *Die Wirtschaftszweige sind funktionell voneinander abhängig.* Sie können ihrer eigenen Aufgabe nur im Rahmen der gesamten Volkswirtschaft nachkommen.

Die in den Wirtschaftszweigen tätigen Unternehmer und Mitarbeiter finden nur Absatz und Beschäftigung, wenn ihre erzeugten Güter und Leistungen von den anderen „angesprochen" werden. Dies bedeutet, daß die hervorgebrachten Güter und Leistungen die Einordnung in einen Betrieb, im eigenen oder fremden Haushalt, finden müssen.

Die Wirtschaftszweige sind voneinander nicht nur funktionell abhängig, sie müssen auch in einem bestimmten Größenverhältnis zueinander stehen. Dem Funktionsinhalt der Wirtschaftszweige entspricht ihr Funktionsbereich. *Das funktionelle Abhängigkeitsverhältnis der Wirtschaftszweige findet einen quantitativen Niederschlag im proportionalen Größenverhältnis der Wirtschaftszweige.*

Das funktionelle und größenmäßig bestimmte Proportionalgefüge der Wirtschaftszweige ergibt die *Struktur der Volkswirtschaft.* Diese gibt jeder Volkswirtschaft die besondere Individualität.

Die Struktur der Volkswirtschaft zeigt sich in der funktionellen und größenmäßigen Schichtung der Wirtschaftszweige und in den Berufsschichtungen der Bevölkerung mit den von ihnen gebrauchten Kapitalien.

Das *Geld- und Kreditwesen* gibt durch die Bereitstellung der erforderlichen Geldmenge und ihre richtige Ausströmung allen Wirtschaftszweigen das Verbindungs- und Integrationsmittel für ihr Zusammenwirken. Vom Geld- und Kreditwesen gehen daher die stärksten Strahlungswirkungen auf alle Wirtschaftszweige aus. Indem der *Handel* durch seine Vermittlertätigkeit Erzeugung und Absatz zusammenführt, bereitet er den Güter hervorbringenden Wirtschaftszweigen die Grundlage für ihre Tätigkeit. Er organisiert in der Absatzbereitstellung Umfang und Richtung für die Erzeugung. Die volkswirtschaftliche Strahlungskraft des Handels ist nicht mehr so groß wie die des Geld- und Kreditwesens, ist aber größer als die der nachfolgenden Wirtschaftszweige. Indem der *Verkehr* die vom Handel dirigierten Gütertransporte vollzieht, zeigt sich seine Abhängigkeit von diesem und wirkt sich sein Vorrang vor den Güter schaffenden Wirtschaftszweigen aus. Im Rahmen der die Güter hervorbringenden Wirtschaftszweige sind *Industrie und Gewerbe* der Landwirtschaft und dem Bergbau vorgegeben, weil jene Zweige diesen die wirtschaftlichen Entwicklungsmöglichkeiten bieten, indem sie für sie die Aufnahmefähigkeit ihrer Güter im Rahmen der Volkswirtschaft bereiten. *Die Wirtschaftszweige stehen in einem hierarchisch-funktionellen Abhängigkeitsverhältnis.*

Die volkswirtschaftlich verschiedene Organisationswirkung der Wirtschaftszweige ist gleich ihrer *volkswirtschaftlichen Integrationskraft.* Je stärker die Strahlungskraft eines Wirtschaftszweiges ist, desto kräftiger ist seine gemeinschaftsbildende Kraft in der Volkswirtschaft. Durch diese werden die abhängigen Wirtschaftszweige zusammengeführt und zusammengehalten. Je wirksamer die Organisationskraft eines Wirtschaftszweiges ist, desto integrativer ist auch seine die Volkswirtschaft aufbauende Kraft. Der Aufbau der Wirtschaftszweige ist gemäß ihrer Integrationskraft in der Volkswirtschaft hierarchisch.

Die Volkswirtschaft ist ein organhaftes Gefüge hierarchisch geordneter Wirtschaftszweige. Diese sind in der Volkswirtschaft in ihrem Funktionsinhalt und Funktionsbereich voneinander abhängig. Das hierarchisch-organische Proportionalgefüge der Wirtschaftszweige ergibt die Struktur der Volkswirtschaft.

b) Veranlagte und verwirklichte Volkswirtschaft

Die Struktur der Volkswirtschaft weist eine Ordnung der Funktionsinhalte und -bereiche für die Wirtschaftszweige auf. Diese strukturelle

Grundordnung der Volkswirtschaft ist zunächst eine potentielle, eine der Möglichkeit nach gegebene. Dies deshalb, weil die in der Struktur der Volkswirtschaft veranlagte richtige Ordnung der Wirtschaftszweige immer nur teilweise verwirklicht wird. Die tatsächlich gegebene Volkswirtschaft weist immer eine fehlentwickelte Schichtung der Wirtschaftszweige einerseits und nie die voll genutzte Möglichkeit aller in der Volkswirtschaft veranlagten Produktivkräfte auf. Außerdem ergeben sich im Aktuierungsvorgang der veranlagten Entwicklungsmöglichkeiten immer wieder neue Entfaltungs-Chancen für die Wirtschaftszweige. *Die in der Struktur der Volkswirtschaft veranlagte richtige Grundordnung der Wirtschaftszweige ist eine potentielle.*

Diese veranlagte Proportionsordnung der Wirtschaftszweige drängt durch die volkswirtschaftlichen Bewegungsvorgänge in der Erzeugung, im Umlauf und in der Verteilung zur Aktuierung und Verwirklichung. Jede gesetzte Wirtschaftshandlung ist nämlich nichts anderes als die Ausschöpfung einer der Möglichkeit nach vorgegebenen Einordnung in die objektiv vorhandenen Gegebenheiten der Volkswirtschaft. Eine hervorgebrachte Leistung oder ein erzeugtes Gut findet nur dann den bezweckten Wirtschaftserfolg, wenn eine Absatzmöglichkeit und damit eine Einordnung in den objektiven Zusammenhang der Volkswirtschaft hiefür gegeben ist. Diese liegt vor, wenn im Proportionsgefüge der Wirtschaftszweige eine Stelle vorhanden ist, die diese Leistung oder jenes Gut für ihre weitere Entfaltung braucht und sie deshalb erwirbt. Alle Bewegungsvorgänge der Volkswirtschaft mit ihren Güter- und zugehörigen Geldströmen kommen aus Betrieben im Gefüge der Wirtschaftszweige und streben den vorgegebenen Möglichkeiten zu, in die sie sich erfolgreich einordnen können. *Die veranlagte Ordnung der Volkswirtschaft drängt zur Verwirklichung.*

Die in der Strukturordnung der Volkswirtschaft gegebene Proportionalordnung der Wirtschaftszweige und in dieser die der Unternehmungen und Betriebe bedarf des Aktuierungsprozesses. Durch die ständige Verwirklichung der potentiell gegebenen Entfaltung der Produktivkräfte macht die Volkswirtschaft einen dauernden Werdeprozeß durch, so daß die Volkswirtschaft immer nur für einen Augenblick in dieser oder jener Entsprechungsordnung ihrer Wirtschaftszweige besteht. Aus ihr entspringen von neuem wieder weitere Entwicklungsmöglichkeiten. Ist ein potentiell gegebener Status der Volkswirtschaft durch die Erzeugung, durch den Absatz und durch die zugehörige Verteilung aktuiert, dann ist dieser Zustand der Ausgangspunkt für die neu wirksame Nachfrage und, von dieser verursacht, für den neuen Werdegang der Erzeugung. Die potentielle Strukturordnung der Volkswirtschaft wird in der Proportionalordnung der Wirtschaftszweige so weit wirklich, wie die Bewegungsvorgänge in der Volkswirtschaft den vorgezeichneten Möglichkeiten entsprechen. *Die Volkswirtschaft ist ständig im Werden und nur, soweit die in der Struktur veranlagten Möglichkeiten ausgeschöpft werden, besteht sie wirklich.*

Für das organische Gefüge der Wirtschaftszweige bedeutet dies, daß die gegenseitigen Entfaltungsmöglichkeiten für die Wirtschaftszweige der Anlage nach zwar vorgegeben sind, aber nur so weit zur Aktuierung kommen, wie sich die Wirtschaftszweige im gegenseitigen Tausch ihrer Unternehmungen Güter und Leistungen geben und voneinander nehmen. Die Wirtschaftszweige aktuieren im gegenseitigen Geben und Nehmen ihre Entwicklungsmöglichkeiten. Da die Volkswirtschaft immer im Werden ist, wird auch das Proportionalgefüge der Volkswirtschaft immer wieder neu.

Die in den Wirtschaftszweigen tätigen Unternehmungen haben die volkswirtschaftliche Aufgabe, die ihnen im Rahmen ihres Wirtschaftszweiges vorgegebenen Möglichkeiten zu verwirklichen. Dies tun sie, indem sie durch ihre Marktkalkulationen die vorgegebenen volkswirtschaftlichen Potenzen privatwirtschaftlich erfassen und ihre Gewinnchancen aktuieren. Hierbei bedeutet der Ausdruck „Gewinnchancen" den privatwirtschaftlichen Inhalt eines volkswirtschaftlich der Möglichkeit nach objektiv gegebenen Tatbestandes.

Die Volkswirtschaft hat in ihrer Struktur die potentiell gegebene Grundordnung, die durch die Bewegungsvorgänge zur Aktuierung drängt. Da die Volkswirtschaft immer im Werden ist, entsteht auch das organische Proportionalgefüge ihrer Wirtschaftszweige immer von neuem.

c) Der volkswirtschaftliche Organisationsfaktor Staat

Der Aktuierungsprozeß in der Volkswirtschaft muß so vor sich gehen, daß er der veranlagten Proportionalordnung der Wirtschaftszweige entspricht. Der Werdeprozeß der Volkswirtschaft muß daher der veranlagten Struktur entsprechen, sollen die aus der Strukturverzerrung verursachten Krisen vermieden werden.

Um die strukturell gegebenen Möglichkeiten auszuschöpfen, müssen die Unternehmer, die Vertreter der Wirtschaftszweige und für die Volkswirtschaft der Staat die erzeugenden und vermittelnden Produktivkräfte so organisieren, daß ihre Handlungen den potentiellen Gegebenheiten entsprechen. Das Organisieren ist in allen sozialen Gebilden ein Handeln, das nachgeordnete Handlungen veranlaßt, erwirkt und hervorbringt, damit diese durch ihr geordnetes Zusammenwirken in die strukturellen Voraussetzungen richtig eingeordnet werden. *Organisieren ist das richtige Ordnen der Organe eines Wirtschaftsgebildes.*

Durch das Organisieren werden die Organe des Betriebes, Menschen und Arbeitsgerät, so geordnet, daß sie das richtige Betriebsgefüge ergeben, damit sich der Betrieb im zugehörigen Wirtschaftszweig richtig einordne. Durch das Organisieren werden die Unternehmungen eines Wirtschaftszweiges in ihrer volkswirtschaftlichen Wirkung und Größe so geordnet, daß sie die an sie gestellten, volkswirtschaftlich bedingten Funktionsleistungen im richtigen Ausmaß verrichten können. Im Rahmen der Volkswirtschaft werden durch das Organisieren die Wirtschaftszweige in das strukturell vorgegebene, organische Gefüge der Volkswirtschaft eingereiht, damit sie in proportionaler Ausgeglichenheit ihre gegenseitig richtige Entsprechungsordnung finden. Durch die organisierte Entsprechungsordnung der Wirtschaftszweige wird die vorgegebene Strukturordnung der Volkswirtschaft verwirklicht.

Die *Elemente des Organisierens* sozialwirtschaftlicher Gebilde sind vielfältig. Die organisatorische Tätigkeit in allen sozialwirtschaftlichen Gebilden hat als *Organisationsziel*, die Wirtschaftsgebilde so zu gestalten, daß sie ihren Funktionsinhalt erfüllen und ihren Funktionsbereich ausfüllen können. Für dieses Organisationsziel wird ein *Organisationsplan* erstellt, der für das Wirtschaftsgebilde aus den über- und nachgeordneten Gebilden wie aus seiner eigenen Struktur den veranlagten Strukturplan enthält. Der Organisationsplan enthält die Ordnung der wirtschaftlichen Tätigkeit für alle im Wirtschaftsgebilde Wirkenden, damit das gesetzte Ziel durch das richtige Zusammenwirken erreicht werden kann. Der Organisationsplan enthält ferner die Ordnung der sachlichen Organisationsmittel (Boden und Kapitalien), um diese im richtigen Ausmaß, zur richtigen Zeit, an der richtigen Stelle wirksam werden zu lassen. Organisationsziel und -plan wie die Ordnung der zu organisierenden Tätigkeiten mit den zugehörigen sachlichen Organisationsmitteln werden von den *Organisationsträgern* gesetzt.

Die Organisationsträger der sozialwirtschaftlichen Gebilde sind je nach der Stufe der Wirtschaftsgebilde verschieden: für die Unternehmungen und Betriebe sind es die Unternehmer mit den Betriebsleitern, für die Wirtschaftszweige sind es die zugehörigen Organisationen (Kammern, Kartelle, Genossenschaften und Gewerkschaften) und für die Volkswirtschaft ist es in oberster Instanz der Staat.

Die Organisationsträger für die Aktuierung der in der Volkswirtschaft liegenden Potenzen sind zunächst für die Unternehmen die leitenden *Unternehmer*. Sie erfassen die auf dem Markte sich bietenden Gewinnchancen und bauen auf Grund dieser ihre Betriebe der Größe und Intensität nach auf, indem sie die für die Investitionen erforderlichen Kapitalmengen aus der Volkswirtschaft beanspruchen und die erforderliche Zahl der Arbeiter beschäftigen.

Die Abschätzung der in der Volkswirtschaft objektiv gegebenen Entwicklungsmöglichkeiten kann durch die beabsichtigte Nutzung der Gewinnchancen zu Differenzen zwischen beiden führen. Durch die Fehlschätzung, wie sie in Zeiten ansteigender Konjunktur allgemein geschieht, erhalten die Unternehmungen und Betriebe eine über ihren potentiell gegebenen Funktionsbereich hinausgehende Überdimensionierung, so daß die einen Wirtschaftszweige verhältnismäßig zu groß werden und die anderen zu klein bleiben. Das Auseinanderklaffen von überentwickelten und zurückgebliebenen Wirtschaftszweigen bringt neben kurzfristigen Absatzkrisen noch langfristige Strukturkrisen. Die Verzerrung der falschen Unternehmensschichtung pflanzt sich in die Verzerrung der Wirtschaftszweige fort, so daß die Volkswirtschaft ein der veranlagten Struktur nicht entsprechendes Proportionalgefüge erhält. Die Aktuierung der volkswirtschaftlichen Strukturpotenz kann durch die freie Unternehmertätigkeit daher nur in bestimmten Grenzen erfolgen. *Die Aktuierung der Volkswirtschaft kann durch die Unternehmer soweit erfolgen, als sich daraus nicht Strukturverzerrungen der Volkswirtschaft ergeben.*

Gegen die Gefahren der unrichtigen Einschätzung der volkswirtschaftlich gegebenen Entwicklungsmöglichkeit und die nur durch die Konkurrenz geordnete Ausschöpfung dieser entwickelten sich aus den Kreisen der Wirtschafter selbst Organisationsformen für alle Gruppen, die in den Wirtschaftszweigen tätig sind.

Die Unternehmer schufen *horizontale* Marktorganisationen zum Zwecke der Marktbeherrschung und *vertikale* Organisationen zum Zwecke der Unabhängigmachung vom Markt. Im letzten verfolgen beide Organisationsarten das Gleiche. Sie wollen gegen die ungeordnete und daher auch unsichere Nutzung der Entfaltungsmöglichkeiten der einzelnen Unternehmungen die geordnete und dadurch gesicherte treten lassen. Die im gegenseitigen Einvernehmen organisierte Absatzaufteilung soll die Erzeugungsquoten richtig und den vorgegebenen Möglichkeiten entsprechend verteilen, so daß die Sicherheit für eine dauernde Erzeugung erreicht wird. Die parallel gelagerten Preisvereinbarungen sollen wieder die dauernde Kostendeckung der Erzeugung sichern.

Die geschaffenen Organisationen der Wirtschaftszweige wollen ihren Funktionsbereich sicherstellen, indem sie die Erzeugung dem Umfange nach und den wirtschaftlichen Erfolg der Sicherheit nach organisieren. *Alle selbst geschaffenen Organisationen erstreben die gesicherte Nutzung der in der Volkswirtschaft strukturell gegebenen Entfaltungsmöglichkeiten.*

Die Gegensätze der interessengebundenen Organisationsträger lassen die Volkswirtschaft wohl in ihren Wirtschaftszweigen als einzelne organisieren, achten aber zu wenig oder gar nicht auf die richtig gegliederte Einheit der Volkswirtschaft. Die daraus erwachsende Ordnung der Volkswirtschaft ist aber meist nicht die, die der richtigen Strukturordnung der Wirtschaftszweige entspricht. Immer wieder erscheinen wegen der verschieden gelagerten Interessengewichte Verzerrungen in der Volkswirtschaft. Daraus folgt, daß die durch die Sozialordnung vorgegebene Einkommensordnung verzerrt wird. Daraus folgt weiter, daß nicht allen Arbeitswilligen die Vollbeschäftigung gewährleistet werden kann und daß mit den in der Volkswirtschaft lagernden Produktivkräften und den gegebenen technischen Erzeugungsverfahren die erreichbare Ergiebigkeit nicht hervorgebracht wird. Die von den privatwirtschaftlichen Organisationsträgern aktuierte Strukturordnung bringt wegen der Interessengebundenheit dieser die ständige Gefahr der Verzerrung der Volkswirtschaft.

Um der Gesellschaft die richtige Einkommensordnung zu sichern und die Volkswirtschaft als ganzes, sozialwirtschaftliches Gebilde zu integrieren und alle Wirtschaftszweige in die strukturell richtige Entsprechungsordnung zu bringen, bedarf es einer Organisationsinstanz, die, außerhalb und über den interessengebundenen Organisationen stehend, die Aufgabe hat, die Volkswirtschaft in all ihren Wirtschaftszweigen zu der in der Struktur vorgegebenen Ordnung zu bringen. Das Organisationsorgan, das die oft interessenmäßig gegenläufigen Wirtschaftszweige zur Einheit der Volkswirtschaft zusammenführt und zu einem Ganzen integriert, ist der Staat als Repräsentant des gesamten Volkes. *Der Staat ist der oberste Organisationsfaktor der Volkswirtschaft, der diese mit ihren Wirtschaftszweigen unabhängig von den Sonderinteressen zur Einheit integriert.*

Wenn der Staat der oberste Organisationsfaktor der Volkswirtschaft ist, dann muß er sich aller Organisationselemente bedienen, um die soziale Aufgabe der Volkswirtschaft erfüllen und um die in der Struktur gegebene Proportionalordnung der Volkswirtschaft erstehen zu lassen.

Für alle organisatorischen Maßnahmen des Staates in bezug auf die Volkswirtschaft gilt als *Organisationsprinzip: der Staat soll und darf nur soweit ordnend in die Volkswirtschaft eingreifen, als der Aktuierungsvorgang der Volkswirtschaft von den Privatwirtschaftern und von den Organisationen der Wirtschaftszweige nicht richtig vollzogen wird.* Daraus ergibt sich ein stufenmäßiges Organisationssystem, das sich von den privatwirtschaftlichen Unternehmen über die Organisationen der Wirtschaftszweige bis zum Staat aufbaut. Für den jeweils übergeordneten Organisationsträger ergeben sich demnach soviele Ordnungsaufgaben, als der untergeordnete nicht im eigenen Bereich zu leisten vermag (*Subsidiaritätsprinzip oder das Prinzip der ergänzenden Gemeinschaftshilfe*). Der Staat hat als oberste Organisationsinstanz die Volkswirtschaft nur soweit zu organisieren, als eine ergänzende Ordnungsaufgabe für ihn verbleibt.

Das *Organisationsziel* des Staates für die Ordnung der Volkswirtschaft ist ein vielfaches. Es wird teils von der Gesellschaft, der die Volkswirtschaft zu dienen hat, und teils von der Ordnungsnotwendigkeit der Volkswirtschaft bestimmt. Diese zeigt sich in der Erstellung der richtigen Struktur der Volkswirtschaft, in der Sicherung der Vollbeschäftigung und im Streben nach der Maximierung des Sozialproduktes.

Das Ziel der Volkswirtschaft ist, die Gütermenge zu erzeugen und bereitzustellen, die erforderlich ist, um alle Schichten der Gesellschaft zu versorgen, so daß jede Schicht ihren persönlich und sozial bedingten Lebensstandard gesichert erhält. Damit ist die *Sozialordnung,* wie sie in der Gesellschaftsschichtung hervortritt, *der Volkswirtschaft vorgegeben.* Der Sozialordnung entspricht die Ordnung in der Schichtung des Lebensstandards für die einzelnen Gesellschaftsgruppen. Diese *sozial qualifizierte Ordnung des Lebensstandards* bekommt ihren quantitativen Niederschlag in der gesellschaftlich bedingten *Einkommensordnung.* Für diese muß die Volkswirtschaft die Güter in der Erzeugung herstellen und in der Verteilung bereitstellen.

Da aber die Verteilungsvorgänge durch das freie Marktgeschehen der vorgegebenen Sozialordnung vielfach nicht entsprechen und meist auch nicht entsprechen können, muß der Staat als oberster Ordnungsfaktor der Gesellschaft die Volkswirtschaft durch die von ihm gesetzte Ordnung veranlassen, die Vorgänge der Verteilung so zu lenken, daß sie der sozial qualifizierten Gesellschaftsordnung mit der zugehörigen quantitativen Einkommensordnung entsprechen. Der Staat hat das sozialbestimmte Organisationsziel: *die für die richtig anerkannte Gesellschaftsordnung entsprechende Einkommensordnung zu sichern.*

Das Organisationsziel des Staates im Rahmen der Volkswirtschaft liegt auch darin, daß alle dem Staate nachgeordneten Organisationsträger veranlaßt werden, die Aktuierung ihrer Entfaltungsmöglichkeiten so zu tätigen, daß die strukturell vorgegebene Gefügeordnung der Wirtschaftszweige erreicht werde. Wo immer Verzerrungen das richtige Ordnungsgefüge der Volkswirtschaft bedrohen, muß der Staat dies durch die ihm zu Gebote stehenden Mittel zu verhindern suchen, indem er die überdimensionierten Wirtschaftszweige hemmt und die zurückgebliebenen fördert. Das eine Organisationsziel des Staates ist: *die Volkswirtschaft so zu lenken, daß ihre Aktuierung der in der Struktur veranlagten Gefügeordnung entspricht.*

Da in der Volkswirtschaft nie alle potentiell gegebenen Produktionsfaktoren und -elemente in Beschäftigung stehen, sondern meist welche brachliegen, hat die staatliche Wirtschaftspolitik das Ziel, die Vollbeschäftigung in der Volkswirtschaft anzustreben und zu sichern. Vollbeschäftigung bedeutet in diesem Zusammenhang nicht nur die Beschäftigung aller Arbeitskräfte, sondern auch die Nutzung der gegebenen

Produktionselemente Boden und Kapital. Das andere Organisationsziel der Wirtschaftspolitik des Staates ist: *die Vollbeschäftigung für alle Produktionsverfahren und -elemente anzustreben.*

Parallel dem Streben nach Vollbeschäftigung geht das, aus den gegebenen und noch aktuierbaren Produktivkräften den größten Ertrag zu erwirken. Damit übernimmt der Staat als volkswirtschaftliches Organisationsziel, die private Wirtschaft zu veranlassen, die Steigerung der Produktivkräfte so zu forcieren, daß stets das maximale Sozialprodukt hervorgebracht werde. Denn es ist klar, daß der sozial bedingten Einkommensordnung nur dann entsprochen werden kann, wenn das zu verteilende Sozialprodukt den größtmöglichen Umfang hat. Als weiteres Organisationsziel der staatlichen Wirtschaftspolitik gilt: *die Maximierung des Sozialproduktes anzustreben.*

Für die Erreichung der Organisationsziele muß der Staat mit seinen wirtschaftspolitischen Institutionen und im Verein mit den übrigen Organisationsträgern die erforderlichen Organisationspläne für die Lenkung der Volkswirtschaft erstellen.

Dadurch, daß der Staat die volkswirtschaftlichen Verteilungsvorgänge für die sozial gegebene Lebensordnung gestaltet, und dadurch, daß er durch seine Organisationstätigkeit die Strukturordnung der Volkswirtschaft richtig aktivieren läßt, um die Vollbeschäftigung wie auch die Maximierung des Sozialproduktes immer wieder zu veranlassen, *integriert er die Volkswirtschaft zu einer Einheit* und ordnet die Wirtschaftszweige in das richtige volkswirtschaftliche Strukturgefüge ein.

Die Ordnungsfunktion des obersten Aktuierungs- und Organisationsfaktors Staat liegt daher innerhalb der Volkswirtschaft selbst und nicht vor und außerhalb der Wirtschaft. Die Wirkungen dieser Organisationsleistung liegen deshalb auch wieder im Rahmen der Volkswirtschaft. In dem Ausmaße, in dem der Staat die Volkswirtschaft zur Einheit integriert und den Wirtschaftszweigen die richtigen Funktionsbereiche zuordnet, konstituiert er immer wieder die Volkswirtschaft. Diese integrierende Organisationsleistung läßt den Staat mit Recht als Hauptproduktivkraft der Volkswirtschaft erscheinen. *Indem der Staat die Volkswirtschaft als richtig geordnetes Gefüge organisiert und zur Einheit integriert, ist er die Hauptproduktivkraft der Volkswirtschaft.*

Jede wirtschaftliche Tätigkeit geschieht im Rahmen eines sozialwirtschaftlichen Gebildes und bedarf daher der Organisierung, die die Organe des Gebildes den vorgegebenen wirtschaftlichen Möglichkeiten nach richtig ordnet.

Die Volkswirtschaft bedarf für die geordnete Aktuierung ihres organischen Gefüges als obersten Organisationsfaktors des Staates. Er vollbringt gemäß dem Subsidiaritätsprinzip mit seinen nachgeordneten Organisationsträgern die Verwirklichung der richtig gefügten Volkswirtschaft. Als Organisationsziel ist dem Staat die Veranlassung der richtig sozial bedingten Einkommensordnung, die Veranlassung der richtig geordneten Volkswirtschaft mit dem Streben nach Vollbeschäftigung und nach Maximierung des Sozialproduktes gegeben. Durch diese Organisationstätigkeit für und in der Volkswirtschaft wird der Staat zum Hauptproduktionsfaktor der Volkswirtschaft.

3. Die öffentliche Wirtschaft

a) Die öffentliche Wirtschaft: die Organisationswirtschaft der Volkswirtschaft

Der Staat hat als oberste Organisationsinstanz für Gesellschaft und Volkswirtschaft Ordnungsaufgaben zu leisten. Aus diesen erwächst ihm zunächst ein Bedarf an Geld, um die Dienstleistungen seiner Beamten, Angestellten und Arbeiter zu bezahlen und um die Güter erwerben zu können, die für die Bewältigung seiner Organisationsaufgaben erforderlich sind. Um über die notwendigen Geldmengen verfügen zu können, muß der Staat Geldeingänge haben. Damit der Staat seinen Bedarf decken und über Geldaus- und -eingänge verfügen kann, *muß er eine Wirtschaft führen.*

Da der Staat ein vielgliedriges Organisationssystem mit staatlichen und halbstaatlichen und dazu noch mit gebietlichen Unterorganisationen ist, müssen auch alle seine untergeordneten Körperschaften eine Wirtschaft führen. Daher weisen die öffentlichen Körperschaften ein reich gestuftes System von Wirtschaftsgebilden auf. Die Wirtschaft des Staates mit den Wirtschaften all der öffentlichen Körperschaften ist in der Gesamtheit die *öffentliche Wirtschaft.*

Die öffentliche Wirtschaft steht, wie alle Wirtschaftsgebilde, unter dem wirtschaftlichen Prinzip. Sie ist nicht irgendein Wirtschaftsgebilde, wie die Privatwirtschaften im Rahmen der Volkswirtschaft, sie ist ein *besonderes Wirtschaftsgebilde,* weil sie die Wirtschaft des obersten Organisationsfaktors Staat und seiner Unterorgane ist. Der besondere Charakter der öffentlichen Wirtschaft wird durch die organisatorische Eigenart des Staates bestimmt. Der Staat hat in der Volkswirtschaft so wichtige Organisationsaufgaben zu leisten, daß alle seine Tätigkeit *organisatorischen Charakter* hat. Dieser Organisationscharakter des Staates durchdringt auch die öffentliche Wirtschaft, so daß alle Institutionen und Handlungen diese organisatorische Eigenschaft für die Volkswirtschaft haben. Nichtorganisatorische und „neutrale“ Akte der öffentlichen Wirtschaft gibt es nicht. Da der Staat der oberste Organisator der Volkswirtschaft ist, steht auch die öffentliche Wirtschaft im Dienste der Organisierung der Volkswirtschaft. *Die öffentliche Wirtschaft ist daher die Organisationswirtschaft der Volkswirtschaft.*

Dieser volkswirtschaftliche Organisationscharakter der öffentlichen Wirtschaft zeigt sich im Entstehungsgrund, im Ziel, in der Führungsweise, in der Wirkung und schließlich in den besonders gearteten Einnahmequellen der öffentlichen Wirtschaft.

Die öffentliche Wirtschaft besteht nur, um die Mittel für die Organisationsaufgaben bereitzustellen, die der Staat für die verschiedenen Bereiche der Gesellschaft und der Volkswirtschaft zu leisten hat.

Der Bedarf, den die öffentliche Wirtschaft ausweist, ist nur zum geringsten ihr eigener. Zum übergroßen Teil entspringt er aus der organisatorischen Tätigkeit des Staates in den Bereichen der Gesellschaft und Volkswirtschaft. Wegen der Organisationsleistung, die außerhalb des Bereiches der öffentlichen Wirtschaft liegt, erwächst dem Staat ein Bedarf, den er an seine öffentliche Wirtschaft zur Deckung weitergibt. Der *Entstehungsgrund der öffentlichen Wirtschaft* liegt daher im Bedarf, den der Staat aus seiner Organisationsaufgabe zu decken hat. *Der Entstehungsgrund der öffentlichen Wirtschaft liegt in den Organisationsaufgaben des Staates.*

Dieser organisatorische Entstehungsgrund bestimmt auch weitgehend das *Ziel der öffentlichen Wirtschaft.* Dieses liegt daher auch zumeist außerhalb ihres Bereiches. Die durch die Ausgaben erwirkten Effekte liegen auf allen Gebieten, in denen der Staat zur Erfüllung von Organisationsaufgaben verhalten ist. Sie werden zum Teil von der Gesellschaft und zum größten Teil von der Volkswirtschaft verursacht. Wenn der Staat die Vollbeschäftigung der Volkswirtschaft anzustreben und zu sichern hat, muß er durch seine Ausgaben die effektive Nachfrage der Volkswirtschaft, wenn sie krisenbedingt im Rückgang ist, so weit ergänzen, daß sie mit der noch tätigen privatwirtschaftlichen Nachfrage die erzeugte Güterfülle der Volkswirtschaft abnehmen kann. Die Investitions- und Subventionsausgaben entspringen wieder aus den Erfordernissen der Volkswirtschaft und nur zum geringsten Teil aus den Erfordernissen der öffentlichen Wirtschaft selbst. Auch das Ziel der Einnahmebeschaffung liegt nicht nur im internen Streben nach Deckung der Ausgaben allein, sondern wird vielfach auch von den Notwendigkeiten der Volkswirtschaft bestimmt. Und zwar ist dies dann gegeben, wenn die öffentliche Wirtschaft verhalten wird, aus volkswirtschaftlichen Notwendigkeiten mehr Einnahmen zu fordern, als sie zur Deckung der gegenwärtigen Ausgaben braucht, oder weniger Einnahmen zu nehmen, als sie für die Deckung benötigt. Die gesamte Ausgaben- und Einnahmenpolitik der öffentlichen Wirtschaft zielt darauf hin, die Volkswirtschaft gemäß den Zielen der staatlichen Wirtschaftspolitik zu gestalten. Infolge dieses organisatorischen Zieles wird die öffentliche Wirtschaft verpflichtet, aus dem rein finanzwirtschaftlichen Geldein-

und -ausgangsbereich herauszutreten und im Bereich der Erzeugung, der Zirkulation und Verteilung tätig zu werden. Sie muß aus ihrer organisatorischen Verpflichtung heraus Güter und Leistungen selbst herstellen, um die Bevölkerung mit bestimmten Gütern und Leistungen zu versorgen und der Volkswirtschaft die Leistungen bereitzustellen, die die Privatwirtschaften nicht herstellen können oder wollen. Damit steht aber auch der außerfinanzwirtschaftliche Teil der öffentlichen Wirtschaft unter dem Organisationsziel der Volkswirtschaft. *Das Ziel der öffentlichen Wirtschaft liegt für all ihre Institutionen in der Förderung der Volkswirtschaft und der Gesellschaft.*

Aus der Organisationsverpflichtung der Öffentlichkeit gegenüber erwachsen die *arteigenen Prinzipien für die Führung der öffentlichen Wirtschaft.* Sie braucht durch ihre Tätigkeit keinen dauernden Überschuß für sich zu erreichen. Es genügt, wenn sich ihre Ausgaben und Einnahmen auf die Dauer ausgleichen. Die öffentliche Wirtschaft braucht ferner mit ihren Mitteln nicht so zu wirtschaften, daß sie den größten Wirtschaftserfolg für sich allein bucht. Im Gegenteil, die Erfolgswirkungen der öffentlichen Wirtschaft sollen vielfach darauf gerichtet sein, daß *die Nutzeffekte der Bevölkerung und der Volkswirtschaft unmittelbar zukommen.*

Die öffentliche Wirtschaft muß daher unter Umständen auch Unternehmungen führen, die für sie selbst passiv sind, aber dem Volke einen Nutzzugang und der Volkswirtschaft eine Leistungssteigerung bringen. Sie muß daher auch für ihre Güter und Leistungen Preise erstellen, die über, unter oder gleich den Kosten sein können. Die Preise müssen so erstellt werden, daß sie den Organisationsaufgaben der öffentlichen Wirtschaft und nicht ausschließlich ihrem Ertrag dienen. Die öffentliche Wirtschaft muß ihre Einnahmen so ordnen, daß mit deren Entnahmewirkung nicht nur dem fiskalischen Zweck des größten Aufkommens, sondern auch den sozial- und wirtschaftspolitisch bedingten Organisationsaufgaben entsprochen wird. Das Prinzip für die Führung der öffentlichen Wirtschaft kommt aus der Organisationsverpflichtung der Volkswirtschaft gegenüber und durchdringt alle Handlungen mit den notwendigen organisatorischen Wirkungen für die Volkswirtschaft. *Aus der Organisationsaufgabe der öffentlichen Wirtschaft wird ihre besondere Führungsart bestimmt.*

Die *Wirkungen* der öffentlichen Wirtschaft sind in ihrer Gesamtheit und im einzelnen auf die Gestaltung der Volkswirtschaft abgestellt. Die öffentliche Wirtschaft ist in ihrer Wirkung ein *dynamischer Faktor* in der Volkswirtschaft, und zwar dann, wenn die Privatwirtschafter ihre dynamische Kraft einbüßen oder nicht wirksam werden lassen können. Sie wird aber auch ein *verstetigender Faktor,* der durch das Ausgleichen von Strukturverzerrungen und durch das Lenken der Bewegungsvorgänge auf die dauende gleichmäßige Entwicklung der Volkswirtschaft einwirkt. Die öffentliche Wirtschaft wird in ihrer Wirkung zum *korrigierenden Faktor,* der überall dort tätig wird, wo ausgleichende Maßnahmen in der Volkswirtschaft erforderlich sind. Sie ist durch all diese organisatorischen Wirkungen ein lenkendes Organ der Volkswirtschaft, das durch alle ihre Institutionen und Handlungen die Volkswirtschaft immer wieder gestaltet. *Die öffentliche Wirtschaft strahlt ihre organisatorischen Wirkungen dynamischer und statischer Art auf die ganze Volkswirtschaft aus.*

Der besondere Charakter der öffentlichen Wirtschaft kommt vor allem dadurch zum Ausdruck, daß ihr eine Einnahmeart zur Verfügung steht, über die nur sie allein verfügt und die allen anderen Wirtschaftsgebilden fehlt: die *Abgaben.* Diese sind nur aus der organisatorischen Stellung der öffentlichen Wirtschaft in der Volkswirtschaft zu verstehen und zu rechtfertigen. Weil die öffentliche Wirtschaft einen Bedarf zu decken hat, der außerhalb ihres Kreises erwächst, hat sie auch Einnahmen, die ihr aus einem Kreis außerhalb ihres unmittelbaren Bereiches zukommen. Als Wirtschaft des volkswirtschaftlichen Organisators Staat hat die öffentliche Wirtschaft auch die organisatorisch zu rechtfertigenden Einnahmen aus den Abgaben. Dieses nur organisatorisch bestimmbare Wesen der Abgaben läßt die öffentliche Wirtschaft unter Zuhilfenahme eines außerwirtschaftlichen, nämlich juristischen Merkmales als Zwangswirtschaft ansprechen. Diese Feststellung des Zwangscharakters ist nur juristisch richtig, während der eigentlich wirtschaftliche Charakter der öffentlichen Wirtschaft vornehmlich der organisatorische ist. Erst aus dem Organisationscharakter kommt den Abgaben das juristische Merkmal des Zwanges zu. *Die Einnahmeart der Abgaben charakterisiert die öffentliche Wirtschaft in besonderer Weise als Organisationswirtschaft der Volkswirtschaft.*

In allen diesen Eigenschaften kommt der öffentlichen Wirtschaft der *besondere Rang* in der Volkswirtschaft zu, der sie über die Ebene der Privatwirtschaft hinaushebt. Diesem Range gemäß hat sie auch einen besonderen funktionellen Standort in der Volkswirtschaft. Sie steht nicht abseits von den volkswirtschaftlichen Vorgängen, sie steht nicht neutral dem volkswirtschaftlichen Geschehen gegenüber, sie nimmt vielmehr die *zentrale Stelle im Aufbau der Volkswirtschaft* ein, um die sich die Wirtschaftszweige konzentrisch abgestuft anordnen. Als *Organisationswirtschaft hat die öffentliche Wirtschaft eine zentrale Funktionsstellung in der Volkswirtschaft.*

Die öffentliche Wirtschaft ist als die Wirtschaft des obersten Organisationsfaktors der Volkswirtschaft durch und durch organisationsbestimmt.

b) *Die Institutionen der öffentlichen Wirtschaft*

Aus der Organisationsaufgabe des Staates ergibt sich für die staatliche Wirtschaftspolitik der Komplex wirtschaftspolitischer Pläne. Diese enthalten alle Maßnahmen, die von den Organisationsträgern auf den einzelnen Stufen der Volkswirtschaft getätigt werden. Damit ist auch der Plan für die Aufteilung der Organisationsagenden auf die Unternehmer, die Organisationsträger der Wirtschaftszweige und auf den Staat festgehalten. Der dadurch für den Staat bestimmte organisatorische Aufgabenbereich enthält alle Maßnahmen, die er mit seinen organisatorischen Mitteln leisten muß, und die Aufgaben, die die öffentliche Wirtschaft mit ihren Institutionen vollbringen soll. Dadurch gibt der *volkswirtschaftliche Organisationsplan* die Grundlagen für den langfristigen *Wirtschaftsplan der öffentlichen Wirtschaft.* Diesem öffentlichwirtschaftlichen Aktionsplan entsprechen wieder die durch ihn bedingten langfristigen finanz- und wirtschaftspolitischen Maßnahmen der öffentlichen Wirtschaft, wie sie im *Finanzplan* festgehalten sind.

Der jährliche Vollzug des Finanzplanes zuzüglich der gleichbleibenden, internen Vorhaben der öffentlichen Wirtschaft für die Ausgaben- und Einnahmenseite ist das *Budget* oder der *Haushaltsplan.* Das Budget enthält die für das Finanzjahr vorgesehenen Ausgaben und die zu erwartenden Einnahmen. Das Budget erhält seine Grundlagen zugleich aus der Volkswirtschaft und der öffentlichen Wirtschaft, strahlt aber auch seine Wirkungen in beide Wirtschaftsgebilde aus.

Die *Ausgaben* der öffentlichen Wirtschaft dienen einerseits zur Bezahlung der Dienstleistungen aller öffentlich Bediensteten und andererseits zum Ankauf aller für ihre Tätigkeit erforderlichen Güter und Leistungen. Über diesen internen Verwendungszweck hinaus haben auch die Ausgaben organisatorische Aufgaben für die Volkswirtschaft, wie sie im Finanzplan festgehalten sind und als Investitionen und Subventionen in Erscheinung treten.

Die *Investitionen* der öffentlichen Wirtschaft haben einen internen Zweck für die öffentliche Wirtschaft selbst und einen organisatorischen für die Volkswirtschaft. Der interne öffentlich-wirtschaftliche Zweck dient zur Sicherung und Vergrößerung des öffentlichen Vermögens, das der Staat zum Vollzug seiner Aufgaben braucht, wie auch zur Sicherung und Verstärkung der Kapitalgrundlage der öffentlichen Unternehmungen. Der volkswirtschaftlich bedingte Zweck liegt in der organisatorischen Verpflichtung der öffentlichen Wirtschaft, solche Kapitalanlagen für die Volkswirtschaft zu schaffen, die deren Leistungsstand vergrößern (z. B. Straßenbau, Meliorationen usw.) und nicht von den privaten Wirtschaften getätigt werden oder getätigt werden können. Die Investitionen stehen *zunächst* im Dienste der *Konjunkturpolitik* und *dann* erst im Dienste der *Strukturpolitik,* weil die stärkere Dosierung eine Rezession durch den Multiplikator-Effekt überwinden und eine geringere Dosierung die Überhitzung drosseln soll.

Subventionen sind die Ausgaben der öffentlichen Wirtschaft, die zur Stützung und Förderung von öffentlichen und privatwirtschaftlichen Unternehmungen getätigt werden. Sie können aus volkswirtschaftlichen Notwendigkeiten erfolgen, wenn aus strukturpolitischen Gründen subventionsbedürftige Unternehmungen wegen des zeitweiligen Verlustes ihre Rentabilität zur Wiedererlangung dieser gestützt und gefördert werden müssen.

Um die geplanten Ausgaben tätigen zu können, muß die öffentliche Wirtschaft über die erforderlichen *Einnahmen* verfügen können. Obwohl bei den Einnahmen der interne oder fiskalische Zweck am stärksten zum Ausdrucke kommt, weil die Bereitstellung der Mittel für die Ausgaben die vorzüglichste Aufgabe der öffentlichen Wirtschaft ist, sind doch auch die Einnahmen von den volkswirtschaftlichen Gestaltungsaufgaben der öffentlichen Wirtschaft durchdrungen. Da die Einnahmen über den Weg der Abgaben und des öffentlichen Kredites eine Beschränkung der privatwirtschaftlichen Verfügung über die Geldfonds der Privatwirtschaften sind, haben sie in der verschiedenartigen Einengung dieser Geldfonds wieder organisatorische Aufgaben, die je nach Lage der Volkswirtschaft in Ausmaß und Wirkung verschieden sein können.

Die öffentlichen Unternehmungen haben je nach ihrer Art neben der fiskalischen Funktion vielerlei soziale und wirtschaftspolitische „Hypotheken". Diese kommen aus der Versorgungsnotwendigkeit der Bevölkerung mit billigen, standardisierten Massenverbrauchsgütern (Wasser, Gas und Licht) und aus den Erfordernissen, die Bevölkerung mit solchen Leistungen zu versorgen, die deren Leistungsstand sichern oder steigern (gesundheitspolitische Institutionen, Unterrichtsanstalten usw.). Die Verbindung der öffentlichen Unternehmungen mit der Wirtschaftspolitik des Staates kann auch aus der Schlüsselstellung der öffentlichen Unternehmungen in der Volkswirtschaft erfolgen, weil diese durch vielerlei Maßnahmen die volkswirtschaftlichen Bewegungsvorgänge lenken können.

Die *Abgaben* sind in all ihren Arten (Beiträge, Gebühren und Steuern) die besonderen, nur der öffentlichen Wirtschaft zustehenden Einnahmen. Ihre Begründung und Rechtfertigung finden sie ausschließlich in der organisatorischen Stellung der öffentlichen Wirtschaft in der Volkswirtschaft. Da die öffentliche Wirtschaft vorzüglich Aufgaben für das Gemeinwohl zu leisten hat, hat sie auch die Möglichkeit, ohne Entgeltlichkeit von den Abgabepflichtigen Geldabgaben zu fordern. Ausmaß und Art der Abgaben werden sowohl von den Ausgabenotwendigkeiten der öffentlichen Wirtschaft als auch von den Gegebenheiten der Volkswirtschaft bestimmt. Dadurch sind selbst die eigentlichen Fiskaleinnahmen sozial- und wirtschaftspolitisch in ihrem Ziel und in ihrer Wirkung bestimmt.

Der *öffentliche Kredit* dient zur Ermöglichung von Ausgaben über das Maß, das durch die jeweils gegenwärtigen Einnahmen gegeben ist. Über diese nur interne Ausgleichsfunktion im Budget reicht der öffentliche Kredit weit hinaus, weil er sowohl in der Verwendung als auch in der Aufbringung organisatorische Leistungen für die Volkswirtschaft vollbringen muß.

Alle Institutionen der öffentlichen Wirtschaft sind mit ihren Sonderaktionen der Organisationswirtschaft eingeordnet. Sie haben ihre Funktionen im Rahmen der öffentlichen Wirtschaft zu vollbringen und reichen deshalb in ihren Zielen und Wirkungen in die Volkswirtschaft hinein, die sie im Aufbau und in den Bewegungsvorgängen mitzugestalten haben. *Alle Institutionen der öffentlichen Wirtschaft sind Einrichtungen dieser und zugleich Instrumente der Wirtschaftspolitik des Staates.*

c) Die Gliederung der öffentlichen Wirtschaft

Die öffentliche Wirtschaft ist ein *System von Wirtschaftsgebilden*, das sich aus dem kommunizierenden Zusammenhang der Wirtschaftsgebilde aller öffentlichen Körperschaften ergibt. Im System der öffentlichen Wirtschaft zeigt sich eine *räumliche Tiefengliederung* und eine *sachliche Seitengliederung.*

Die räumliche Tiefengliederung stuft sich *vertikal* von der Wirtschaft des Staates zu den Wirtschaften der Länder und Kantone, zu den Wirtschaften der Bezirke und Kreise bis zu den Wirtschaften der Gemeinden ab.

Die sachliche Seitengliederung zweigt sich *horizontal* in die öffentlichen und halböffentlichen Wirtschaften auf, die auf jeder Stufe der Tiefengliederung je eine eigene Leistungsverrichtung zu vollbringen haben. Ihre fachliche Aufgliederung stuft sich von der hoheitlichen Finanzwirtschaft zu den immer mehr hoheitsfreien Gebilden der öffentlichen Wirtschaft ab, wie: selbständige Unternehmungen der öffentlichen Wirtschaft, Unternehmungen, an denen die öffentliche Wirtschaft beteiligt ist, Fondswirtschaften, die nach eigenem Statut verwaltet und vom Staat oder seinen Körperschaften geführt oder kontrolliert werden, und die Wirtschaftsgebilde halböffentlicher Körperschaften.

Der *Grund* für die verschiedenen Tiefen- und Seitengliederungen liegt sowohl in den Organisationsbedingungen der öffentlichen Wirtschaft selbst als auch in der räumlichen und sachlichen Gliederung der Volkswirtschaft.

Die *internen Organisationsbedingungen* zwingen aus betriebstechnischen Gründen zur Aufgliederung der öffentlichen Wirtschaft in räumlicher und sachlicher Hinsicht. Da der Staat mit seiner vielseitigen Organisationsmaschinerie *auf den einzelnen Instanzstufen eigene Aufgaben* der Verwaltung und unter Umständen auch solche der Gesetzgebung zu leisten hat, braucht er auf jeder Stufe je nach dem Grade des selbständigen Wirkungsbereiches eigene Organe für die öffentliche Wirtschaft. Diese können je nach der staats- und verwaltungsrechtlichen Eigenständigkeit von der Zentrale in einem verschiedenen Ausmaß abhängig oder unabhängig sein. Wenn sie über einen hohen Grad der Selbständigkeit verfügen, sind sie von der übergeordneten Stelle unabhängig und verfügen daher über ein eigenes Wirtschaftsgebilde, wie z. B. die Wirtschaftsgebilde der Länder und Gemeinden.

Die räumliche Gliederung der Volkswirtschaft zwingt ihrer Tiefengliederung (Volkswirtschaft, Gebietswirtschaft, Ortswirtschaft) zufolge den Staat, für jede der Stufen der Volkswirtschaft gesonderte Organisationsstellen zu schaffen, weshalb die Stufen der Wirtschaftsgebilde auch den Instanzstufen der öffentlichen Wirtschaft entsprechen müssen. So ergibt sich aus der *räumlichen Gliederung der Volkswirtschaft auch die räumliche Tiefengliederung der öffentlichen Wirtschaft.*

Der Staat läßt ferner *fachliche Organisationsträger der Volkswirtschaft* sich selbst mit eigenen Kompetenzen konstituieren (z. B. die Kammern). Diese bedürfen hierzu wieder einer eigenen Wirtschaft. Die fachlich bestimmten Organisationen von Gesellschaft und Volkswirtschaft haben Sonderfunktionen mit eigenen Organisationsaufgaben und führen daher auch selbständig die für sie erforderliche Wirtschaft (z. B. auch die Sozialversicherungen). Daraus ergeben sich auf den einzelnen Stufen *horizontal gelagerte Sonderwirtschaften,* die mit gutem Recht der öffentlichen Wirtschaft zuzurechnen sind. Der Grad ihrer Selbständigkeit ist verschieden je nach dem Grad ihrer Abhängigkeit vom Staat. Sie reichen von den selbständigen Unternehmungen der öffentlichen Wirtschaft über die Beteiligungsunternehmungen und Fondswirtschaften bis zu den vom Staat unabhängigen Wirtschaftsgebilden der halböffentlichen Körperschaften.

Da weder der Staat die letzte Organisationsstufe noch die Volkswirtschaft das letzte räumliche Wirtschaftsgebilde ist, sondern beide über das Staatsgebiet hinausreichen, weil der Staat in die überstaatlichen Organisationen einbezogen ist und die Volkswirtschaft in die Großraumwirtschaften und in die Weltwirtschaft eingefügt ist, reicht auch die öffentliche Wirtschaft über den Bereich des Staates hinaus. *Daher ist die öffentliche Wirtschaft auch auf der Stufe der überstaatlichen Organisationen tätig.*

Die räumliche und sachliche Aufgliederung der öffentlichen Wirtschaft ist für die Verteilung der Aufgaben und für die Aufbringung der hierfür erforderlichen Mittel von Bedeutung.

Die *Verteilung der Aufgaben* auf die vertikal und horizontal gestuften Gebilde der öffentlichen Wirtschaft ist bestimmt durch den jeweiligen Organisationsbereich, der den einzelnen Gebilden zukommt. Da nach dem *Subsidiaritätsprinzip* jedem Gebilde die größte Entfaltungsmöglichkeit gesichert sein soll, müssen auch *alle Gebilde der öffentlichen Wirtschaft den größtmöglichen freien Wirkungsbereich* für die Erfüllung ihrer Organisationsaufgaben haben. Da die Gebilde der öffentlichen Wirtschaft die Organisationsaufgaben für ihren Bereich am besten kennen, können sie auch den Umfang und die Intensität ihrer wirtschaftlichen Tätigkeit am besten abstecken. Andererseits können die vertikal und horizontal gegliederten Gebilde der öffentlichen Wirtschaft wegen des engen Wirkungsbereiches aber nicht alle erforderlichen Organisationsaufgaben selbst leisten. Sie müssen daher Teile ihrer Aufgaben an die übergeordneten Gebilde „weitergeben". Außerdem müssen wegen der Notwendigkeit der einheitlichen Führung der Organisationsaufgaben die obersten Gebilde der öffentlichen Wirtschaft soviel Weisungsrechte haben, daß die Einheitlichkeit im System der gesamten öffentlichen Wirtschaft gesichert bleibt.

Die Aufteilung der Mittel für die einzelnen Gebilde der öffentlichen Wirtschaft auf allen Stufen bringt das *Problem der Aufgabenteilung und des Finanzausgleiches.*

d) *Umfang und Grenzen der öffentlichen Wirtschaft*

Der Umfang der öffentlichen Wirtschaft wird durch die Organisationsaufgaben, die der Staat für Gesellschaft und Volkswirtschaft zu leisten hat, bestimmt und durch die mögliche Mittelaufbringung aus der Volkswirtschaft begrenzt. Der Umfang wird *nach unten* durch die Umfangsweite begrenzt, die die öffentliche Wirtschaft für die Organisationsleistung des Staates braucht. Er wird *nach oben* durch die Grenzen beschränkt, die durch die Ausgabe- und Einnahmemöglichkeit gesetzt sind.

Da der Staat der oberste Organisationsträger der Volkswirtschaft ist, muß er jeweils so viele Aufgaben vollbringen, als die übrigen Organisationsträger wegen ihres beschränkten Bereiches oder wegen ihrer beschränkten Organisationskraft nicht leisten können und deshalb an den Staat abgeben müssen. Das Maß für die Übertragung der Organisationsaufgaben an den Staat wird bestimmt durch die Aufteilung der Kompetenzen auf die einzelnen Organisationsträger der Volkswirtschaft. Diese ergibt sich aus den jeweils geltenden *Ordnungsprinzipien* und den

Ordnungsnotwendigkeiten in der Volkswirtschaft und in der Gesellschaft.

Sind nach dem Prinzip der freien Verkehrswirtschaft die Organisationsbereiche für die privaten Wirtschafter und deren Organisationen groß, so daß sie einen weiten „freien Spielraum" haben, dann verbleibt dem Staat ein verhältnismäßig geringer Organisationsbereich. Die Organisationsaufgaben des Staates sind daher je *nach den geltenden Ordnungsprinzipien der Volkswirtschaft verschieden groß.*

Über und selbst gegen die Ordnungsprinzipien wirken noch die tatsächlichen *Gegebenheiten in Gesellschaft und Volkswirtschaft* umfangbestimmend für die Staatsaufgaben. Wenn trotz der freien Wirtschaftsordnung und vielfach gerade wegen ihrer Geltung die korrigierenden und lenkenden Organisationsnotwendigkeiten durch den Staat zunehmen, so erweitert sich der Umfang der öffentlichen Wirtschaft, ohne daß er nach dem Ordnungsprinzip der Volkswirtschaft so weit gezogen sein müßte. Diese Erscheinung der gegenwärtig ständig wachsenden Aufgaben des Staates wegen der in Gesellschaft und Volkswirtschaft gegebenen Verzerrungserscheinungen, die dringend der Behebung durch den Staat harren, hat Adolf Wagner richtig als *„Gesetz der wachsenden Staatsaufgaben"* festgehalten. Gegen die geltenden Ordnungsprinzipien können die *Ordnungsnotwendigkeiten in Gesellschaft und Volkswirtschaft den Umfang der Staatsausgaben von sich aus bestimmen.*

Diese Umfangsbestimmung zieht die *Grenzen* für den Umfang der öffentlichen Wirtschaft *nach unten.* So viele Aufgaben durch den Staat geleistet werden müssen und so groß der hierfür erforderliche Umfang der öffentlichen Wirtschaft sein muß, so weit müssen die Grenzen der öffentlichen Wirtschaft nach unten gezogen sein. Enger als die hier vorgegebenen Grenzen kann der Umfang der öffentlichen Wirtschaft nicht sein. *Die Untergrenzen für den Umfang der öffentlichen Wirtschaft müssen so gezogen sein, daß der Staat seinen notwendigen Organisationsverpflichtungen nachkommen kann.*

Die öffentliche Wirtschaft hat dann einen zu engen Umfang, wenn durch ihre zu geringen Ausgaben zu wenig dynamische Antriebe, etwa in der Wechsellage der Krise, in die Volkswirtschaft ausgehen. Gerade aus der die Volkswirtschaft organisierenden Leistung des Staates muß die öffentliche Wirtschaft in der Krise mehr Geld ausgeben als in der ansteigenden Konjunktur. Im Gegengleich ist der Umfang der Einnahmen zu klein, wenn in der Konjunktur zuwenig Einnahmen von den Privatwirtschaften genommen werden, um etwa konjunkturbedingte Hypertrophien hintanzuhalten. Die Untergrenzen für den Umfang der öffentlichen Wirtschaft werden *auch durch die Wechsellagen der Volkswirtschaft bestimmt.*

Wie sehr auch die Organisationsprinzipien der Volkswirtschaft in bezug auf den Umfang der öffentlichen Wirtschaft divergieren mögen und wie sehr auch die Korrektur- und Lenkungsnotwendigkeiten des Staates für Gesellschaft und Volkswirtschaft zur Erweiterung drängen mögen, so gibt es doch *Obergrenzen* für den Umfang der öffentlichen Wirtschaft, die nicht überschritten werden dürfen. Sie ergeben sich aus den Grenzen für die Ausgabe- und Einnahmemöglichkeiten der öffentlichen Wirtschaft und aus dem Aufbau der Volkswirtschaft.

Der *Ausgabenumfang* der öffentlichen Wirtschaft wird durch die Möglichkeit bestimmt, im Wege der Ausgaben bisher brachliegende Produktivkräfte der Volkswirtschaft zu aktivieren. Soweit daher Produktivkräfte in der Volkswirtschaft noch nicht mobilisiert werden konnten und soweit diese in das Erzeugungsgefüge der Volkswirtschaft noch einzuordnen sind und die privaten Wirtschaften diese Aktivierung nicht leisten, können Ausgaben der öffentlichen Wirtschaft für die Mobilisierung brachliegender Produktivitätskräfte getätigt werden. Damit sind für den Umfang der öffentlichen Wirtschaft quantitativ bestimme Obergrenzen festlegbar. *Die noch nicht aktuierten Produktivkräfte geben eine Obergrenze für den Umfang der öffentlichen Wirtschaft.*

Da die öffentlichen Ausgaben mit Geld getätigt werden, bestimmt auch der Rahmen des volkswirtschaftlich richtigen Geldvolumens den Ausgabenumfang der öffentlichen Wirtschaft. Durch die Ausgaben der öffentlichen Wirtschaft kann der Volkswirtschaft nur soviel Geld zugesetzt werden, als dadurch keine inflatorischen Wirkungen hervorgerufen werden. Deshalb ergeben sich durch das volkswirtschaftlich richtige Geldvolumen die Grenzen für die Ausgaben. *Der Umfang der öffentlichen Wirtschaft wird durch die Grenzen der geldvermehrenden Ausgaben beschränkt.*

Von der Einnahmenseite her findet der Umfang der öffentlichen Wirtschaft seine Begrenzung durch den Grad der ergiebigen Verwendung und durch die Notwendigkeit, die Einnahmequellen zu schonen, so daß sie nicht versiegen.

Solange die öffentliche Wirtschaft die den Privatwirtschaften entnommenen Gelder ergiebiger verwendet als diese, können sie im Wege der Abgabenentnahme der öffentlichen Wirtschaft zufließen. Wo aber die privatwirtschaftliche Verwendung dieser Gelder ertragreicher ist, wird die Aktuierung mobilisierbarer Produktivkräfte durch die Geldentnahme eingeengt. Die Entnahmegrenze der öffentlichen Wirtschaft ist daher dort gezogen, wo die *Verwendung der entnommenen Gelder in der öffentlichen Wirtschaft geringere Erträge bringt als in den Privatwirtschaften.*

Wenn die übergroße Entnahme von Geld aus den Privatwirtschaften so weit geht, daß diese ihre Erwerbstätigkeit wegen des verbleibenden zu geringen Betriebskapitals einschränken müssen, sinken dadurch für die weitere Entnahme die sich immer erneuernden Geldfonds der privaten Wirtschaften. Wenn durch die Geldentnahme deflatorische Kreislaufstörungen in der Volkswirtschaft eintreten oder in Krisenzeiten verstärkt werden, ist die Entnahmegrenze durch die öffentliche Wirtschaft überschritten. Daß dagegen die Beschränkung der privatwirtschaftlichen Geldfonds aus wirtschaftspolitischen Gründen notwendig sein kann, verstößt nicht gegen diese allgemeine Grenzregel. *Die Entnahmegrenze ist dort zu ziehen, wo die Gefahr für das Versiegen der privatwirtschaftlichen Geldfonds* in Beachtung des *Steuer-Ertragsgesetzes* und des *Gesetzes von der Interdependenz der Steuererträge* gegeben ist.

Der Umfang der öffentlichen Wirtschaft muß so groß sein, daß die an den Staat und seine Körperschaften gestellten Organisationsverpflichtungen geleistet werden können. Die Obergrenzen werden bestimmt durch die in der Volkswirtschaft noch mobilisierbaren Produktivkräfte, durch das volkswirtschaftlich zulässige Geldvolumen und durch das Maß der zulässigen Steuerentnahme.

e) Das wirtschaftliche Prinzip und die Erfolgsarten der öffentlichen Wirtschaft

Für die öffentliche Wirtschaft gilt wie für jedes andere Wirtschaftsgebilde das wirtschaftliche Prinzip. Ihm gemäß handelt die öffentliche Wirtschaft so, daß sie mit einem Minimum an Mitteln die angestrebten Ziele zu erreichen oder mit den gegebenen Mitteln möglichst viele Ziele zu erlangen strebt. Was die öffentliche Wirtschaft von den privaten Wirtschaften unterscheidet, sind die verschiedenen Arten des Wirtschaftserfolges.

Wegen der funktionalen Organisationsstellung der öffentlichen Wirtschaft in der Volkswirtschaft sind ihre Erfolgskategorien andere als in der Privatwirtschaft. Die öffentliche Wirtschaft hat nämlich *drei Arten von Wirtschaftserfolgen:* die Rentabilität, die rechenhafte Umwegsrentabilität und die nicht rechenhafte Umwegsrentabilität.

Die *Rentabilität* der öffentlichen Wirtschaft ist dann gegeben, wenn die Einnahmen über die werbenden Kosten hinausgehen. Die Rentabilität tritt in der öffentlichen Wirtschaft bei den Unternehmungen zum Vorschein, die eigens für die Gewinnbringung bestimmt sind, wie etwa bei den Finanzmonopolunternehmungen. Bei diesen werden die werbenden Ausgaben getätigt, um mit ihnen fremde Produktionsmittel zu erwerben und Güter hervorzubringen, die mit maximalem Gewinn im verkehrswirtschaftlichen Kreislauf abgesetzt werden.

Die Rentabilitätserfolge aber finden in der öffentlichen Wirtschaft schon wieder in ihrer Verwendung eine besondere Zielrichtung, die über die Parallele in den Privatwirtschaften hinausgeht. Die Überschüsse aus den rentablen Unternehmungen der öffentlichen Wirtschaft fließen dem allgemeinen Einnahmefonds zu, aus dem sie für die Organisationsaufgaben des Staates ihren Ausgang finden. So sind selbst die Rentabilitätserfolge dem Organisationscharakter der öffentlichen Wirtschaft gemäß Zielen gewidmet, die wieder über die öffentliche Wirtschaft hinausreichen. Die öffentliche Wirtschaft strebt mit nur wenigen Unternehmungen die Rentabilität an.

Die öffentliche Wirtschaft tätigt den größten Teil ihrer Ausgaben nicht in der Absicht, unmittelbare Rentabilitätserfolge zu erwirken, sondern in der Zwecksetzung, die Erfolgswirkung ihrer Ausgaben den außerhalb ihres Kreises stehenden Privatwirtschaften oder der Volkswirtschaft insgesamt zukommen zu lassen. Zu dieser „altruistischen“ Verlegung der Wirtschaftserfolge über ihren eigenen Wirtschaftskreis hinaus ist die öffentliche Wirtschaft kraft ihres Organisationscharakters verhalten. Da sie in all ihren Handlungen organisationsbestimmt ist, muß sie Ausgaben tätigen, deren Erfolge den Privatwirtschaften oder der gesamten Volkswirtschaft zugute kommen. Die öffentliche Wirtschaft ist im Grund eine Wirtschaft für andere.

Aus dieser abgeleiteten Erfolgssteigerung der Privatwirtschaften fließen aber der öffentlichen Wirtschaft Einnahmen zurück, die ihre Ausgaben decken lassen. Dadurch werden die für die anderen Wirtschaftsgebilde getätigten Ausgaben auch für die öffentliche Wirtschaft selbst wieder „gewinnbringend“, d. h. ausgabendeckend.

Diese auf die Steigerung der Rentabilität der Privatwirtschaften und die Produktivität der gesamten Volkswirtschaft abzielenden Wirtschaftserfolge der öffentlichen Wirtschaft sind verschieden, je nach ihrer rechenmäßigen Erfaßbarkeit. Sind die Erfolge in der Rentabilitätssteigerung der Privatwirtschaften gegeben und sind ihre rentablen Ausstrahlungen rechenhaft verfolgbar, dann liegt *rechenhafte Umwegsrentabilität* vor. Sind aber die Erfolge der öffentlichen Wirtschaft nicht rechenhaft feststellbar, dann liegt eine *nicht rechenhafte Umwegsrentabilität* vor.

Die *rechenhafte Umwegsrentabilität* ist bei all den Ausgaben der öffentlichen Wirtschaft gegeben, deren Erfolg nicht in der öffentlichen Wirtschaft selbst, sondern in der Rentabilitätssteigerung der Privatwirtschaften zum Vorschein kommt. Durch die höhere Rentabilität der Privatwirtschaften steigt deren Steuerkraft und über diese kommt auch der öffentlichen Wirtschaft wieder ein höherer Steuerertrag zu. Dieser Erfolg kann in seinen Phasen rechenmäßig verfolgt werden. Über den Umweg der Rentabilitätssteigerung der privaten Wirtschaftsgebilde „machen sich die diesbezüglichen Ausgaben der öffentlichen Wirtschaft bezahlt“. Wenn z. B. die öffentliche Wirtschaft Ausgaben für den Straßenbau tätigt, um dadurch die Rentabilität der anliegenden Grundstücke zu heben, so können diese Erfolge bei den Privatwirtschaften und, von diesen abgeleitet, bei der öffentlichen Wirtschaft selbst rechenmäßig verfolgt werden. Diese aus der Rentabilitätssteigerung der „betroffenen" Privatwirtschaften der öffentlichen Wirtschaft zugehenden Beiträge und höheren Steuereingänge lassen der öffentlichen Wirtschaft über den Umweg der größeren Rentabilität der Privatwirtschaften die von ihr verursachten Wirtschaftserfolge wieder zugehen.

Zu diesen umwegsrentablen Ausgaben ist die öffentliche Wirtschaft teils aus ihrer Organisationsstellung in der Volkswirtschaft verpflichtet und teils aus dem Interesse an den höheren Eingängen der Abgaben bei sich selbst verhalten.

Die *nicht rechenhafte Umwegsrentabilität* hat verschiedene Einsatzmöglichkeiten. Wenn z. B. die öffentliche Wirtschaft durch ihre Ausgaben die Staatskonjunktur und diese die Anregung zur wieder anlaufenden Marktkonjunktur gibt, so wird dadurch auch den Privatwirtschaften ihre Rentabilität wiedergegeben. Aus ihr gehen im gleichen Ausmaße wieder erhöhte Einnahmen an die öffentliche Wirtschaft zurück. Dieser Umweg läßt sich zwar verfolgen, er kann aber nicht rechenmäßig festgehalten werden, so daß wohl die produktiven Wirkungen der öffentlichen Ausgaben erkennbar, aber nicht errechenbar sind. Noch weiter ab liegt die Umwegsrentabilität für jene Ausgaben, die zur allgemeinen Leistungssteigerung der gesamten Volkswirtschaft oder zu der der einzelnen Wirtschaftszweige beitragen. Die gesamten Ausgaben für Erziehung, Unterricht, Forschung, für Sicherheit und Ordnung usw. bringen zweifellos eine Steigerung des Leistungsstandes der Volkswirtschaft. Dieser ist aber trotz seines klar ersichtlichen Bestandes nicht rechenmäßig nachweisbar. *Auch die nicht rechenmäßig erfaßbaren wirtschaftlichen Erfolge der öffentlichen Ausgaben können eine Leistungssteigerung der gesamten Volkswirtschaft, die Produktivität, bringen.*

Die Umwegsrentabilität ist für die öffentlichen Ausgaben auch dadurch gegeben, daß durch sie die organisatorische Tätigkeit des Staates und seiner Körperschaften ermöglicht wird. Da die öffentlichen Ausgaben die wirtschaftliche Grundlage für die Vollbringung der Organisationsaufgaben des Staates geben, wird ihre Ergiebigkeit durch die Wirkung der Organisationstätigkeit des Staates bestimmt. Sofern der Staat durch seine integrale Organisationstätigkeit die Volkswirtschaft immer wieder konstituiert und die veranlagte Struktur der Volkswirtschaft dauernd aktuiert, sind die Wirtschaftserfolge, die daraus dem Staat zuzuordnen sind, auch der öffentlichen Wirtschaft zuzurechnen, weil diese die wirtschaftlichen Grundlagen hierfür erstellt. *Alle Erfolge der integrativen Organisierung der Volkswirtschaft durch den Staat und seine Kör-*

perschaften sind als Rentabilität i. w. S. der öffentlichen Wirtschaft zuzurechnen.

Die öffentliche Wirtschaft steht wie alle Wirtschaftsgebilde unter dem wirtschaftlichen Prinzip. Ihre Erfolge sind: die Rentabilität, wenn die Ausgaben unmittelbar Gewinnerfolge zeitigen, sie sind die Umwegsrentabilität, wenn die Erfolge in der öffentlichen Wirtschaft nicht unmittelbar, sondern über die Rentabilitätssteigerung der privaten Wirtschaft mittelbar gegeben sind.

4. Der Unterschied von öffentlicher und privater Wirtschaft

Der Unterschied von öffentlicher und privater Wirtschaft wird der verschiedenen Wesensbestimmung beider Wirtschaftsgebilde gemäß verschieden gekennzeichnet.

Der *eigentliche Unterschied* zwischen der öffentlichen und der privaten Wirtschaft liegt *in der verschiedenen Stellung beider in der Volkswirtschaft.* Daher sind der Rang, die Ziele mit den zugehörigen Kalkulationsgrundlagen, die Wirkungen und der Erfolg beider Wirtschaftsgebilde verschieden.

Die öffentliche Wirtschaft hat wegen ihrer Organisationskraft *funktionell die Zentralstellung* in der Volkswirtschaft, während sich die Privatwirtschaften je nach den Wirtschaftszweigen, denen sie angehören, konzentrisch um die öffentliche Wirtschaft anordnen. Die öffentliche Wirtschaft hat in der Volkswirtschaft den obersten Rang und die Privatwirtschaften stufen sich je nach ihrer volkswirtschaftlichen Strahlungskraft von ihr immer weiter ab.

Die öffentliche Wirtschaft hat zum größten Teil ihre *Ziele* außerhalb ihres eigenen Kreises *in der Volkswirtschaft und in der Gesellschaft,* indem sie den Bedarf des Staates und seiner Körperschaften deckt, während die Privatwirtschaften ihre Ziele in sich selbst haben. Aus dieser Zielverschiedenheit ergibt sich auch der Unterschied im räumlichen Kalkulationsumfang. Die öffentliche Wirtschaft kalkuliert *mit den Gegebenheiten der gesamten Volkswirtschaft,* während die Privatwirtschaft nur mit den ihr vor- und nachgeordneten Wirtschaftsgebilden rechnet. Die öffentliche Wirtschaft hat ihre Ziele und ihre Kalkulationsbasis in der Volkswirtschaft, die Privatwirtschaft hat ihre Ziele in sich selbst und die Kalkulationsgrundlage in den ihr vor- und nachgeordneten Wirtschaftsgebilden.

Die von beiden Wirtschaftsgebilden gesetzten Handlungen haben wegen des verschiedenen Ranges, wegen der verschiedenen Ziele und der verschiedenen Kalkulationsgrundlagen auch *verschiedene Wirkungen.* Die Akte der öffentlichen Wirtschaft in den Ausgaben und in den

Einnahmen wirken zum größten Teil unmittelbar auf die Volkswirtschaft, weil sie dort ihre organisatorischen Aufgaben erfüllen sollen. Die Handlungen der Privatwirtschaften wirken gewiß auch in die Volkswirtschaft, weil sie volkswirtschaftliche Potenzen aktuieren. Der Grad ihrer Wirkung ist aber unverhältnismäßig kleiner, weil sie nicht aus der Organisationsabsicht für die gesamte Volkswirtschaft getätigt werden und wegen der geringeren organisatorischen Wirkung keine so große wirtschaftliche Strahlungskraft haben. Aus der Verschiedenheit der Organisationskraft ist die Wirkung der öffentlichen Wirtschaft in der Volkswirtschaft unverhältnismäßig größer als die der privaten Wirtschaften.

Die öffentliche Wirtschaft erstrebt gemäß ihrem Rang, ihren Zielen und Wirkungen *anders geartete Wirtschaftserfolge* als die Privatwirtschaft. Während diese auf Rentabilitätserfolge abzielt, braucht dies die öffentliche Wirtschaft nur mit einigen ihrer Unternehmungen zu tun. Die übergroße Menge der öffentlichen Ausgaben wirkt über die Sicherung und Steigerung der Rentabilität der Privatwirtschaften und die Produktionssteigerung der Volkswirtschaft zurück auf die Erhöhung der öffentlichen Einnahmen. Die öffentliche Wirtschaft unterscheidet sich von den Privatwirtschaften durch die meist anders gearteten Wirtschaftserfolge, weil sie vielfach die Umwegsrentabilität anstrebt.

5. Die Lehre von der öffentlichen Wirtschaft

a) Der Gegenstand der Lehre von der öffentlichen Wirtschaft

Der Gegenstand für die Lehre von der öffentlichen Wirtschaft ist in dem Ausmaße ein anderer geworden, als sich die öffentliche Wirtschaft in ihrer Gesamtheit und in all ihren Institutionen wandelte. Soweit sich die öffentliche Wirtschaft von der volkswirtschaftlich neutralen Fiskalwirtschaft entfernte, erweiterte sich der Gegenstand für die Lehre von der öffentlichen Wirtschaft über den früher eng gezogen Gegenstand der „autonomen“ Finanzwissenschaft. Da die öffentliche Wirtschaft ein Organon der Wirtschaftspolitik und daher die Organisationswirtschaft der Volkswirtschaft wurde, hat die Lehre von der öffentlichen Wirtschaft einen neuartigen Gegenstand zu behandeln. Das Erkenntnisziel für die Lehre von der öffentlichen Wirtschaft ist nicht mehr die „reine Deskription“ der öffentlich-wirtschaftlichen Institutionen, dies ist heute der Gegenstand der Finanzkunde, und auch nicht mehr die Verrechnungslehre für die buchhalterisch erfaßbaren Geldein- und -ausgänge in der öffentlichen Wirtschaft, dies ist Aufgabe der Staatsverrechnungskunde. Der Gegenstand für die Lehre von der öffentlichen Wirtschaft ist die Organisationswirtschaft der Volkswirtschaft selbst.

Der Gegenstand der Lehre von der öffentlichen Wirtschaft ist *weiter* geworden. Er umfaßt nicht mehr die finanzwirtschaftlichen Vorgänge von Geldein- und Geldausgängen, er umschließt vielmehr auch alle Einrichtungen, deren sich die öffentliche Wirtschaft bedient, auch solcher, die der Privatwirtschaft äußerlich ähnlich sind, sofern sie organisatorische Aufgaben für die Volkswirtschaft vollbringen können. So haben die öffentlichen Unternehmungen im Gegenstand der Lehre von der öffentlichen Wirtschaft eine besondere Bedeutung, weil sie besondere Organe in der volkswirtschaftlichen Organisationswirtschaft für die Gestaltung der volkswirtschaftlichen Struktur und Bewegungsvorgänge sind. Die Lehre von der öffentlichen Wirtschaft umfaßt alle Institutionen und Maßnahmen der öffentlichen Wirtschaft, weil alle dem wirtschaftlichen Organisationsziele des Staates und seiner Körperschaften dienen.

Der Gegenstand der Lehre von der öffentlichen Wirtschaft ist *„volkswirtschaftlich"* geworden. Er umfaßt nicht mehr die Beschreibung der Mittelaufbringung, -verwaltung und -verwendung als nur intern öffentlich-wirtschaftlicher Vorgänge. Im Gegenstand der Lehre von der öffentlichen Wirtschaft haben alle Einrichtungen und Maßnahmen volkswirtschaftlich organisatorische Bedeutung. Alle Einrichtungen und Maßnahmen der öffentlichen Wirtschaft sind öffentlichwirtschaftliche und volkswirtschaftliche zugleich. Ja, sie werden von der Volkswirtschaft in ihrer Aufgabe und Wirkung bestimmt. Daher müssen sie auch in dieser zweifachen Stellung im Gegenstand der Lehre von der öffentlichen Wirtschaft ihre Beachtung finden.

Das Budget erwächst aus den Erfordernissen der Volkswirtschaft und wirkt gestaltend auf diese zurück. Die Ausgaben leisten Organisationsaufgaben für die Volkswirtschaft, die in ihrer Widmung für Investitionen und Subventionen die Struktur und die Bewegungsvorgänge der Volkswirtschaft gestaltend beeinflussen. Die Einnahmen, und von ihnen besonders die Steuer und der öffentliche Kredit, sind Lenkungsmittel der Wirtschaftspolitik, die in ihren Aufgaben über den fiskalischen Rahmen weit hinausreichen.

Es gibt im Gegenstand der Lehre von der öffentlichen Wirtschaft nicht nur fiskalische Einrichtungen und Vorgänge, sie alle sind durch ihre organisatorische Funktion volkswirtschaftlich mitbestimmt. Die Lehre von der öffentlichen Wirtschaft umfaßt die *Einnahme- und Ausgabevorgänge auch in ihren volkswirtschaftlichen Funktionen.*

Die *Lehre von der öffentlichen Wirtschaft* hat das vielgliedrige System der öffentlichen Wirtschaft mit all ihren Einrichtungen und Vorgängen, *mit ihren öffentlich-wirtschaftlichen* und *mit ihren volkswirtschaftlichen Funktionen zum Gegenstand.*

b) Der Problemcharakter der Lehre von der öffentlichen Wirtschaft

Der Gegenstand bestimmt weitgehend die Wesensmerkmale einer Wissenschaft. Konstituiert wird sie aber durch die Probleme, die sich aus dem Gegenstand ergeben. Probleme sind die aus dem Gegenstand und seinen integrierenden Bestandteilen sich entwickelnden Fragen. Da diese Fragen von verschiedenen Seiten gestellt werden können, erscheinen sie auch in bunter Mannigfaltigkeit. Soll die Wissenschaft eine einheitliche sein — und nicht eine Kunde mit disparaten Fragestellungen —, dann müssen *alle Probleme von inhaltlicher Gleichartigkeit sein, sie müssen inhaltlich auf einer Ebene liegen.*

Die Probleme erhalten dadurch ihre einheitliche und gleiche Struktur, daß in allen Problemen Fragen von gleicher Art gegeben sind. Wenn auch die Probleme dadurch eine einheitliche Struktur erhalten, so sind sie doch in ihrer Wissenschaft noch nicht gleichwertig. Alle Probleme gruppieren sich stufenförmig um ein zentrales Grundproblem. Damit ist in die Vielfalt gleichartiger Probleme, die sich aus ihrer konzentrischen Reihung um das Grundproblem ergeben, Ordnung gebracht. Das Grundproblem enthält die Frage nach dem Wesen des Gegenstandes selbst.

Soll die Lehre von der öffentlichen Wirtschaft als Wissenschaft konstituiert werden, dann müssen alle Probleme von einer Problem-„Mitte" ihre durchgehende Einheitlichkeit erhalten. Und diese Mitte ist mit der Urfrage nach dem Wesen der öffentlichen Wirtschaft gegeben.

Das Wesen der öffentlichen Wirtschaft ist in der zentralen Organisationsstellung dieser in der Volkswirtschaft bestimmt. Da die öffentliche Wirtschaft demgemäß die Organisationswirtschaft in der Volkswirtschaft ist, ist damit auch die Mitte für die Probleme in der Lehre von der öffentlichen Wirtschaft festgehalten. Das *Zentralproblem* in der Lehre von der öffentlichen Wirtschaft ist *das volkswirtschaftliche Organisationsproblem,* soweit es für das Gebilde der öffentlichen Wirtschaft gestellt ist. *Alle einzelnen Probleme* in der Lehre von der öffentlichen Wirtschaft sind daher *volkswirtschaftliche Organisationsprobleme.*

Der Charakter aller Probleme in der Lehre von der öffentlichen Wirtschaft ist durch ihre Organisationshaftigkeit und Integralität auf ihre artmäßige Einheitlichkeit gebracht.

Durch diese Problembestimmung ist auch schon die logische Rangstufung für alle Probleme in der Lehre von der öffentlichen Wirtschaft gegeben. Das Zentralproblem ist das vom Wesen der öffentlichen Wirtschaft. Alle weiteren Probleme sind in ihrer systemgerechten Sonderstellung durch den Rang im Gebilde der öffentlichen Wirtschaft bestimmt. Das Budget ist in der öffentlichen Wirtschaft der Knotenpunkt für alle Institutionen und Vorgänge, daher sind die zugehörigen Probleme die dem Grundproblem nächstgelegenen. Um sie reihen sich in der nächsten Stufe die Probleme für die Ausgaben und Einnahmen. Diesen sind in der letzten Stufe die Probleme der einzelnen Ausgabeströme und der einzelnen Einnahmearten nachgeordnet.

c) *Die integrale Methode der Lehre von der öffentlichen Wirtschaft*

Die öffentliche Wirtschaft steht als besonderes Organ im Gefüge der Volkswirtschaft und hat deshalb Organcharakter. Da sie noch dazu als Organisationswirtschaft in der Volkswirtschaft tätig ist, hat sie organisatorische Leistungen zu vollbringen, denen zufolge sie die Struktur und Bewegungsvorgänge der Volkswirtschaft zu ordnen hat. Da die öffentliche Wirtschaft ferner in sich selbst ein gefügemäßiges Gebilde ist, hat sie auch in sich organhaften Charakter. Soll dies Organische und Gefügehafte ihres Wesens durch die Lehre von der öffentlichen Wirtschaft erfaßt werden, so muß sich diese einer Methode bedienen, die gerade das Gefügehafte zu erfassen vermag.

Da ferner die Probleme in der Lehre von der öffentlichen Wirtschaft auch wieder Gebilde- und Organisationsprobleme sind, bedürfen sie zu ihrer Aufbereitung einer Methode, die diese Besonderheit der Probleme zu erklären imstande ist.

Wenn in einem Gefüge Organe einander zugeordnet werden sollen, so muß zuvor erkannt werden, wie sich die Organe im Gebilde zueinander fügen und wie sie sich in ihren Leistungen gegenseitig verhalten oder kurz, wie die Struktur des Gebildes ist. Die Fragen, die sich aus dem Problemkomplex der Struktur ergeben, sind *Integrationsprobleme* oder *Probleme aus dem Verhältnis des Ganzen zu seinen Teilen.* Das artgemäße Aufbereitungsverfahren dieser Probleme gibt *die integrale Methode.*

Die integrale Methode läßt das zu untersuchende Wirtschaftsgebilde der öffentlichen Wirtschaft in seinem Wesen durch die Funktion, die es in der Volkswirtschaft zu leisten hat, bestimmt sein. Der Aufbau des Wirtschaftsgebildes wird durch die integrale Methode so analysiert, daß die Institutionen der öffentlichen Wirtschaft nach ihrem funktionalen und organischen Gefügezusammenhang erklärt werden. Dadurch treten qualitative Seins- und Funktionszusammenhänge hervor. Diese Qualitäten zeigen sowohl das funktionelle Eingefügtsein als auch die funktionelle Strukturordnung der öffentlichen Wirtschaft selbst. Dadurch weist die integrale Methode die funktionelle Strukturordnung der Institutionen in der öffentlichen Wirtschaft als aufeinander bezogene und einander entsprechende Organe aus.

Der funktionellen Gefügeordnung der Institutionen in der öffentlichen Wirtschaft entspricht die größenmäßige Abhängigkeit der einzelnen Institutionen im Gebilde der öffentlichen Wirtschaft. *Die integrale Methode erkennt aus der qualitativen und funktionellen Gefügeordnung der Institutionen auch ihre quantitative Größenordnung im Wirtschaftsgebilde der öffentlichen Wirtschaft.*

Wenn die integrale Methode in der Lehre von der öffentlichen Wirtschaft die Kenntnis vom volkswirtschaftlichen Wesen der öffentlichen Wirtschaft und die funktionelle und quantitative Entsprechungsordnung ihrer Institutionen zu zeigen vermag, dann kann sie die bisherigen Ansätze einer volkswirtschaftlichen Theorie der einzelnen öffentlich-wirtschaftlichen Institutionen zu einer Einheit zusammenführen. *Die integrale Methode der Lehre von der öffentlichen Wirtschaft vermag die volkswirtschaftliche Theorie der öffentlichen Wirtschaft zu geben.*

II. Der ökonomische Leviathan oder die wirtschaftliche Übermacht des Staates[1]

1. Die gegenwärtige Wirtschaftsordnung

In der *freien Marktwirtschaft* gilt der Grundsatz: *die Freiheit ist der Garant der Sicherheit.*

Jeder Wirtschafter kann sich soviel Einkommen erwirtschaften, daß er damit durch die eigene Vermögenssicherung das erstrebte Ausmaß an Sicherheit selbst erreichen kann. Er muß sich nur dem wirtschaftlichen Gesetz von Angebot und Nachfrage entsprechend verhalten. Sind die Marktpreise seiner Erzeugnisse höher als die Erzeugungskosten, dann kommt der Gewinn einer Anweisung auf Mehrerzeugung gleich. Sinken die Marktpreise aber unter die Erzeugungskosten, dann ist der Verlust einem Befehl gleich, von der eingeschlagenen Erzeugung abzulassen. Das richtige Marktverhalten garantiert das Einkommen und dieses die wirtschaftliche und soziale Sicherheit.

Da aber in der freien Marktwirtschaft nicht alle die gleichen Startbedingungen haben, bleiben die Startgeschwächten in der Einkommenserstellung und daher auch in der wirtschaftlichen und sozialen Sicherung zurück. Sie beginnen sich daher in Genossenschaften und Gewerkschaften und später auch in politischen Verbänden zu organisieren, um ihre Marktschwächen durch Selbsthilfemaßnahmen einerseits und durch Subventionsbegehren an den Staat anderseits zu überwinden.

Zu den Unternehmern treten die Wirtschaftsorganisationen als marktordnende und einkommensichernde Institutionen hinzu.

Nunmehr wird auch der Staat immer mehr und immer stärker zur Intervention im volkswirtschaftlichen Erzeugungs- und Verteilungsgeschehen verhalten. So muß er seine Verwaltungstätigkeit auf die Wirtschafts- und Sozialpolitik ausdehnen und intensivieren. Der Staat muß im Wege der progressiven Besteuerung die marktwirtschaftlich verteilten Einkommen korrigierend noch einmal verteilen.

Zu den Unternehmern und den Wirtschaftsorganisationen tritt der Staat als dritter Ordnungspol, der dem Sicherungsstreben aller Genüge leisten soll.

---

[1] Der ökonomische Leviathan oder die wirtschaftliche Übermacht, in: Zeitschrift für die ges. Staatswissenschaft, Bd. 121, 1965.

In der gegenwärtigen, *sozialgebundenen Wirtschaftsordnung* gilt der Grundsatz: die *Sicherheit ist der Garant der Freiheit.*

Die Träger des Sicherungssystems sind die *Unternehmer*, weil sie durch ihre und ihrer Mitarbeiter Leistung das stets wachsende Sozialprodukt hervorbringen, das allein die wirtschaftliche Grundlage der sozialen Sicherung für alle gibt.

Die Träger des Sicherungssystems sind ferner die *Wirtschaftsorganisationen*, weil sie die notwendigen Erzeugungs- und Markthilfen leisten, aber auch, weil sie die oft gegenläufigen Interessen der Wirtschaftsgruppen ausgleichen.

Der oberste und umfassende Ordnungsträger der gegenwärtigen Wirtschaftsordnung ist der *Staat* mit seinem Ausgleichs- und Sicherungsauftrag.

Diese drei Ordnungspole können die von allen erstrebte wirtschaftliche Sicherung und soziale Sicherheit nur leisten, wenn die Spannung von Freiheit und Bindung und die Spannung der drei Ordnungspole im richtigen Verhältnis stehen. Trotz der erforderlichen Bindung muß nämlich noch soviel Freiheit belassen bleiben, daß die Unternehmer ihre dynamische Fortschrittsaufgabe erfüllen können. Die drei Ordnungsträger müssen gegenseitig so in Spannung bleiben, daß keiner ausbrechen und die anderen zwei unterjochen kann, indem er sie einer ordnenden Übergewalt unterstellt.

Diese *gegenwärtige Wirtschaftsordnung* ist daher für alle Wirtschafter *immer eine Aufgabe.*

Trotz aller Warnungssignale und Vorkehrungen drängt aber der Staat zur organisatorischen Übermacht:

a) durch das Gesetz der wachsenden Staatsaufgaben, wodurch der Staat zum *totalen Verwaltungsstaat* wird,
b) durch das Gesetz der wachsenden Staatsausgaben, wodurch der Staat zur *allgewaltigen Budgetmacht* wird,
c) durch das Gesetz der zunehmenden Staatseinnahmen, wodurch der Staat zur *distributiven Nivellierung* drängt und die *Kaufkraftverdünnung des Geldes* verursacht,
d) durch die Verstaatlichung von Unternehmungen, wodurch der Staat die *zentrale Übermacht* in der Volkswirtschaft an sich zieht[1].

2. Das Gesetz der wachsenden Staatsaufgaben: der Weg zum totalen Verwaltungsstaat

In der Zeit des politischen und wirtschaftlichen Liberalismus waren die Staatsaufgaben auf das Minimum beschränkt. Die Staatstätigkeit

[1] Im folgenden wird nur auf die Zustände in Österreich verwiesen. Diese Zustände können aber symptomatisch auch für andere Staaten gelten.

war so begrenzt, daß für die Verwaltung und die Gerichtsbarkeit bloß die Tätigkeit für Ruhe, Ordnung und Recht bestehen blieb. Die Ruhe garantierte die Polizei, die äußere Ordnung sicherte die Außenpolitik und die Landesverteidigung. Die innere Ordnung schufen die Gerichte und Verwaltungsbehörden in ihrem Bereich und auf ihre Weise. Dazu kam noch die staatliche Sorge für die innere Ordnung der Menschen in der Tätigkeit für Erziehung und Unterricht, subsidiär ergänzt durch die Sorge für die Wissenschaft.

Dieser liberale Staat mit den eng limitierten Staatszwecken gehört der Vergangenheit an.

In der Gegenwart wird dem Staat aus dem Streben der Menschen nach wirtschaftlicher und sozialer Sicherheit eine immer größere Aufgabe und daher ein stets wachsendes Ordnungshandeln für die Wirtschaft und die Gesellschaft aufgedrängt. Wie sehr sich diese zunehmende Staatsintervention entwickelt, ist rein äußerlich am Zahlenstand der Beamten in Österreich für einst und heute zu sehen. Im Jahre 1913 hatte Österreich für den gegenwärtigen Gebietsumfang 32 200 Beamte. Im Jahre 1928 waren es 44 300, im Jahre 1937 waren es schon 49 500. Gegenwärtig, im Jahre 1962, sind es 304 014. Innerhalb der fünfzig Jahre von 1913 bis 1962 *vergrößerte sich der Beamtenstand auf das Neunfache.*

Die Zunahme der Staatsaufgaben und der Staatstätigkeit wurde durch eine Reihe von Ursachen erwirkt, wie etwa durch die Bevölkerungsvermehrung, die Gesellschafts- und Wohnverdichtung, durch das allgemein geltende Sicherungsstreben und schließlich durch das Parcinsonsche Gesetz: Verwaltung erzeugt Verwaltung.

Die *Bevölkerung nimmt* allmählich, aber *ständig zu.* Dies wirkt sich auf alle Lebensbereiche und für alle Gesellschaftsbezirke aus, so daß auch die staatliche Tätigkeit zunimmt. Die Zunahme erstreckt sich auf alle Verwaltungssektionen, und zwar sowohl auf die Ordnungsaufgaben als auch auf alle Unterrichts- und Erziehungsanstalten. Da durch die Bevölkerungszunahme die normalen wirtschaftlichen und sozialen Verwaltungsverpflichtungen des Staates von den Gemeinden über die Bezirke und Länder bis zum Bund ansteigen, bedarf der Staat zur Bewältigung seiner Mehraufgaben sowohl eines größeren Beamtenstandes als auch eines größeren Sachaufwandes. Die Bevölkerungsvermehrung bringt dem Staat eine *additiv steigende Zunahme der staatlichen Aufgaben.*

Durch die *Gesellschafts- und Wohnverdichtung* leben die Menschen näher nebeneinander. Diese Verdichtung der Gesellschaftsgruppen und Schichten ergibt unweigerlich größere Reibungsflächen in den Gemeinschaften. Die verdichtete Gesellschaftsintegration bedarf deshalb auch einer intensiveren Ordnung, damit die auftretenden Reibungserscheinungen soweit als möglich vermindert, wenn nicht gar hintangehalten werden. Dies bringt zunächst den Gemeinden und dann auch dem Staat eine neue Aufgabenfülle für alle Verwaltungssektionen. Die Gesellschafts- und Wohnverdichtung der modernen Gesellschaftsentwicklung steigert die *Zunahme der Verwaltungsagenden multiplikativ*.

Da der Staat zum dritten Ordnungspol in der gegenwärtigen Wirtschaftsordnung geworden ist, hat er in der *Wirtschaftspolitik* die Aufgabe der Konjunktur- und Struktursteuerung übernommen.

Durch die *Konjunkturpolitik* übernimmt der Staat die Verpflichtung, den *optimalen Vollbeschäftigungsstand* zu halten. Wenn dieser durch rezessive Konjunkturbewegung absinkt, muß er ihn durch die öffentliche Investitionspolitik wiederzuerlangen suchen. Dies bedeutet den Einsatz der antizyklischen Budgetpolitik und der entsprechenden Kreditpolitik.

Durch die *Strukturpolitik* muß der Staat die Produktion und die Zirkulation in allen Sparten und in allen zeitlichen Phasen so lenken und ordnen, daß die Struktur der Volkswirtschaft ihrer potentiellen Ausgeglichenheit entspricht, um die Erzeugung des Sozialproduktes in optimaler Größe zu gewährleisten.

Die *Sozialpolitik* drängt den Staat in quantitativer Richtung auf eine Verteilungslenkung derart, daß die Einkommensströme der volkswirtschaftlich richtigen und sozial gerechten Verteilung entsprechen. Die qualitative Sozialpolitik veranlaßt den Staat, Maßnahmen zu treffen, damit die jeweils gesellschaftlich erschütterten Gruppen wieder einen Halt bekommen und die gesellschaftlich geworfenen Schichten wieder in den Stand versetzt werden, der ihnen kraft ihrer sozialen Funktion und wirtschaftlichen Leistung zukommt.

All diese Aufgaben des Staates stellen neue Ansprüche an die Leistungen der staatlichen Verwaltungsorgane, wie sie bislang nicht denkbar, geschweige denn durchführbar waren. Die Durchführung dieser neuen wirtschafts- und sozialpolitischen Ordnungsverpflichtungen des Staates dehnt den Verwaltungsapparat so aus, daß er ein Vielfaches von früher darstellt (1913:1962 = 32 200:304 014). Die neuen Aufgaben des Staates aus dem Sicherungsstreben aller Gruppen bringen eine *potenzierte Zunahme der Verwaltungstätigkeit des Staates*.

Das Ansteigen der Verwaltungstätigkeit, verursacht von allen Seiten der ordnenden, aushelfenden und auch fördernden Aufgaben des Allestuers Staat, bringt einen so großen und in vielem nicht mehr überschaubaren Verwaltungsapparat, daß dieser durch die persönlichen Beziehungen der Amts- und Behördendirigenten nicht mehr geleitet werden kann. An die Stelle der initiativen Tätigkeit und an die Stelle der verantwortungsbewußten Verpflichtungen tritt das Schema der Gesetzesordnung und das System der Verwaltungsorganisation. Dieser sich stets additiv, multiplikativ, ja selbst potenziert vermehrende Aufgabenkreis und Vollzugsapparat erzeugt von sich aus wieder eine Verwaltung, durch die „die Verwaltung verwaltet“ wird. An die Stelle des Behördenleiters tritt die schematisierte Kontrollabteilung. Die Verwaltung erzeugt aus sich immer neue Verwaltung. *Diese „selbsttätige“ Zunahme der Verwaltung läßt die Staatsaufgaben und die Staatstätigkeit ohne Grenzen wachsen.*

Dadurch ist das Gesetz der wachsenden Staatsaufgaben in das letzte Vollendungsstadium getreten: die Verwaltungsaufgaben wachsen, der Verwaltungsapparat erweitert sich, die größere Verwaltung macht die Verwaltung der Verwaltung notwendig.

Die Wirkung des Gesetzes der wachsenden Staatsaufgaben verursacht eine stets größere Ordnungsnotwendigkeit und eine immer intensivere Verwaltungstätigkeit. Die zunehmende Staatstätigkeit erzeugt eine stärkere Befürsorgung und dichtere Betreuung der Staatsbürger, was in Kombination beider eine immer ärgere Bevormundung für die einzelnen erwirkt, aber anders ausgedrückt: eine *größere Sicherheit für jeden bringt.* Die allgemeine, alle und alles umfassende Betreuungs- und Fürsorgetätigkeit des Staates führt alle Bürger immer mehr in die „Munt des Staates“. Die Staatsbürger werden vom Staat und seiner Verwaltung immer mehr umgarnt und umfaßt, so daß sie *in der Munt des Staates aufgehen.* Immer mehr Lebensbereiche werden vom Staat geordnet und gelenkt. Jeder einzelne Bereich wird immer genauer und daher intensiver von der Verwaltung bevormundet, so daß die Verwaltung universal, alles umfassend und dazu noch intensiver wird. Die Zunahme der Staatsaufgaben und die dadurch verursachte Zunahme der Staatstätigkeit *läßt das Staatsvolk in der totalen Verwaltungsmacht des Staates untergehen.*

Der Staat ist zum Verwaltungsungeheuer oder zum totalen Verwaltungsleviathan geworden. Der Staatsbürger wird zum Objekt der Verwaltungsorgane und so zum Verwaltungs-„Material“.

Es ist nun verständlich, daß man das Verwaltungsungeheuer des modernen Staates rechtlich zu *binden* und so zu *bändigen* versucht. Daher unternimmt man es, gemäß der Lehre des Rechtspositivismus die gesamte Verwaltungstätigkeit in ein juristisches Normensystem einzufangen. Hierfür müsen immer mehr Gesetze geschaffen werden, um die tausendundein Fälle in ein System einzufügen. Da dies nie vollends gelingen kann, müssen die Gesetze durch Verordnungen ergänzt werden, die ein weiteres Tausend der Fälle in das Normengestrüpp einbeziehen. *Gesetze und Verordnungen müssen für die Verwaltungstätigkeit des Staates alles normieren, so daß nichts mehr offenbleibt und kein freies Ermessen gilt.*

Zudem muß auch noch der Vollzug der Verwaltungstätigkeit gebändigt und daher rechtlich gebunden werden. Dies leisten die Verfahrensvorschriften und Prozeßbestimmungen der Verfahrensgesetze.

Durch diese Bindung der Verwaltungstätigkeit an das gesetzte Recht, das keineswegs immer der Gerechtigkeit zu entsprechen braucht, wird das *Verwaltungsungeheuer des modernen Staates* soweit als möglich *domestiziert* und so *für die Staatsbürger noch einigermaßen* ertragbar gemacht.

Dieser Domestifikationsprozeß bringt aber *für die Verwaltungsorgane eine totale Sterilität,* weil sie, in das gesetzliche und verordnungsmäßige Normensystem verstrickt, keine eigene Initiative des Regierens entfalten brauchen und können und daher auch der eigenen Verantwortung entbunden sind. Diese totale Bindung der Verwaltung an die gesetzlich vorgesehenen Fälle läßt die zuständigen Organe *nur noch verwalten, aber nicht mehr regieren.* Damit sind aber auch die Träger der Verwaltungsorgane von der eigenen Initiative und in Fortsetzung hierzu von der eigenen Verantwortung befreit. *Die Verwaltungsorgane und Organträger sind durch die juristische Domestifikation der Verwaltung steril geworden.*

Da die Verwaltung die Tendenz zur Totalität aufweist, verlieren die „Verwalteten" oder, wie man früher noch sagen konnte: die Staatsbürger auch ihre Eigenverantwortung und Initiative. Sie brauchen ja nur noch darauf zu warten, bis „ihr Fall" in das Schema des Normensystems paßt. Ist dies durch die Vervollkommnung des Gesetzessystems geschehen, läuft das Anliegen des einzelnen von selber den Weg zum gewünschten Erfolg. Der einzelne merkt, daß seine Initiative und seine Eigenverantwortung „überflüssig" und gegen das Normengestrüpp auch kaum durchsetzbar sind. *Daher verzichtet der Staatsbürger auch auf jede Eigenverantwortung. Der „Staatsbürger" wird der Verwaltung hörig.*

Wenn im wirtschaftlichen Bereich das Rohstofflenkungsgesetz, das Ein- und Ausfuhrgesetz, das Energiebewirtschaftungsgesetz, das Lebensmittelsicherungsgesetz mit all den anderen wirtschafts- und sozialpolitischen Gesetzen und Verordnungen wirksam sind und durchgeführt werden, dann ist die *totale Verwaltungswirtschaft* von Seiten des Staates tatsächlich schon gegeben.

Die wirtschaftliche Tätigkeit wird von der staatlichen Verwaltung „aufgesogen" und bedarf daher der Initiative der einzelnen gar nicht mehr. *Für die private Wirtschaft bleibt nur noch eines übrig: das wirtschaftliche Risiko.* Dieses dürfen die Unternehmer noch tragen, wenn ihre Betriebe weder quantitativ noch funktionell eine Schlüsselstellung haben. Bei Unternehmungen mit volkswirtschaftlichem Schlüsselcharakter wird unter Umständen selbst das Risiko den Unternehmern abgenommen, weil etwaige Verluste sozialisiert, das heißt der Allgemeinheit der Steuerzahler und Steuerträger überlastet werden.

Der allmächtige, allgegenwärtige und überall tätige Verwaltungsstaat ist am Werk, die Volkswirtschaft in all ihren Sparten und Vorgängen zu „expropriieren" und zu verstaatlichen.

Das Gesetz von den wachsenden Staatsaufgaben läßt den allgewaltigen Verwaltungsstaat *die gesamte Volkswirtschaft* auch in ihren privaten Teilen früher oder später vollends verschlingen und zum *Verwaltungs-„Rohstoff"* werden. *So wird die Volkswirtschaft zu einer von einem anonymen Apparat verwalteten Wirtschaft, sie wird zur staatlichen — wenn auch nicht immer zur planmäßig gelenkten — Verwaltungswirtschaft.*

3. Das Gesetz der wachsenden Staatsausgaben: der Weg zum allgewaltigen Budgetstaat

Die Zunahme der Staatsaufgaben verursacht eine Vergrößerung des Personalbedarfes und des Sachaufwandes. Die Vergrößerung des Personalbedarfes macht einen stets größeren Verwaltungsapparat und als Folge davon einen erweiterten Personalstand notwendig. In gleicher Weise steigt auch der Sachaufwand des Staates an, weil mehr wirtschaftliche Güter aller Art, von den vergrößerten Verwaltungsgebäuden bis zu zahlreichen Büromaschinen und bis zum nach Tonnen verrechneten Aktenpapier, erforderlich sind. All dieser Zuwachs im Personalstand und Sachaufwand findet *in den wachsenden Geldausgaben des Staates seinen Niederschlag.* Dieser erscheint im Staatsbudget oder, rechtlich gesprochen, im Finanzgesetz auf der Ausgabenseite. *Das Gesetz der wachsenden Staatsaufgaben zeigt sich im Budget als Gesetz der wachsenden Staatsausgaben.*

Die wachsenden Staatsausgaben zeigten sich in beiden Phasen der Republik Österreich deutlich.

In der *ersten Republik* stiegen in den Jahren von 1923 bis 1933 die Ausgaben um 101 vH und die Einnahmen um 143 vH. Daraus ergibt sich für jedes einzelne Budgetjahr eine Zunahme der Ausgaben um je 10 vH und eine Zunahme der Einnahmen um je 14 vH. In der ersten Dekade der ersten Republik verdoppelten sich die Ausgaben und die Einnahmen stiegen sogar auf das Zweieinhalbfache. Da es in dieser Zeit keine Geldentwertung, sondern durch die Wirtschaftskrise bedingt eher eine Geldaufwertung gab, *stiegen die Staatsausgaben realiter auf das Zwei- bis Zweieinhalbfache an.*

In der *zweiten Republik* nahmen in der Zeit von 1946—1963 die Ausgaben um 2150 vH (in Worten: zweitausendeinhundertfünfzig) zu, die Einnahmen wuchsen um 2100 vH. Daraus ergab sich rechenhaft eine jährliche Zunahme der Ausgaben um 126 vH und eine Zunahme der

Einnahmen um 123 vH. In der über eineinhalbfachen Dekade *haben sich die Staatsausgaben auf mehr als das Zwanzigfache erhöht.*

Allerdings muß erwähnt werden, daß im gleichen Zeitraum eine beachtliche Geldentwertung eintrat, so daß die Steigerung der Ausgaben des Staates auf das Zwanzigfache wegen der Geldentwertung korrigiert werden muß. Geschieht dies, dann ist eine *Ausweitung der Staatsausgaben auf mindestens das Sieben- und Achtfache* feststellbar. Damit ist aber der reale Wert der Staatsausgaben und ihrer Zunahme fixiert.

In absoluten Zahlen erweiterte sich der Ausgabenrahmen des Staatsbudgets vom Jahre 1946 mit 2,5 Milliarden Schilling auf 63 Milliarden Schilling im Jahre 1965.

Was sich hier in der Zunahme der Ausgaben für den Staat zeigt, geht in gleicher Weise bei den anderen Gebietskörperschaften, den Gemeinden und Ländern, und bei den intermediären Finanzgewalten, den öffentlichen Fonds, den Kammern und den Sozialversicherungsträgern vor sich. *All diese Institutionen bilden mit dem Staat zusammen die öffentliche Wirtschaft.* Für diese öffentliche Wirtschaft zeigt die folgende Tabelle für das Wirtschaftsjahr 1964 die Größen der Bruttoausgaben und Bruttoeinnahmen in Milliarden Schilling und die Prozentanteile an den gesamten Ausgaben und Einnahmen der öffentlichen Wirtschaft aus den Erläuterungen zum Entwurf des Bundesfinanzgesetzes 1965 (T. 1, S. 7 f.).

Finanzgewalten	Einnahmen	in %	Ausgaben	in %
Bund	61,5	49,9	61,5	50,4
Länder	9,8	7,9	9,8	8,0
Gemeinden	12,5	10,1	12,0	9,8
Wien	8,0	6,5	8,0	6,6
Gemeindeverbände	1,0	0,8	0,9	0,7
Öffentliche Fonds	5,0	4,1	4,6	3,8
Kammern	2,4	1,9	2,2	1,8
Sozialversicherungsträger	23,0	18,8	23,0	18,9
Öffentliche Wirtschaft	123,2	100,0	122,0	100,0

Sozialprodukt zu Marktpreisen: 219,1 Milliarden S
Volkseinkommen: 167,1 Milliarden S

Die Einnahmen der öffentlichen Wirtschaft für die hier angeführten Institutionen sind Entnahmen aus dem Einkommen der Wirtschafter. Um die volkswirtschaftliche Bedeutung dieser „Entnahmen“ zu erkennen, muß das Verhältnis dieser zum Volkseinkommen hergestellt werden. Dem Volkseinkommen in der Größe von 167,1 Milliarden Schilling steht die Entnahmegröße der öffentlichen Wirtschaft mit 123,2 Milliarden Schilling gegenüber. *Vom gesamten Volkseinkommen zieht die öffentliche Wirtschaft einen Anteil von 73,7 vH an sich.* Die Österreicher müssen von ihrem Einkommen 73,3 vH an die öffentliche Wirtschaft abgeben.

Die Einnahmen der öffentlichen Wirtschaft mit den angeführten Institutionen in der Höhe von 123,2 Milliarden Schilling werden wieder in der Höhe von 122 Milliarden Schilling ausgegeben. Diese Ausgaben treten in der Volkswirtschaft als Nachfrage hervor und ziehen daher einen entsprechenden Anteil vom Sozialprodukt an sich. Vom Sozialprodukt, gerechnet in Marktpreisen, in der Höhe von 219,1 Milliarden Schilling zieht die öffentliche Wirtschaft Dienstleistungen und Waren im Werte von 122 Milliarden Schilling an sich. Durch die Lohnzahlungen für Dienstleistungen verwandelt sich die Nachfrage wieder in eine solche nach Waren, so daß *vom Bruttosozialprodukt ein Anteil von 56,2 vH von der öffentlichen Wirtschaft in Anspruch genommen wird.* Von allem, was die Österreicher an Waren und Dienstleistungen im Jahre 1964 erzeugten, gingen 56,2 vH in die öffentliche Wirtschaft.

Vom Volkseinkommen werden 73,7 vH und vom Sozialprodukt werden 56,2 vH durch die öffentliche Wirtschaft in Anspruch genommen. Diese hohen Prozentanteile zeigen die *wirtschaftliche und finanzielle Umklammerung der Staatsbürger* durch den Staat und die öffentliche Wirtschaft. Diese „Robotleistung" und diese „Zehent"-Abgabe zeigt den *Hörigkeitszustand des Staatsbürgers* oder die *wirtschaftliche und finanzielle Muntgewalt des Staates.* Der Mensch von heute ist ein verstaatlichter Mensch.

Das Gesetz der wachsenden Staatsausgaben ist dadurch wohl hinlänglich unter Beweis gestellt.

Die volkswirtschaftlichen Wirkungen dieser staatlichen Geldausgaben und ihrer Zunahme muß in quantitativer und qualitativer Hinsicht beachtet werden.

Die *qualitativen Wirkungen* zeigen sich, wenn man den Banknotenumlauf mit 24 Milliarden Schilling im Jahre 1964 mit den Staatsausgaben mit 60 Milliarden Schilling in Verbindung setzt. Rein zahlenmäßig bedeutet dieses Verhältnis, daß die gesamten in der Volkswirtschaft verfügbaren Banknoten *zweieinhalbmal in die Staatskassen* einfließen müssen, um von dort in der angegebenen Menge wieder ausströmen zu können. Diese Ausgabenmenge hat eine nicht übersehbare Ausströmungsfließe, die sich aus der Strömungsmenge mal der Wucht aus dem Ausströmungsgefälle ergibt.

Die Geldausgaben des Staates bringen eine Nachfrage nach Dienstleistungen und nach Waren aller Art.

Die *Nachfrage nach Dienstleistungen* verwandelt sich über die ausgezahlten Gehälter und Löhne zum größten Teil in eine *Nachfrage nach Konsumgütern* und zum geringsten Teil in Sparfonds. Durch die volkswirtschaftliche Transformation der Lohnsummen für die Staatsbediensteten in die Nachfrage nach Konsumgütern kurz- und langlebiger Art ergibt sich in der Volkswirtschaft eine *Nachfrageumschichtung,* weil die den Besteuerten entzogenen Gelder nunmehr beinahe nur die Richtung auf die Konsumgüternachfrage einnehmen. Diese Umschichtung in der Nachfrage bewirkt in gleicher Weise auch eine ebensolche *Umgruppierung in der Erzeugungsstruktur.* Soll nämlich der vergrößerten Konsum-Nachfrage entsprochen werden, dann muß sich die Erzeugung auf diese Nachfrage umstellen und so viele Konsumgüter herstellen, daß der Nachfrage genüge getan wird. Wie sehr diese Nachfragekraft nach Konsumgütern volkswirtschaftlich von Bedeutung ist, zeigt die Konstanz der Konsumgüter-Nachfrage in den Zeiten der rezessiven Konjunkturphase.

Die Nachfrage- und Erzeugungsumschichtung gibt den Unternehmern jeweils neue Daten für ihre Erzeugungsplanung vor. Die Unternehmer müssen sich in ihrer Erzeugung auf die Nachfragestruktur umstellen und einstellen. *Die wachsenden Staatsausgaben für Gehälter und Löhne zwingen den Unternehmern jeweils neue Plandaten für ihre Erzeugung auf, wodurch sie in ihrer Erzeugung in den Troß der Staatsausgaben gestellt werden.*

Verstärkt wird diese Nachfragekraft der Staatsausgaben noch durch die *staatliche Nachfrage nach Sachgütern.* Da diese Nachfrage in eine andere Richtung wirkt, kommt bei der Betrachtung das qualitative Moment zum Vorschein.

Die *qualitativen Wirkungen* der Staatsausgaben erhalten für die Volkswirtschaft durch die wirtschaftspolitisch erzielten Effekte eine besondere Bedeutung, soweit sie Subventionen und Investitionen gewidmet sind.

Die *Staatsausgaben für Subventionen* verfolgen den Zweck der Strukturverbesserung der Volkswirtschaft in der Art, daß geschwächten Erzeugergruppen oder schwachen Käuferschichten Gelder zugewiesen werden. Die Formen dieser Zuweisungen können mannigfach sein, sie ändern aber nicht die volkswirtschaftliche Wirkung der Subventionen. Die subventionierten Unternehmungen und Käuferschichten erhalten eine neue Nachfragekraft durch das vom Staat zugewiesene Geld, das sie in der Regel *in der Richtung auf Investitionsgüter wieder ausgeben.* Die subventionierten Betriebe können auf Grund der vom Staat zugeleiteten Subventionsbeträge erneut und im vergrößerten Ausmaß Investitionsgüter und Produktionsmittel nachfragen. Wenn etwa 4 bis 5 Milliarden Schilling an Subventionen vom Staat ausgegeben werden, dann treten diese Milliarden in der Volkswirtschaft als Nachfrage nach Produktionsgütern auf. Die den Subventionen gewidmeten Steuergelder nehmen verstärkt die Richtung der Nachfrage nach Produktionsgütern, während sie ohne diese staatliche Transformation über die Steuer vielleicht wohl die Richtung nach Konsumgütern verfolgt hätten. *Die Subventionsausgaben des Staates verändern ihrerseits wieder die volkswirt-*

schaftliche Nachfragestruktur, wodurch den Unternehmern der Produktionsgütererzeugung wieder neue Plandaten für ihre Erzeugungsvorhaben „aufgedrängt" werden.

Die *Staatsausgaben für öffentliche Investitionen* haben zunächst die wirtschaftspolitische Aufgabe, das Ausschwanken der Amplituden der Konjunkturwellen so einzudämmen, daß ein volkswirtschaftlich optimaler Vollbeschäftigungsstand und Kapitalnutzungsgrad erreicht wird oder gesichert bleibt.

Wenn sich die Konjunkturentwicklung einen *rezessiven Zustand* einzunehmen anschickt, sinkt der Beschäftigungsgrad und mit ihm die Kapazitätsnutzung der Erzeugungsanlagen. Der negative Multiplikator wirkt sich hierbei so aus, daß es zu krisenähnlichen Erscheinungen und Vorgängen kommt. Dies bedeutet für die Einkommen jeglicher Art eine Schrumpfung und für alle Wirtschafter einen Sicherungsverlust. Um einen solchen unerwünschten Zustand hintanzuhalten oder wieder zu beheben, muß *der Staat als Quasi-Konjunkturpolizei* mit seiner Investitionspolitik einsetzen.

Die Geldausgaben für diese konjunkturpolitisch bedingten Investitionen setzen als verstärkte und als eine Zeitlang nachhaltig wirksame *Nachfrage nach Investitions- und Produktionsgütern* ein. Aus diesem Investitionseinsatz ergeben sich höhere Lohnsummen für die zusätzlich beschäftigten Arbeiter und höhere Einnahmen für die nunmehr wieder zusätzlich beschäftigten Unternehmungen. Aus diesen Mehreinnahmen ergeben sich über mehrere Wellen die multiplikativen Effekte für das Beschäftigungsvolumen und die Kapitalnutzungsgrade. Aus der Staatskonjunktur geht wieder die Marktkonjunktur hervor.

Die Investitionsausgaben des Staates verursachen auf diese Weise eine volle Umstrukturierung, und zwar in einem solchen Ausmaß, daß der Volkswirtschaft wieder ein neuer Konjunkturanstieg gewährleistet wird. *Die konjunkturpolitisch bedingten und verstärkten Investitionsausgaben des Staates verursachen eine volle Umschichtung der volkswirtschaftlichen Nachfrage und auf diese Art einen neuen Konjunkturanstieg.*

Wenn die Konjunktur überhitzt zu werden droht, steigen alle Nachfragegrößen unter Umständen so, daß der Nachfrage durch das aus der Erzeugung strömende Angebot nicht mehr entsprochen werden kann. Dann setzen alle volkswirtschaftlich nicht erwünschten Wirkungen der überspannten Konjunktur, wie Arbeitermangel, sinkende Arbeitsmoral, Preiserhöhungen mit Kalkulationsstörungen ein.

Wieder wird die staatliche Konjunkturpolizei gerufen. Der Staat muß seine für Investitionen gewidmeten oder zu widmenden Ausgaben zurückstecken, wenn er dies gegen die Ausgabenbegehrlichkeit des Parlamentes durchzusetzen vermag. Die durch die verkürzten Investitionsausgaben des Staates volkswirtschaftlich geminderte Nachfrage kann in Verbindung mit einer entsprechenden Kreditpolitik der Notenbank die übersteigerte Konjunktur soweit bändigen, daß das optimale Beschäftigungsvolumen einigermaßen garantiert erscheint. *Die konjunkturpolitisch bedingt verminderten Investitionsausgaben des Staates können eine solche Umschichtung der Nachfrage erzielen, daß die Konjunktur in einer optimalen Höhenlage verharrt.*

Mit der öffentlichen Investitionspolitik steuert der Staat durch seine Ausgaben die volkswirtschaftliche Nachfrage so, daß er je nach den Erfordernissen die Konjunktur anregt oder abdämmt. *Der Staat wird durch seine Konjunkturpolitik der stärkste Lenker der Nachfrage.*

So „erzeugt" er immer neue Nachfrage in der Volkswirtschaft, auf die sich die Unternehmer um- und einstellen müssen. Über diese Umstellungen erfolgen ununterbrochen auch Erzeugungsumstellungen. *Der Staat wird durch seine Ausgabenpolitik der Hauptdirigent der volkswirtschaftlichen Erzeugungsvorgänge.*

Wie bedeutend diese volkswirtschaftliche Direktion des Staates ist, kann unschwer aus dem Größenverhältnis des Sozialproduktes und der Staatsausgaben erkannt werden. Dem österreichischen Sozialprodukt des Jahres 1963 mit rund 200 Milliarden Schilling stehen Ausgaben des Staates von 60 Milliarden Schilling gegenüber. Diese Staatsausgaben treten in der Volkswirtschaft als Nachfrage mit einem Drittel dem Sozialprodukt gegenüber. Wo gibt es auch nur eine ähnliche Nachfragegewalt in einer Hand?

Die Staatsausgaben von heute nehmen in der allgemein üblichen Größe die Unternehmer zwischen die Preßbalken der vom Staat verursachten und unmittelbar oder mittelbar getätigten Nachfrage nach Konsumgütern und Investitionsgütern. *Der Staat wird durch seine Geldausgaben zum Gewalthaber am Markt der Volkswirtschaft.*

Der Finanzminister ist zufolge seiner Ausgabenmacht und Nachfragegewalt wirklich nicht mehr neutral. Er hat vielmehr das Stromschloß und die Zwieselstücke der größten und bedeutendsten Geldausströme und damit auch die entsprechenden Nachfrageströme in seiner Gewalt. Der Finanzminister ist der oberste und gewaltigste Lenker der volkswirtschaftlichen Nachfrage und Erzeugung. *Der Finanzminister ist auf Grund des Gesetzes der wachsenden Staatsausgaben der allgewaltige „Direktor" der Volkswirtschaft.*

4. Das Gesetz der zunehmenden Staatseinnahmen: der Weg zur distributiven Nivellierung und Kaufkraftverdünnung

Das Gesetz der wachsenden Staatsausgaben zieht naturnotwendig das Gesetz der wachsenden Staatseinnahmen nach sich, weil der Staat nur das ausgeben kann, was er über die Einnahmen verfügbar hat. Zu mehr Einnahmen kommt der Staat, wenn er die Staatsbürger einem stärkeren Steuerdruck aussetzt und wenn er am volkswirtschaftlichen Kapitalmarkt um größere Anleihen wirbt, ja, wenn er selbst die Kreditschöpfung für sich in Anspruch nimmt.

Der *stärkere Steuerdruck* kommt darin zum Ausdruck, daß der Staat beinahe alljährlich neue Steuern, gewiß aber höhere Steuersätze festlegt oder geringere Steuerbegünstigungen gewährt, auf alle Fälle aber die Einbringung der fälligen Steuerschulden rasanter gestaltet. Dadurch *vermindert der Staat,* wie es schon *Ricardo* feststellte, die *Konsumkraft* der Wirtschafter und die *Kapitalbildung* der Unternehmer und Sparer.

Die durch die Steuerlast verkleinerte Konsumkraft zwingt die Betroffenen zu einer verminderten Nachfrage. Diese führte zunächst zu einer Umschichtung der Nachfrage und dann wieder zu einer Umgruppierung der Erzeugung. Die Nachfrageeinschränkung verursacht nicht nur eine Verkleinerung des Erzeugungsumfanges in den Konsumgütern, sondern auch eine Veränderung in der Erzeugungsrichtung. Dadurch, daß nämlich die Kaufkraft für Konsumgüter abnimmt, werden gemäß des Engel-Schwabschen Gesetzes die Besteuerten verhalten, ihre nach der Besteuerung belassene Kaufkraft und Nachfragefähigkeit den lebensnotwendigen Gütern zuzuordnen. Die Nachfrage nach Waren, die „das Leben schön machen", wird durch die Besteuerung am stärksten vermindert, wenn nicht gar verhindert. *Die Steuer verändert die Menge, aber auch die Richtung der Nachfrage, wodurch unweigerlich auch die Erzeugung in der Volkswirtschaft eine Umschichtung erfährt.*

Der steuernehmende Staat setzt negativ das fort, was er als geldausgebender Staat positiv verursacht: *er verändert über die Struktur der Nachfrage die Struktur der Erzeugung in der Volkswirtschaft.*

Die *geschwächte Kapitalbildung* als Folge der Besteuerung *verringert die Investitionskraft* der Unternehmungen, wodurch es zu einer immer schwächeren Ausrüstung der Investitionsanlagen kommt. Bleibt aber die Kapitalerneuerung und Kapitalneubildung zurück, dann vermindert sich absolut, sicher aber relativ die Produktivkraft für die Zukunft. Da diese Folgen nicht alle Wirtschaftszweige gleich treffen, kommt es zu einer nicht nur gleichmäßigen Schrumpfung aller Erzeugungsanlagen, sondern noch dazu zu einer unterschiedlichen Kapitalausrüstung in den verschiedenen Erzeugungszweigen. Dadurch aber ergeben sich wieder weitere Strukturverzerrungen in der Volkswirtschaft. *Die durch die Steuer erzwungene Schwäche in der Kapitalausrüstung vermindert das Wachstum der Erzeugungsgruppen und verursacht strukturelle Verzerrungen mit den entsprechenden Krisenerscheinungen.*

Der Finanzminister bewirkt als allgewaltiger Steuernehmer eine vielfältige Veränderung und Umschichtung der volkswirtschaftlichen Nachfrage. Er vermindert und verändert die Kapitalbildung und mit ihr die Erzeugungsgrundlagen für die volkswirtschaftliche Entwicklung in der Zukunft. Der Finanzminister tätigt die allseits wirkende Steuersaugpumpe mit beinahe unzähligen Saugrohren. Die steuerlichen Saugköpfe sind so zahlreich, daß sie bei jedem Wirtschaftsakt geldnehmend mit dabei sind. Jeder einzelne Wirtschaftsakt wird durch die Steuer beeinflußt. So ist die Steuer wirklich nicht mehr neutral. Die *Steuer* wird zum *universalen und totalen Steuerungsinstrument* in der Hand des Finanzministers. *Durch die Steuer als Steuerungsmittel der Volkswirtschaft wird der Finanzminister zum allgegenwärtigen Dirigenten der Volkswirtschaft.*

Da die Steuer immer und überall gestaltend eingesetzt wird, wird sie zum *Instrument der Strukturlenkung,* indem sie die wirtschaftlich Schwächeren oder die politisch Stärkeren mehr schont und die wirtschaftlich Stärkeren und politisch Schwächeren steuerlich weniger schont. Die Steuer wird zum *Instrument der Konjunkturlenkung,* wenn sie in der Hochkonjunktur mehr Steuergeld entnimmt, um die Unternehmer in der Investitionsneigung zu drosseln, und wenn sie in der Rezession weniger Steuergeld entnimmt, um die Investitionsneigung zu stärken.

Da wegen des Steuerüberdruckes die Freisetzung von der Steuerlast durch die *Abschreibemöglichkeiten von größerer Bedeutung* als etwa die Erbringung eines höheren Einkommens ist, konzentriert sich die Politik der Besteuerten auf die Steuerfreisetzung durch die in den Steuergesetzen erlaubten oder durch die Steuerberatung in den Gesetzeslücken gefundenen Steuererleichterungen. Dadurch wird das dirigistische Steuerinstrumentarium um viele Möglichkeiten der Einflußnahme ergänzt. Schier unzählig scheint so die Lenkung der Volkswirtschaft durch die Steuer zu sein. *Die Steuer ist das allgegenwärtige und unentrinnbare Steuerungsmittel der Volkswirtschaft geworden.*

Mit der Steuer ist der Finanzminister der allgewaltige Lenker der Volkswirtschaft. Alle Besteuerten, die Steuerzahler und die Steuerträger, hängen am steuerlichen Leitriemen des Finanzministers.

Die Einkommensteuer ist in allen Arten *progressiv.* Sie nimmt mit zunehmender Besteuerungssumme die Steuer mit progressiv wachsenden Sätzen. Die progressive Steuerentnahme kommt einer teilweisen *Einkommenskonfiskation gleich.* Die konfiskatorische Wirkung wird seit *Adolph Wagner* mit dem sozialpolitischen Zweck der Einkommens-Ausgleichung verbunden. Diese sozialpolitisch bedingte Re-distribution ist eine Wieder- oder Neuverteilung der Einkommen. Die marktwirtschaftliche und sozial- und wirtschaftspolitische, durch Großverbände zugerichtete Einkommensverteilung wird durch die progressive Einkommensteuer korrigiert, so daß die volkswirtschaftliche Einkommensverteilung erst nach der Einkommensbesteuerung zur Ruhe kommt. *Die korrektive*

Steuerwirkung der Einkommensteuer bringt eine Ausgleichung der Einkommensquanten und eine Einebnung und Nivellierung der Einkommen für alle Besteuerten.

Diese Art der Besteuerung scheint zwar die mit schwächeren Einkommen zu entlasten und die mit höherem Einkommen zu belasten, verhindert aber unter allen Umständen, daß leistungsfähige und leistungswillige Wirtschafter „reicher" werden. Da nach manchem Anlauf die meisten Wirtschafter dies auch wissen, verzichten sie auf das „Reichwerden" und, was noch schädlicher ist, sie verzichten auch auf ihren besonderen Leistungseinsatz.

Die konfiskatorische Einkommensteuer strahlt auch auf die Gesellschaftsstruktur aus, indem sie eine *in den Einkommen ausgeglichene Massengesellschaft* hervorbringt. In dieser gibt es zwar verminderte soziale Spannungen, soweit diese den Einkommensspannungen entspringen, in dieser gibt es aber auch keinen wesentlichen wirtschaftlichen Aufstieg und daher kaum eine aus eigener Initiative erlangte Sicherung des Einkommens. *Die Einkommensteuer erzwingt durch die aggressive Nivellierungskraft die Massengesellschaft der wirtschaftlich „Gleichen".*

Soweit die wachsende Volkswirtschaft mit dem größeren Sozialprodukt, dem erhöhten Nationaleinkommen und dem daraus abgeschöpften Steueraufkommen den wachsenden Staatsausgaben nicht entsprechen kann, muß der ausgabensüchtige Staat die Differenz von Ausgaben und Einnahmen durch den *öffentlichen Kredit* überbrücken. Diesen nimmt der Staat in der Form der Anleihe und der Kreditschöpfung.

Den *Anleihekredit* nimmt der Staat in der Regel für die Finanzierung größerer Investitionsvorhaben in Anspruch, soweit die Steuereingänge hierfür nicht ausreichend sind. Er tritt dadurch kreditwerbend auf dem Kapitalmarkt auf. Da er jeweils um einen Großkredit nachsucht, der noch dazu von der staatlichen Garantie begleitet ist und gesetzlich fundiert wird, sind die Banken eher geneigt, dieser Kreditwerbung zu entsprechen, als den vielen Kreditansprüchen der kleinen Wirtschafter. Die schwächeren Kreditwerber werden auf diese Art vom Kreditmarkt verdrängt und schließlich abgedrängt. *Der Kapitalmarkt wird so immer mehr das monopoloide Nachfragefeld des Staates.*

Dies ist umso eher gegeben, wenn die Banken, zumal die Großbanken, unter der Munt des Staates stehen, weil der Staat ihr Eigentümer ist.

Die privaten Wirtschafter können für ihre Krediterfordernisse immer weniger den Kapitalmarkt in Anspruch nehmen. Sie können daher auch in ihren Investitionsnotwendigkeiten nicht mehr ihre erforderliche Befriedigung finden und bleiben daher auch in der Erzeugungspotenz zurück.

Der Staat wird als kreditsuchende Macht der Herr am Kapitalmarkt.

Der *Kreditschöpfung* bedient sich der Staat zunächst bei Liquiditätsklemmen der Staatskassen und dann nicht selten auch für langfristige Überbrückungen durch den Schatzwechsel und die Schatzanweisungen. Die Kreditschöpfung ist soweit möglich, soweit mit dem geschöpften Kreditgeld beinahe gleichzeitig ein Güterzuwachs erzeugt wird. Wird aber die Grenze der Kreditschöpfung überschritten, dann begleitet die Kreditinflation die Geldschöpfung.

Da der Staat die Kreditschöpfung meist nicht aus dem Erzeugungsgeschehen, sondern aus der Liquiditätsklemme tätigt, wirkt sich seine Kreditschöpfung eher inflatorisch aus als die der Privatwirtschaften. Da ferner der Staat einen „unmittelbaren" Zugriff auf „seine Banken" und unter Umständen auch auf die Notenbank hat, wenn diese ihre Eigenständigkeit nicht zu wahren vermag, *kann die Kreditschöpfung von seiten des Staates eher eine Kreditinflation auslösen.* Die Inflation verursacht, von wem und wie immer sie ausgelöst wird, eine *Minderung der Kaufkraft des Geldes.*

Durch inflatorische Geldaufblähung werden aber die in Geld bestehenden Vermögen und die Einkommen in dem Ausmaß verringert und teilweise sogar vernichtet, in dem die geschöpfte zusätzliche Geldmenge nicht von einem Mehr in der Gütererzeugung begleitet wird.

Neben der allseitigen Umklammerung durch den Staat im Wege der Verwaltungstätigkeit, der Staatsausgaben und der Staatseinnahmen *hat der Staat durch die Kreditschöpfung ein Instrument in der Hand, das als Zugriff an die Kraft der Wirtschafter einem totalen Würgegriff gleichkommt.*

Der Staat kann, wenn er will, die in Geld bestehenden Vermögen durch die von ihm eingeleitete Geldverdünnung jederzeit vernichten. Auf diese Weise hat der Staat immer die Möglichkeit, *die privaten Wirtschaften aufzulösen und zu vernichten.* Damit ist aber dem Staat durch das Gesetz der wachsenden Staatseinnahmen die letzte und *unausweichliche Gewalt* gegeben: die *privaten Unternehmer vor die wirtschaftliche Existenzlosigkeit zu stellen.*

5. Der Staat als Unternehmer: der Weg zur wirtschaftlichen Übermacht des Staates

Der Staat hat im Verlauf der Geschichte je nach den volkswirtschaftlichen Notwendigkeiten einmal mehr und ein andermal weniger oder gar keine Unternehmungen geführt. Die Notwendigkeiten ergaben sich hierfür aus etwaigen Lücken in der Struktur der Volkswirtschaft. Diese sind jeweils dann gegeben, wenn in manchen Sparten Unternehmungen zu wenig rentabel oder zu risikoreich sind. Gegebenenfalls ist für manche

Unternehmungen zuviel Kapital erforderlich, das die privaten Unternehmer nicht aufbringen können oder wollen. Wenn solche *Unternehmenslücken* in der Volkswirtschaft zutage treten, dann ist es *die Aufgabe des Staates, ergänzend und aushelfend einzuspringen,* indem er die fehlenden Unternehmungen selbst gründet und führt.

Die Notwendigkeit der Ergänzung kann *funktionell* gegeben sein, wenn eine Leistungsgruppe fehlt oder ausfällt. Sie kann aber auch *regional* sein, wenn ein ganzes Gebiet aufgeschlossen werden muß, um aus einer Lage der Zurückgebliebenheit herausgeführt zu werden. Es kann aber auch sein, daß der Staat Unternehmungen gründen und führen muß, um der Volkswirtschaft *dynamisch* fortschreitend die erforderlichen Impulse für die Weiterentwicklung zu geben.

Nach dem Ableben des wirtschaftspolitischen Liberalismus haben in der Zeit des Interventionismus zunächst die Gemeinden allenthalben *Versorgungsunternehmungen* gründen müssen. Dann mußte der Staat manche *Schlüsselunternehmungen,* wie etwa die Eisenbahnen, an sich ziehen. In jüngster Zeit waren es verschiedene Gründe, die den Staat dazu verhielten, Unternehmungen aus der privaten Sphäre an sich zu ziehen und daher zu verstaatlichen. Einmal wurde aus krisenverhindernden Gründen die Übernahme der Schulden einer Bank und dann die der Bank selbst mit nachfolgender Schuldensozialisierung unabwendbar. Dann drängten wieder aus den Kriegsfolgen beschlagnahmte Unternehmungen zur Übernahme durch den Staat. Schließlich waren es sozialistische Ideologien, die zur Verstaatlichung von Unternehmungen, vor allem solchen mit produktionstechnischer Schlüsselstellung, den Grund gaben.

Als Ergebnis all dieser Umstände und politischen Bestrebungen kam folgendes zum Vorschein. Heute sind in der Republik Österreich folgende Unternehmungen und Betriebe mit dem angegebenen Grundkapital *in unmittelbarer Gewalt der öffentlichen Hand:*

verstaatlichte Unternehmungen	38	16,7 Milliarden
Kapitalbeteiligung	257	7,3 Milliarden
Verwaltungsbetriebe	256	nicht ausgewiesen
Monopolunternehmungen	10	10,6 Milliarden
Bundesunternehmungen	561	34,6 Milliarden
Länder	200	5,0 Milliarden
Gemeinden	871	10,0 Milliarden
Öffentl. Unternehmungen	1632	49,6 Milliarden

Nimmt man die als Verwaltungsbetriebe vom Bund geführten Unternehmungen mit ihrem Vermögen von rund 6 Milliarden Schilling dazu, dann erhöht sich das gesamte Vermögen in der öffentlichen Hand auf rund 55 Milliarden Schilling Nominalkapital.

Korrigiert man dieses Unternehmungsvermögen durch das in den Unternehmungen tatsächlich wirksame Kapital, dann kann man vorsichtigerweise das Zwei- und Dreifache annehmen. *Das öffentliche Unternehmungskapital beläuft sich daher in Österreich zwischen 100 und 150 Milliarden Schilling.* Anders ausgedrückt kann festgestellt werden: *67 vH aller Aktien in Österreich sind in der Hand des Staates.*

Von allen in der Volkswirtschaft in einem Jahr getätigten Investitionen entfallen 50 vH oder die Hälfte auf die öffentliche Hand. Die in der verstaatlichten Industrie Beschäftigten (1960: 130 877) erreichen 28 vH der in der Industrie Tätigen, sie bringen 24 vH der industriellen Wertschöpfung oder 28 vH des Industrieexportes hervor.

Die absolute Wirtschaftsmacht des Staates wird noch deutlicher sichtbar, wenn das staatliche Wirtschaftskombinat aufgegliedert wird. Der staatliche Großkomplex hat folgenden Anteil in den einzelnen Sparten:

100 %	Blei, Zink, Stickstoffdünger
99 %	Eisen, Erze, Erdöl
97 %	Stahl, Walzware
95 %	Braunkohle, Erdgas.

Diese geballte Wirtschaftsmacht hat auf die Volkswirtschaft einen vielseitigen Einfluß, und zwar über die Grundstoffindustrie, die Kreditvergebung und die Investitionszuteilung.

Da die *wichtigsten Grundstoffe* in den staatlichen Unternehmungen hergestellt werden, liegt der *technische Ausgangspunkt* vieler Erzeugungszweige und Erzeugungsstufen *in der Hand des Staates.* Er bestimmt daher die Rohstofflieferungen und die Rohstoff-„Zuteilungen" wie auch die Lieferbedingungen und schließlich die Preise. Dadurch hat der Staat die technische Schlüsselproduktion großer Teile der österreichischen Industrie in seiner Gewalt und kann daher das industrielle Geschehen weitestgehend beeinflussen und bestimmen. *Der Staat ist mit der Herrschaft über die industriellen Rohstoffe der Gewalthaber des größten Teiles der Industrie.*

Da die Großbanken mit nur einer Ausnahme (Arbeiterbank, jetzt: Bank für Arbeit und Wirtschaft) im Eigentum des Staates stehen, wird von ihm — wenn auch indirekt — entschieden, wer wieviel Kredite erhält, wodurch auch entschieden wird, wer weiter erzeugen und mit Kreditmitteln investieren kann. Da selbst die Notenbank mit 50 vH ihrer Aktien Eigentum des Staates ist, wird auch die gesamte Währungs- und Kreditpolitik vom Staat soweit beeinflußt, soweit die Bankleitung sich dem unmittelbaren Regierungseinflusse nicht entziehen kann. Dies ist besonders deshalb gegeben, weil die Notenbankleitung nach dem Notenbankgesetz verhalten ist, „die Wirtschaftspolitik der Regierung mitzumachen" (§ 4). *Der Staat ist mit seiner Gewalt über die Banken der Machthaber über Geld und Kredit.*

Über die *Vergebung der Investitionsaufträge* kann der Staat wiederum auf einen Teil der Volkswirtschaft Einfluß nehmen, denn durch die Auftragsvergebung *entscheidet er über den Beschäftigungsgrad der Auftragnehmer.* Daß hierbei mit den wirtschaftlichen auch politische Einflußnahmen möglich sind und manchmal auch tatsächlich getätigt werden, versteht sich. Indem der Staat die Hälfte der Investitionen in der Volkswirtschaft tätigt, wird er zum *allgewaltigen Auftragsverteiler,* unter dessen Schutz und Schirm sich nicht wenige *durch die wirtschaftliche Quasi-Autotradition begeben.*

Wenn der Staat durch seine Unternehmungen mit den privaten Unternehmungen am Markt in Wettbewerb tritt, dann stehen beide *nie auf gleicher Ebene,* obwohl die meisten der staatlichen Unternehmungen auch im äußeren Rechtskleide handelsrechtlicher Firmen erscheinen. Der *Grund* für den Unterschied öffentlicher und privater Unternehmungen liegt immer *in der tatsächlichen wirtschaftlichen Übermacht der öffentlichen Unternehmungen,* denn sie sind in ihren wirtschaftlichen Handlungen stets wirtschafts- und sozialpolitisch und daher politisch „infiziert". Dies ist verständlich, weil die Staatsunternehmungen immer auch *Sonderaufgaben* in der Volkswirtschaft zu erfüllen haben. Diese Sonderaufgaben und *Sonderverpflichtungen* heben die öffentlichen Unternehmungen über den Rang der privaten Unternehmungen hinaus. Die öffentlichen Unternehmungen sind gemäß ihrer besonderen Organisationskraft der Volkswirtschaft näher verbunden als die privaten Unternehmen und müssen es zufolge dieser besonderen Verbundenheit mit dem obersten Ordner der Volkswirtschaft, mit dem Staat, auch sein. *Es gibt daher auch keine „privatwirtschaftlichen" Unternehmungen des Staates.*

Mit den öffentlichen Unternehmungen bedrängt der Staat die Volkswirtschaft in all ihren Teilen und Sektionen, weil er die Volkswirtschaft *von innen her,* von der Produktion, der Zirkulation und der Distribution *durchdringt und sie dadurch auch verpolitisiert.*

Dies ist soweit *richtig,* soweit der Staat durch seine Unternehmungen gemeinwirtschaftliche Aufgaben erfüllt und erfüllen muß, indem er die Volkswirtschaft dort aushelfend und fortschreitend ergänzt, wo die privaten Unternehmer nicht tätig werden wollen oder können. *Soweit der Staat die Volkswirtschaft aus seiner organisatorischen Gesamtverpflichtung heraus durch seine Unternehmungen dirigieren muß, soweit hat er auch das Recht, Unternehmungen zu führen.*

Unrichtig ist die Durchdringung der Volkswirtschaft von seiten der staatlichen Unternehmungen, wenn die *Gefahr besteht,* daß der Staat durch die politische Durchdringung *die Volkswirtschaft zu seiner Dependance macht.*

Gefährlich ist die staatliche Wirtschaftskonzentration in den öffentlichen Unternehmungen auch dann, wenn der Staat *unter dem wirtschaftlichen Titel der Umwegsrentabilität für seine Unternehmungen vom wirtschaftlichen Prinzip* und der echten Kosten-Preiskalkulation *abgeht,* denn dadurch werden die Unternehmungen zumeist defizitär und *verlieren den Unternehmungscharakter,* sie werden *„politische Fürsorgeanstalten"*. Durch beide Gefahren verliert *die Volkswirtschaft* ihre Eigenständigkeit und wird mehr oder minder *eine staatliche Verwaltungsanstalt.*

Diese Gefahren erkennen die Politiker, sofern sie nicht Anhänger der staatlich-zentralen Verwaltungswirtschaft sind. Diese Gefahren erkennen vor allem die Wirtschafter, die sich vielfach ihrer eigentlichen Aufgaben beraubt sehen. Daher drängen auch beide dahin, die *staatliche Wirtschaftsmacht zu binden und durch die Bindung zu bändigen.*

Nur die Verwaltungsjuristen mit ihren positivistischen Theorien kennen diese Gefahren nicht, weil sie durch ihre Feststellung, die staatlichen Unternehmungen folgten dem zivilen Recht und seien daher auch nur private Unternehmungen in der Hand des Staates, die Gefahr gar nicht erkennen können. Nichts ist unrichtiger als dies, denn obwohl sie die äußere Form aus dem Handelsrecht annehmen, sind sie doch keine privaten Unternehmungen. Dies müßten selbst die Juristen erkennen, wenn sie sich vor Augen hielten, daß in der Generalversammlung einer staatlichen Aktiengesellschaft der verwaltungsmäßig *zustehende Organträger,* ohne Eigentümer zu sein und daher als *„besitzender Nichteigentümer"* — die „Befugnisse eines Eigentümers" in der *„Ein-Mann-Generalversammlung"* unter dem „Umstand" des Aufsichtsrates *ausübt.* Bei solchen Gelegenheiten wird das private Handelsrecht wegen des Fehlens eines entsprechenden öffentlichen Wirtschaftsverwaltungsrechtes bis zur Unkenntlichkeit entartet. Die juristische Feststellung: öffentliche Unternehmungen gehören in das private Wirtschaftsrecht des Staates, ist nicht nur irrig, *sie verschließt geradezu die Kenntnis von der Gefahr der wirtschaftlichen Übermacht des Staates.*

Auf diese Weise bleiben die staatlichen Unternehmungen rechtlich ungebunden und daher ungebändigt. Der Staat kann sich in seiner wirtschaftlichen Übermacht gegen die Volkswirtschaft und die Staatsbürger ohne jede Hemmung auswirken.

Der Staat ist mit seiner wirtschaftlichen Übermacht der öffentlichen Unternehmungen zum ökonomischen Leviathan geworden.

Selbst wenn die Grundrechte die Staatsbürger vor der Gewalt des totalen Verwaltungsstaates schützen, vermögen sie doch nicht die Staatsbürger als Wirtschafter vor dem Unternehmungsstaat zu schützen. *Die Staatsbürger sind und bleiben der ökonomischen Übermacht des Staates unterworfen und sind daher Untertanen und Organisationsmaterial des Unternehmerstaates.*

6. Der Ausweg aus der totalen Staatsumklammerung als Aufgabe

Das Gesetz der wachsenden Staatsaufgaben mit der Tendenz zum totalen Verwaltungsstaat, das Gesetz der wachsenden Staatsausgaben mit dem vorgegebenen Weg zum allgewaltigen Budgetstaat, das Gesetz der zunehmenden Staatseinnahmen mit der Gefahr der distributiven Nivellierung und der Kaufkraftverdünnung und der Staat als Unternehmer mit seiner wirtschaftlichen Übermacht drängen zu einem Ausweg, sollen all diese staatlichen Gewalten den Menschen nicht so entpersönlichen, daß der Mensch nur noch Funktionsteil eines unüberschaubaren Apparates bleibt. Der Aufschrei des Menschen, *Mensch bleiben zu wollen, drängt zu einem Ausweg.* Dies ist heute die *Aufgabe für alle!*

All die angeführten Gesetze sind nicht solche der Naturwissenschaften mit Naturkraft, sondern stellen bloß Entwicklungstendenzen dar. Daher fehlt ihnen die Unausweichlichkeit und Unabwendbarkeit. Deshalb ist es auch möglich, die in der Entwicklungstendenz liegenden Gefahren zu bannen. Hierfür gibt es *zwei Möglichkeiten.*

Man könnte sich nach den *Zuständen der freien Marktwirtschaft zurücksehnen* und sie mit dem Schlagwort aus der liberalen Mottenkiste des Jahres 1848 auch wieder zu verwirklichen suchen. Da aber Restaurationen nie gelingen, weil es in der Geschichte kein Zurück gibt, kann auch die gegenwärtige Wirtschaftsordnung *nie mehr auf einen Zustand der freien Marktwirtschaft zurückgedrängt* werden.

Die *totale Umklammerung durch den Verwaltungsstaat* muß so gebändigt werden, daß die Verwaltungstätigkeit rechtlich richtig gebunden wird. Dies heißt, die Verwaltungstätigkeit darf nicht, wie es gegenwärtig durch den Rechtspositivismus geschieht, kasuistisch für alle noch erdenklichen Fälle eingezwängt werden. Sie muß vielmehr in Grundsätzen verankert werden, die das richtige Verhältnis von Freiheit und Bindung und von Freiheit und Sicherheit garantieren. Denn nur die gebundene Freiheit ist die garantierte Freiheit. *Das Naturrecht oder das in der Menschennatur begründete Recht kann der Verwaltung absolute Grenzen setzen, damit die Freiheit und mit ihr die freie Initiative und die Eigenverantwortung der Menschen noch gesichert bleiben.*

Die am Naturrecht des Menschen orientierte Verwaltungslehre und Verwaltungsrechtslehre kann dies, so ist zu hoffen, in der Zukunft leisten.

Die jetzt *allgegenwärtige Ausgabengewalt und Steuermacht* muß dem Staat durch einen *Prozeß der Dezentralisierung* zum Teil wieder abgenommen werden. Die den Staat zur Ausgabensucht drängenden Verbände müssen ihre Verantwortung und ihren eigenen Ordnungsbereich selbst wieder regeln. Sie müssen ihre ordnenden Angelegenheiten wieder selbst lösen, dann haben sie ihre eigene Kompetenz, dann können sie die Ausgabenverpflichtungen nicht mehr nur an den Staat abwälzen. Sie müssen *für ihre Ausgaben finanziell selbst aufkommen.* Die Vehemenz der Ausgabenforderungen wird auf diese Weise zum Teil schon im Keime erstickt. Ob dies als Selbstverwaltung oder als beliehene Verwaltung deklariert wird, ist nur für den Juristen von Bedeutung. *Je mehr die Verbände und Körperschaften ihre Angelegenheiten „in eigener Regie" ordnen müssen, desto kleiner wird der dem Staat zugeschobene Aufgabenbereich und desto geringer werden die Staatsausgaben und desto kleiner können die Staatseinahmen sein.*

Dann ist es für die Manager nicht mehr so interessant, die Verbände als Verbandslehen zu nutzen. Dann wird sich auch das Organisationsgesetz der Großorganisationen nicht mehr in voller Wucht auswirken, dem zufolge mit der Macht der Organisationen die Ohnmacht der Organisierten wächst.

Die *wirtschaftliche Macht des Unternehmungsstaates muß geteilt werden.* Was einst in weiser Vorausschau Montesquieu für den Staat forderte, nämlich die Teilung der Gewalt, muß jetzt für die ökonomische Gewalt des Staates gefordert und verwirklicht werden. *Die wirtschaftliche Übermacht des Staates muß durch ein eigenes öffentlich-rechtliches Wirtschaftsrecht gebunden und so domestiziert werden.*

In diesem Wirtschaftsrecht für staatliche Unternehmungen muß ein *normgebendes Organ für die Erstellung eines gemeinsamen Wirtschaftskonzeptes* geschaffen werden. Dieses wird aus den wirtschaftlichen Notwendigkeiten heraus Lenkungsmaßnahmen angeben, wonach die einzelnen Unternehmungen geführt werden müssen. Dieses normgebende Organ wird ohne Zweifel in *Parität der Interessengruppen* von diesen beschickt werden müssen, wie etwa der Generalrat der österreichischen Nationalbank.

Die *Vollziehung* wird weitestgehend *den einzelnen Unternehmungen belassen bleiben,* damit sie in voller Eigenverantwortung auf Grund des wirtschaftlichen Prinzipes und nicht als rentabilitätsfreie Anstalten geführt werden.

Als *Überwachungs- und Kontrollorgan* wird für die einzelnen Unternehmungen der jeweilige *Aufsichtsrat* und unabhängig davon eine zureichende Sektion des *Rechnungshofes* tätig sein. Der Aufsichtsrat wird die Kontrolle in unternehmerischer und der Rechnungshof in rein rechenhafter und wirtschaftlicher Hinsicht prüfen müssen. Über die Rechnungshofkontrolle kann und muß auch das *Parlament* an der Kontrolle der öffentlichen Unternehmungen in letzter Instanz teilnehmen.

Durch ein solch *eigenständiges Recht der staatlichen Unternehmungen* kann es möglich sein, die wirtschaftliche Übermacht des Staates so weit zu domestizieren und zu bändigen, daß die Staatsbürger als Wirtschafter nicht mehr nur die in Massen organisierten Untertanen sind, sondern wieder, wenn auch in Freiheit gebunden, volle Leistungsträger der Volkswirtschaft werden.

Es ist nun die *Aufgabe* der Politiker, der Unternehmer, der Verbandsmanager und schließlich aller, *das geeignete System für die Gewaltbindung der öffentlichen Unternehmungen zu suchen.*

C. Die Gesellschaftsentwicklung und die Wirtschaft

I. Vom Arbeiter zum Mitarbeiter[1]

1. Die personelle Betriebsgemeinschaft im Meisterbetrieb der Zunft

Im handwerklichen Meisterbetrieb der Zunft war die Arbeit wertbestimmt und die Arbeitsgemeinschaft von Meister, Gesellen und Lehrlingen personalbezogen, weil das Verhältnis der Sozialpartner zuerst eine Lebensgemeinschaft und erst dann eine Leistungs- und Erfolgsgemeinschaft war. Die wertbezogene Arbeit und das personelle Betriebsverhältnis entstand im mittelalterlichen Zunftbetrieb und dauerte, abgesehen von einzelnen Zwischenfristen, im wesentlichen bis zur Zeit der Gewerbefreiheit und bis zur Ordnung der freien Gesellschaft. Die ständische Ordnung gab der Gesellschaft eine Verfassung, in der die einzelnen Gruppen ihren sozialen Rang und ihr gesichertes Einkommen hatten.

a) Die wertgebundene Arbeit

Die Zunftordnung ließ der *freien Initiative* der Wirtschafter nur eine Richtung offen, die *Richtung in die Qualität* der Erzeugnisse. Dies hatte zur Folge, daß die erzeugten Waren und hervorgebrachten Dienstleistungen hoch qualifiziert sein und die Arbeiten in vorgegebenen Wertnormen vollzogen werden mußten. Dieses allgemein geltende Ziel der Erzeugung forderte von allen im Zunftbetrieb Wirkenden den *Einsatz aller persönlichen Leistungskräfte*. Dieser Einsatz zeigte sich in der Hingabe des handwerklichen Könnens und der technischen Kenntnisse an das Werkstück. Er zeigte sich auch in der Hergabe der vollen Verantwortung und damit im Einsatz aller charakterlichen und geistigen Kräfte in der Arbeitsleistung. *Die Arbeit war Persönlichkeitseinsatz und Persönlichkeitsentfaltung.*

Aus diesem vollen Einsatz in der Arbeit strömte den Leistenden eine innere Befriedigung aus dem gefertigten Werkstück entgegen. Dazu kam nicht selten die äußere Anerkennung als verläßlicher Mitarbeiter im Betrieb und als qualifizierter Zunftgenosse in der Berufsgemeinschaft.

---

[1] Sozialpolitik, in: Handbuch der österr. Wirtschaftspolitik, Wien 1961. Vom Arbeiter zum Mitarbeiter, in: Politische Welt, Jg. 1959. Die Qualitative Sozialpolitik, in: Festschrift für Karl Kummer, Wien 1965.

Die Arbeit erfolgte aus der wertbestimmten Persönlichkeit und gab dem Leistenden seine soziale Anerkennung zurück. *Die Arbeit war individuelle Persönlichkeitsentfaltung und soziale Persönlichkeitsbewährung.*

b) Die personelle Leistungsgemeinschaft

Im handwerklichen Meisterbetrieb lebten der Meister mit seiner Familie, den Gesellen und Lehrlingen so zusammen, daß sie als *dichte Gemeinschaft* alle Lebensvorgänge gemeinsam lebten. Diese *Lebensgemeinschaft* war Wohn- und Tischgemeinschaft, Treue- und Verpflichtungsgemeinschaft in einem. Die Wohngemeinschaft gab den einzelnen das familiäre Daheim. Der Meister, die Gesellen und die Lehrlinge lebten in ihrer *Hausgemeinschaft* aus überbrachter Tradition und wirkten aus dieser geformt in die Zukunft weiter. Keiner war ein Zeitloser und Namenloser. In der häuslichen Lebensgemeinschaft hatte jeder auch seine Schlafstätte und seinen Tischplatz. Jeder hatte in dieser Gemeinschaft seinen sozialen Rang im Hause, als Hausvater, als erster und als zweiter Geselle und die Lehrlinge in ebengleicher Folge. *Diese gesellschaftliche Einordnung gab einerseits das Bewußtsein der Geborgenheit und anderseits die Bestimmtheit der Verpflichtung und des gesellschaftlichen Ranges.*

Die *Tischgemeinschaft* war auch eine geistige Gemeinschaft, denn am Tisch wurden die allen gemeinsamen Kulturwerte erlebt und weitergebildet. Als *Kulturgemeinschaft* war die meisterliche Hausgemeinschaft auch *Erziehungsgemeinschaft.* Das zunftmäßig bestimmte Bildungsziel prägte das Haus und in ihm die Lehrlinge. Der wertbezogene Inhalt des Bildungszieles fing bei den allgemein anerkannten Werten der transzendent orientierten Religion an und setzte sich über die gültigen Werte des Schönen und Wahren fort bis zu den für den Lebensvollzug geprägten sittlichen Verhaltensweisen.

Die Hausgemeinschaft des Meisterbetriebes lebte aus persönlicher Verbundenheit. Diese begründete ein gegenseitiges *Treueverhältnis.* Alle standen ohne Vorbehalt zueinander und füreinander. Dieses Gemeinschaftsverhältnis war kein nur vertragliches, sondern ein personenrechtliches Verhältnis sui generis. Die Treuegemeinschaft war eine in sittlicher Verpflichtung verbundene Gemeinschaft. Daher wurde sie auch durch einen Eid begründet. In dieser Eigenschaft wurde sie zu einer so dichten Gemeinschaft, daß die in der Sitte gelegene Verpflichtung den ganzen Menschen umfaßte.

Diese Lebensgemeinschaft ermöglichte auch den Einsatz aller Leistungskräfte im Werk und sicherte für alle das standesgemäße Einkommen und Auskommen.

Die Gesellen und die Lehrlinge hatten in ihrer meisterlichen Betriebsgemeinschaft die Qualität: Mitarbeiter. Der Mitarbeiter war nicht nur ein lohnbeziehender Arbeiter, er war vielmehr einer, dem eine bestimmte Leistung in eigener Verantwortung zu vollbringen aufgetragen war. Die betriebliche Mitverantwortung gab jedem auf seinem Arbeitsplatz ein echtes Mitgestaltungs- und Mitspracherecht. Die *Mitarbeiter waren verantwortungsvolle Träger der Betriebsgemeinschaft.*

2. Die Versachlichung der Arbeit und die Zerreißung der Betriebsgemeinschaft

Durch die Unterstellung des Wirtschaftszweckes unter den Eigennutz wurde die Wirtschaft entmenschlicht und versachlicht. Der Versachlichungsprozeß wurde zum *Prinzip der Gewinnmaximierung* für die Betriebswirtschaft. Die Gewinnmaximierung drängte alle betriebswirtschaftlichen Vorgänge zur sachlichen Rechenhaftigkeit (Sombart). Das betriebswirtschaftliche Rechnen führte zur zahlenhaften Durchdringung des gesamten Betriebsgeschehens. Hiefür wurde das System der Buchhaltung, Buchführung und der Kalkulation vor dem Betriebsvollzug der Erzeugung und das System der Bilanzierung nach Erreichung des Markterlöses erstellt. *Das Betriebsgeschehen wurde reines Rechnen.*

Rechnen konnte man nur mit Quanten. Daher mußte die bislang persönlich verantwortungsbewußte *Arbeit als bloß sachlicher Produktionsfaktor* deklariert werden. Da das Leistungspotential und der Leistungseffekt nur im Rahmen zahlenmäßiger Quanten erfaßt werden konnte, konnte die *Arbeit nicht mehr als persönliche Leistung* erfaßt werden und der wesenhafte und eigentliche Inhalt der persönlich geleisteten Arbeit ging verloren. In weiterer Folge wurde die Arbeit nur im Ausmaß des quantitativen Einganges in das Produkt wirtschaftlich beachtbar, wodurch der wirtschaftliche Wert einer Ware bloß nach dem Gehalt von Arbeitsmengen bemessen werden konnte (Arbeitswertlehre).

Diese Quantifizierung und Entpersönlichung der Arbeit ließ den Leistungsträger der menschlichen Arbeit in seiner Eigenheit als Persönlichkeit soweit zurücktreten, daß er gar nicht mehr beachtet zu werden brauchte. *Die Arbeiter wurden im Betrieb nur noch zahlenhaft erfaßbares Leistungspotential.*

Der Produktionsfaktor Arbeit war der persönlichen Qualitätsmerkmale vollends entkleidet und nur als sachliche Leistungskraft in der betrieblichen Kosten- und Erfolgsrechnung einsetzbar. *Der Arbeiter ging als Mensch und Persönlichkeit in der wirtschaftlichen Rechnung des Betriebes unter.*

Die Arbeit entfernte sich daher auch von der persönlichen Hingabe des Leistenden an das Werk und an das Arbeitsstück. *Die Arbeit wurde zur Last und zum Arbeitsleid* (Arbeitsleidtheorie).

Da die Arbeit als sachlich bestimmter Produktionsfaktor und daher als gewinnmindernder Kostenfaktor gewertet wurde, war das Verhältnis von Unternehmer und Arbeiter ein bloß sachlich-rechenhaftes und daher unpersönliches. Einen persönlichen Bezug zwischen Unternehmer und Arbeiter gab es im Betrieb nicht mehr.

Da die *Arbeit zur Ware* und der *Lohn zum Preis* degradiert wurde, mußte das Verhältnis von den Unternehmern zu den Mitarbeitern ein Verhältnis von Marktparteien werden. Da für die *Unternehmer* der Preis für die Arbeit Kosten der Erzeugung waren, mußten sie bestrebt sein, *die Arbeit zu niederen Preisen zu kaufen.* Da die *Arbeiter* aus dem Markterlös ihrer Arbeit leben mußten, mußten diese wiederum bestrebt sein, *ihre Arbeit zu hohen Preisen zu verkaufen.* Durch die verschiedenen Interessen auf dem Arbeitsmarkt mußte das Verhältnis von Arbeit und Kapital ein gegensätzliches sein. *Unternehmer und Arbeiter standen sich als Marktparteien mit klassenbedingten Gegensätzen einander gegenüber.*

Die Betriebsordnung wurde durch das technische Arbeitsgerät der Maschine einer mechanisch-rhythmischen Taktgesetzlichkeit unterstellt. Die Betriebs- und Arbeitsordnung wurde ein Reglement der Handgrifffolgen im Dienste der maschinellen Erzeugungsweise. *Die Betriebsordnung wurde unpersönlich, seelenlos und daher unmenschlich.*

Das interessenentgegengesetzte Sozialverhältnis am Arbeitsmarkt setzte sich durch die Entpersönlichung der Arbeit und durch die Versachlichung der Verhältnisse im Betrieb fort. Der Betrieb wurde zur Zwangsinstitution und zur feindlichen Begegnung der Klassen. *Die persönliche Betriebsgemeinschaft von einst wurde zur Stätte des Klassenkampfes.*

Aus diesen wirtschaftlichen und sozialen Veränderungen ging die Verproletarisierung der industriellen Arbeiterschaft hervor.

3. Die Verproletarisierung der industriellen Arbeiterschaft

Die Verproletarisierung der Arbeiterschaft zeichnete man lange Zeit nur aus der bloß äußerlichen Erscheinungsweise der kapitalistischen Wirtschaftsordnung. In dieser war die verschiedene Kapitalverteilung das Auffälligste. Es gab Kapitalisten, die die Erzeugungs- und Erwerbsmittel als Kapital besaßen, und Arbeiter, die nur über ihre Arbeitskraft verfügten. Das Eigentum und das Nichteigentum an Kapital war demnach das Merkmal der Klassenteilung. In der kapitalistischen Gesellschaftsordnung galt der Besitz als konstituierendes Merkmal. Dies wirkte sich folgerichtig so aus, daß *das ökonomische Quantum von Vermögen und Einkommen das soziale Quale bestimmte.*

Diese Charakterisierung wurde von Marx und den Sozialisten, aber auch von manch bürgerlichem Sozialreformer für richtig gehalten. Daraus wurden in der Sozialpolitik die entsprechenden Folgerungen für die notwendige Sozialreform in der Neuverteilung des Kapitals gezogen. Heute kann man ohne Schwierigkeit erkennen, daß die Charakterisierung des Zustandes der Proletarität auf Grund des in Besitz befindlichen Kapitals unrichtig war und ist. Es gab nämlich vor der kapitalistischen Gesellschaftsordnung unselbständige Wirtschafter ohne Kapitaleigentum, etwa die Gesellen und die Lehrlinge im Zunftbetrieb, die keine Proletarier waren. Ebenso ist jetzt die größte Zahl der Arbeiter noch immer nicht im Besitz des Produktions- und Erwerbskapitals und doch sind die Arbeiter keine Proletarier.

Es muß daher der Status der Proletarität weiter und tiefer gefaßt werden. Die *Verproletarisierung* der Industriearbeiterschaft wird daher im folgenden als *komplexe Erscheinung* im *wirtschaftlichen, gesellschaftlichen und persönlichen Bereich* gefaßt. Nur diese umfassende Diagnose gibt die richtigen Ansätze für die Arten der Sozialpolitik in quantitativer und qualitativer Hinsicht.

a) Die wirtschaftliche Verproletarisierung durch die Ungesichertheit des Arbeitseinkommens

Der Zustrom aus den abgestifteten Bauern und die Zuwanderung aus den in Konkurs geratenen Handwerkern zur Industrie ergab ein Überangebot an Arbeit und eine stets zu geringe Nachfrage nach Arbeitskräften. Dieser Überdruck im Arbeitsangebot bewirkte gemäß „dem natürlichen Gesetz des Arbeitsmarktes“ sinkende Löhne. Auf dem Arbeitsmarkt ergab sich ein Marktübergewicht für die kapitalistischen Unternehmer und eine entsprechende Marktschwäche für die Arbeiter. Der oligopolen Arbeitsnachfrage stand eine Überzahl der Anbietenden gegenüber.

Dieses Mißverhältnis verstärkte sich regional noch dadurch, daß wegen der allenthalben bestehenden Unbeweglichkeit der Arbeiter nur ein Unternehmer in einem Industrieort oder Industriegebiet nach Arbeit nachfragte. Aus der oligopolen Marktstärke erwuchs die monopole oder wenigsten monopoloide *Markt-Macht der Unternehmer* und die *Markt-Ohnmacht der Arbeiter*. Diese Unterlegenheit in der Marktposition der Arbeiter ließ den Lohn noch weiter absinken.

Eine weitere Verschärfung dieses Zustandes kam ferner noch aus dem Nicht-Vorhandensein qualifizierter Sonderleistungen im maschinellen

Erzeugungsprozeß. Es bestand nämlich kaum eine Möglichkeit des innerbetrieblichen Aufstieges zur höheren Leistung und zur besseren Entlohnung.

All diese Komponenten drückten den Lohn ständig bis zum Existenzminimum herab. *Der Lohn war in seinem Ausmaß nur als Minimum des physischen Existenzelendes gegeben.*

Zu all dem kam noch, daß wegen des Überangebotes nicht alle Arbeiter ihre Ware Arbeit verkaufen konnten, so daß stets ein Teil außerhalb des Arbeitsverhältnisses zu stehen kam. Diese *„industrielle Reservearmee"* hatte nicht einmal das Existenzminimum. Für sie war der *Lohn* nicht nur *in seiner Größe,* sondern, was noch ärger wirkte, sogar *in seinem Bestande ungesichert.*

Da die Industriereviere verhältnismäßig rasch wuchsen, standen die Arbeiter als Nachfragende nach Waren einem oder nur wenigen „Lebensmittelhändlern" gegenüber, die ihre Marktchance in monopoloider oder wenigstens oligopoloider Marktposition nutzten, indem sie die Preise auf Grund der verstärkten Nachfrage ansteigen ließen. Die schon im Nominallohn geschwächten Arbeiter wurden durch die so verminderte Kaufkraft des Lohngeldes auch noch *in ihrem Reallohn verkürzt.*

All diese Gefährdungen für die Größe des nominalen und realen Lohnes und selbst für den Bestand des Lohnes brachten für die Industriearbeiter *ein stets ungesichertes Einkommen.* Dieses unsichere und vollends ungesicherte Einkommen verursachte ein ebensolch *ungesichertes Auskommen* für die Arbeiter und ihre Familien. Diese volle Einkommensungesichertheit erzeugte die ausweglose Lage der dauernden Existenzgefährdung. *Diese dauernde Ungesichertheit im Einkommen und Auskommen ist das eigentliche Merkmal der wirtschaftlichen Verproletarisierung der Industriearbeiterschaft von einst.*

b) Die gesellschaftliche Verproletarisierung durch die soziale Geworfenheit

Die aus dem Bauern- und dem Bürgerstand Abgetriebenen verloren ihre gesellschaftliche Standfläche und damit ihre soziale Geltung. Bislang waren sie sozial und kulturell gebunden und in ihrem Stande geborgen. Der gesellschaftliche Gruppenwert gab ihnen die soziale Legitimation für die gesellschaftliche Position und Existenz. Jeder hatte *durch die Standeszugehörigkeit die Legitimation für seinen sozialen Wert und Rang.*

Durch die notgedrungene Abwanderung verloren die Abgetriebenen ihre soziale Standeslegitimation. Sie wurden *gesellschaftlich „Geworfene", sozial „Ausgestoßene" und „Enterbte".*

Die gesellschaftliche Verproletarisierung zeigte sich in der sozialen Geworfenheit und in der Vermassung der einzelnen in der amorphen Masse der Verproletarisierten. *Die gesellschaftlich Verproletarisierten verloren ihre soziale Position und ihre soziale Geltung.*

Die gesellschaftliche Verproletarisierung trieb die Verproletarisierten in den Zustand des sozialen Nichts und der sozialen Geworfenheit. Die verproletarisierten Arbeiter hatten keine soziale Funktion in der Gesellschaft und waren daher gesellschaftlich ohne Wert. Die Arbeiter blieben als „Wertlose" außerhalb der geltenden Gesellschaftsordnung.

Die gesellschaftliche Geworfenheit, verbunden mit der sozialen Funktionslosigkeit und der sozialen Unwertigkeit, konstituierte das Merkmal der gesellschaftlichen Verproletarisierung.

c) Die seelische Verproletarisierung durch die Gefährdung der Persönlichkeit

Die wirtschaftliche Bedrängnis und die gesellschaftliche Geworfenheit konnten auf die Seele des einzelnen eine solche Wirkung haben, daß aus der *äußeren Ungesichertheit* auch eine *innere Unsicherheit* und Haltlosigkeit folgte. Verstärkt wurde diese Bruchsituation noch durch den *Verlust der standesgemäßen Lebensordnung.* Die Nichtzugehörigkeit zu einer gesellschaftlich legitimierten Gruppe konnte auch die Überzeugung der *sozialen Ausgestoßenheit* bringen. Dies alles vermochte im einzelnen das seelische Empfinden zu wecken, er lebe ohne äußeren und inneren Auftrag. Diese soziale Funktionslosigkeit ließ das *Gefühl der persönlichen Wertleere* entstehen. Wenn diese Überzeugung der eigenen Unwertigkeit entstand, konnte auch die Überzeugung vom eigenen Sein und vom eigenen Ich verlorengehen. Dann war der seelische *Zustand des persönlichen Nichts* gegeben. War so die Mitte der Persönlichkeit zerstört, dann verflüchtigte sich auch der innere Halt, und der Mensch stand in Gefahr, innerlich und äußerlich haltlos zu werden.

Wird in einem solchen Zustand aus dem Hader mit sich und der Welt auch noch die letzte Rückverbundenheit in der Religion aufgegeben, dann geht auch das transzendente Lot und damit die ordnende Mitte für die Seelen- und Charakterkräfte verloren. Die letzte Chance für die in sich ruhende Persönlichkeit schwindet. Der so Getroffene ist in Gefahr, in der anonymen Masse unterzugehen. In dieser wird er zum Flugsand der Sozialpropagandisten und zum Organisationsmaterial der politischen Manager.

Der wirtschaftlich vollends Ungesicherte und gesellschaftlich Geworfene erzeugt in sich selbst die eigene Hinfälligkeit. Das Losgelöstsein von allem, selbst vom eigenen Ich, bringt den *Zustand des persönlich Verloren-Seins.*

Der wirtschaftlich und gesellschaftlich Verproletarisierte ist auch der seelisch Verproletarisierte.

4. Die Entproletarisierung durch die Sozialpolitik

Die Dismembration der Gesellschaft durch die Verproletarisierung der industriellen Arbeiterschaft konnte zu zwei Folgen führen: zum Fortgang des Klassenkampfes bis zum Zerfall der bestehenden Sozial- und Wirtschaftsordnung oder zum Einsatz der Sozialpolitik, die die Arbeiterschaft aus der Lage der Proletarität herausführt. In den meisten Ländern wurde nach einigen Versuchen, den Klassenkampf zu forcieren, die Sozialpolitik zur Entproletarisierung der Arbeiterschaft eingesetzt.

Die Sozialpolitik hat demgemäß das Ziel: die Arbeiterschaft vom dreischichtigen Proletaritätszustand zu lösen. Sie muß das Einkommen der Arbeiterschaft so sichern, daß das Auskommen wieder in einem sozial gerechtfertigten und wirtschaftlich richtigen Ausmaß gesichert werde. In dieser Wirkrichtung ist die Sozialpolitik *soziale Einkommenspolitik*. Die Sozialpolitik muß durch ihre Maßnahmen die gesellschaftliche Schichte der neu entstandenen Klasse wieder zu einem sozial anerkannten Stande führen, damit diese Gruppe wieder ein soziales Wertbewußtsein und eine gesellschaftliche Geltung erhalte. In dieser Wirkrichtung wird die Sozialpolitik *Gesellschaftspolitik*. Die Sozialpolitik muß ferner den einzelnen aus dem persönlichen Proletaritätszustand herausführen, damit er als Persönlichkeit in der Gesellschaft und als Leistungsträger in der Wirtschaft zur Wirkung und voll zur Geltung kommen könne. Die Sozialpolitik ist *„Persönlichkeitspolitik"*.

In Verfolg dieser Aufgaben lassen sich deutlich zwei Arten der Sozialpolitik unterscheiden: die qualitative und die quantitative Sozialpolitik.

Die *quantitative Sozialpolitik* verfolgt als mengenhaft bestimmte Ziele die Vergrößerung und Sicherung des Lohneinkommens und eine Verkürzung der Arbeitszeit durch die Organisierung der Massen.

Die *qualitative Sozialpolitik*[2] verfolgt als qualitätsbestimmtes Ziel die volle Wiederanerkennung der leistenden Persönlichkeit in der Gesellschaft und in der Wirtschaft durch die Requalifizierung der Arbeit und die Verpersönlichung der Beziehungen in den Betrieben.

Diese Arten der Sozialpolitik schließen einander nicht aus, sondern ergänzen und durchdringen sich notwendigerweise, wenn sie auch nicht zeitlich mit einem Male zum Vorschein kamen. Die Vervollkommnung der quantitativen Sozialpolitik machte wegen ihrer Gefahrenmomente die Entwicklung der qualitativen Sozialpolitik notwendig. Beide Arten

---

[2] Dieser Begriff der qualitativen Sozialpolitik wurde von mir zum erstenmal geprägt im Aufsatz „Von der quantitativen zur qualitativen Sozialpolitik", in: Die Industrie, Jg. 1955, Nr. 16, Wien 1955.

der Sozialpolitik haben in ergänzender Weise die Arbeiterschaft in den Zustand der Entproletarisierung zu führen.

a) Die wirtschaftliche Sicherung des Arbeitseinkommens

Als Zustand der ökonomischen Proletarität wurde die volle Ungesichertheit des Lohneinkommens festgehalten. Ungesichert war das Einkommen und damit auch das Auskommen in seiner Größe und sogar in seinem Bestande.

Sollte dieser Zustand der wirtschaftlichen Verproletarisierung behoben werden, dann mußte die Sozialpolitik die Sicherung des Einkommens für die Arbeitnehmer anstreben und erwirken.

Um den Marktschwächezuständen des großen und undifferenzierten Angebotes an Arbeit und der oligopolen oder gar monopoloiden Nachfrage nach Arbeit zu entkommen, organisierten sich die Arbeiter in den *Gewerkschaften.* Diese verfolgen das Ziel: *Sicherung des nominellen Arbeitseinkommens* durch kartellistische Organisierung des Arbeitsangebotes. Die zunächst erstrebte Lohngröße sollte ein sozial notwendiges und wirtschaftlich gesichertes Auskommen ermöglichen. Mit dem Fortschreiten der Produktivität in der Industrie einerseits und der organisatorischen Schließung der Arbeiterschaft in den Gewerkschaften anderseits wurde der Lohn von Stufe zu Stufe gehoben. Durch die Anerkennung der Gewerkschaften als Partner des tariflichen Kollektivvertrages wird der Nominallohn nach unten so abgesichert, daß ein Unterschreiten des Tariflohnes nicht mehr möglich ist. Die gewerkschaftliche Lohnpolitik erwirkt *durch den tariflichen Kollektivvertrag die Sicherung eines sozial anerkannten Lebensstandard-Lohnes,* der mit dem Wachsen des Sozialproduktes und mit der Arbeitsproduktivität durch die investive Kapitalausrüstung im Steigen begriffen ist.

Die Sicherung des Reallohnes suchen die *Konsumgenossenschaften* zu erreichen. Sie streben durch die Umgehung der Zwischenhandelsspannen die Sicherung der Kaufkraft des Lohngeldes und durch diese die *Sicherung des Reallohnes* an. Dies gelingt dort, wo die Konsumgenossenschaften die Preise zu senken bestrebt sind und dies auch tun. Dadurch scheint der Reallohn so weit gesichert zu sein, wie dies die Konsumgenossenschaften zu erreichen vermögen.

Die Größe des nominellen und realen Lohneinkommens wird durch die Gewerkschaften und Konsumvereine so weit gesichert, soweit dies durch diese Selbsthilfeorganisationen möglich ist.

Die Sicherung des Lohnbestandes und die des wirtschaftlichen Auskommens für den Arbeiter und seine Familie wird durch die vom Staat organisierten Einrichtungen der Sozialversicherung, des Familienausgleichslohnes und durch die Vollbeschäftigungspolitik angestrebt.

Die *Sozialversicherung* ist in all ihren Zweigen als Zwangsversicherung mit Selbstverwaltung geschaffen. In der Selbstverwaltung und im Versicherungsprinzip kommt eine genossenschaftsähnliche Maxime zur Wirkung, weil sich alle Versicherten durch ihre Beiträge gegen Krankheit, Unfall, Invalidität und Alter gegenseitig sichern. Soweit dies durch dieses organisierte Sicherungssystem gelingt und ein Lohnergänzungseinkommen für die genannten Fälle gesichert ist, ist ein Einkommen auch dann gegeben, wenn durch die Mißfälle des Lebens die Arbeiter keinen Lohn erlangen können. *Die Sozialversicherung sichert für die genannten Notfälle ein Lohnergänzungs- oder Sozialrenteneinkommen.*

Eine wichtige Ergänzung für diese Bestandssicherung des Lohnes ist die *Arbeitslosenversicherung*. Durch sie wird eine *Lohnergänzung* für den Fall gewährt, daß wegen Überlastung des Arbeitsangebotes nicht alle Arbeiter einen Arbeitsplatz und damit ein Lohneinkommen erreichen können.

Da in den Fällen allgemeiner Wirtschaftskrisen diese vielfältige Sozialpolitik für die Lohnsicherung nicht hinreicht, übernimmt es der Staat, für die Arbeitnehmer die Arbeitsplätze durch seine die Konjunkturwellen verstetigende *Politik der Vollbeschäftigung* zu sichern. Diese Sicherung der Vollbeschäftigung tätigt der Staat mittels der antizyklischen Budgetpolitik, indem er den Konjunkturauftrieb in der Hochkonjunktur drosselt und bei einer sich anmeldenden Rezession durch Mehrausgaben für öffentliche Investitionen den Effekt des Beschäftigungsmultiplikators zur Neuanfachung des Konjunkturanstieges wirken läßt. Dadurch bleibt die konjunkturelle Arbeitslosigkeit soweit wie möglich gebannt und mit der Sicherung der Arbeitsplätze wird auch der *Bestand des Lohneinkommens gesichert*. Die antizyklische Budgetpolitik ist als lohnsicherndes Instrument zugleich auch ein Werkzeug der Sozialpolitik.

Diese allgemeinen Sicherungstendenzen beziehen sich gegenwärtig nicht nur auf das Arbeitseinkommen, sondern auch auf das Auskommen des Arbeiters und seiner Familie, wie die sozialpolitischen Maßnahmen zur Sicherung des familiengerechten Einkommens und Auskommens zeigen. Dadurch erhält der Lohn seine volle Funktion als Grundlage der Lebenshaltung wieder zurück. Die familienpolitische Lohnsicherung wird zur *Sicherung der Lebenshaltung der Familien.*

Soweit all diese den Lohn und die Lebenshaltung sichernden Einrichtungen und Maßnahmen wirtschaftlich richtig organisiert sind, ist das Lohneinkommen und das Auskommen der Arbeitnehmer gesichert. *Durch die den Lohn in seiner Größe und in seinem Bestand sichernde Sozialpolitik wird ein Zustand der wirtschaftlichen Gesichertheit erreicht, der das ökonomische Merkmal der Proletarität, die volle Unge-*

sichertheit des Arbeitseinkommens, überwindet und die Arbeiterschaft im Bereich der Wirtschaft entproletarisiert.

Die einst vollends Ungesicherten sind heute die voll Gesicherten[8].

b) Die soziale Wieder-in-Stand-Setzung der Arbeiterschaft

Die gesellschaftliche Proletarität der Arbeiterschaft bestand im Zustand der sozialen Geworfenheit dieser Gruppe, die diese zu einer Klasse mit sozial negativen Merkmalen herabsetzte und sie außerhalb der geltenden und anerkannten Gesellschaftsschichtung stehenließ. Es fehlte der Arbeiterschaft die Anerkennung als soziale Funktionsgruppe und daher auch die Legitimation für die Gruppen-Eigenständigkeit.

Die Sozialpolitik hat nun die Aufgabe, *die Arbeiterschaft* als ganze Gruppe zu einer inneren Wertanreicherung und zur äußeren Anerkennung als eigenständige Schichte und schließlich *als Stand neuer Prägung zu führen.* Die eigene Wertanreicherung muß der Gruppe der bislang sozial Geworfenen das Empfinden der Minderwertigkeit nehmen und die Überzeugung des eigenen werthaften Funktionsgehaltes geben, denn nur die Selbstachtung führt zu einer homogenen Geschlossenheit und nur diese schafft die Voraussetzung für die Anerkennung durch die anderen Schichten und Stände. Die Wege zu diesem Ziele führen über die Selbsthilfeorganisationen der Bildungsvereine und über die politische Gruppenbildung und durch sie zu einem Zugang zum Staat.

Die *Bildungsvereine* werden in mühevoller Kleinarbeit geschaffen und reichen in ihrem Wirkungsfeld von der Bildungsveranstaltung allgemeiner und fachlicher Art bis zu den Geselligkeitsvereinen für Unterhaltung und Sport. Sie erstreben in ihrer größten Zahl, dem Schlagwort der Zeit „Wissen ist Macht" folgend, zunächst eine Wissensanreicherung und dann auch eine *echte Bildung* in all ihren Sonderzweigen. Durch diese Bildungsarbeit ergibt sich eine innere und gesellschaftliche Selbstsicherheit der Arbeiterschaft. Die Bildungsvereine schaffen so die *Voraussetzung für die soziale Legitimierung* der Arbeiterschaft als Gruppe und die *Grundlage für die Wieder-in-Stand-Setzung der Arbeiterschaft.*

Die Arbeiter organisieren sich zur Durchsetzung ihrer sozialpolitischen Forderungen in *politischen Parteien* oder in eigenständigen Sektionen bestehender Parteien. In diesen politischen Organisationen nehmen sie zunächst *Stellung gegen den Staat,* weil ihnen der Staat in ihrer wirtschaftlichen und sozialen Notlage nicht hilft. Als die Arbeiterparteien zahlenmäßig aber immer stärker wurden, mußten ihre Organe auch

---

[8] Manche Gruppen der einst gesicherten und selbständigen Wirtschafter suchen in einer Art Nachziehverfahren eine ähnliche massenorganisierte Sicherung. Aus dieser Tatsache allein schon sieht man den Wechsel in der sozialen und wirtschaftlichen Position der Wirtschaftergruppen von einst und jetzt.

politische Verantwortung in den verschiedenen Körperschaften übernehmen. Durch dieses Eindringen in die staatliche Organisation entdeckten die Arbeiter die organisierende Ordnungskraft des Staates. Die Arbeiter wurden nun *„staatsgläubig" und staatstragende Gruppe.* Staatsgläubig wurden sie, weil sie von der ordnenden Veranstaltungsgewalt des Staates die Besserung ihrer sozialen und wirtschaftlichen Lage erwarteten. In dieser gläubigen Hoffnung standen sie nunmehr zum demokratisch organisierten Staat, weil sie durch ihn und durch ihren Einfluß auf ihn die Durchsetzung ihrer sozialpolitischen Ziele erwarten konnten. Über das Eindringen in den Staat, in die Gesetzgebung und Vollziehung, und durch die Übernahme der politischen Verantwortung im Staat und in den übrigen Gebietskörperschaften kam der Arbeiterschaft zunächst die *politische Anerkennung als Gruppe zu.* Dieser folgte schrittweise *auch die gesellschaftliche Anerkennung.* Mit dieser steht die Arbeiterschaft nun nicht mehr außerhalb der geltenden Gesellschaftsordnung in der Position des Abseits, sie ist vielmehr *als eigenständige Gruppe legitimiert und von den anderen anerkannt.*

Der gesellschaftliche Prozeß der Wieder-in-Stand-Setzung der Arbeiterschaft setzte sich durch die *Entwicklung des Arbeitsrechtes* fort. Dieses erscheint als materielles Recht im Arbeitsrecht und als formelles Recht im eigenständigen Rechtsgang der Arbeitsgerichte. Das Arbeitsrecht enthält als Arbeiterschutzrecht, als Arbeitsvertragsrecht und als Sozialversicherungsrecht eine Fülle von Normen, von denen nicht wenige *echte Standesprivilegien* sind.

Die rechtlich privilegierte Gruppe der Arbeitnehmer ist so zu einem Stand mit allen sozialen und rechtlichen Merkmalen eines solchen geworden.

Damit ist aber auch der soziale Entproletarisierungsprozeß abgeschlossen. Die Arbeiterschaft ist ein gesellschaftlicher und rechtlicher Stand und daher *sozial entproletarisiert.*

c) Die Verpersönlichung der Arbeit und der Beziehungen im Betrieb

α) Die Requalifizierung der Arbeit

Mit der ständig wachsenden Technisierung des Arbeitsprozesses verwandelt sich auch der Inhalt der Arbeit. Die Arbeit fordert im technisierten Industriebetrieb von allen Leistungsträgern immer mehr technische Kenntnisse und daher auch *mehr technisches Wissen.* Technisches Wissen bedarf aber als Grundlage eines allgemeinen Wissens und allgemeiner Bildung. Indem der Arbeiter seine Arbeitsleistung vollbringt, muß er nunmehr *alle seine geistigen Kräfte des Wissens einsetzen.*

Die Arbeit fordert auch immer *mehr Verantwortung* vom Arbeiter. Diese Verantwortung bezieht sich sowohl auf das Arbeitsgerät und die Maschinenanlagen als auch auf das Werkstück und die Mitarbeiter an der Arbeitsstätte. Da die Geräte und Werkzeuge immer wertvoller werden, wird auch die Verantwortung diesen gegenüber immer größer. Da ferner der Erzeugungsausstoß in der Zeiteinheit größer wird, steigt im gleichen Ausmaß die Verantwortung gegenüber den Werkstücken. Schließlich wird durch die Technisierung des Produktionsganges die Verantwortung auch gegenüber den Mitarbeitern am Arbeitsplatz größer.

Der moderne Industriebetrieb ist so weit differenziert, daß jeder Arbeitsplatz einen leiblich, geistig und seelisch genau spezialisierten und strukturierten Arbeiter erfordert. Das heißt, der Arbeitsplatz fordert eine bestimmte Persönlichkeit.

Der verstärkte Einsatz der geistigen Kräfte des Wissens, der vergrößerte Einsatz der charakterlichen Eigenschaften und der verstärkten Verantwortung läßt *die Arbeit wieder zum Einsatz der ganzen Persönlichkeit und daher zur Persönlichkeitsentfaltung werden.*

Hier ist nun der Punkt, an dem sich *die Belegschaften zu differenzieren* beginnen. Die für die Arbeitsleistung erforderliche Bildung und Charaktereigenschaft hat zwei Wirkungen: eine individuell-persönliche und eine strukturell-gesellschaftliche.

Die *individuell-persönliche* Wirkung richtet sich als Forderung an den einzelnen, sich in technischem und organisatorischem Wissen und in charakterlichem Bildungsgut fortzubilden. Jeder muß sich auf seine Weise weiterbilden. Die Folgeleistung der Angerufenen kann auf Grund der Sondereignungen der einzelnen nur verschieden erfolgen.

Die einen steigen durch ihre Wissens- und Charakterleistung höher und werden daher auch in der Betriebsleistung höher verwendbar. Sie können in der Leistungsgemeinschaft der Betriebe aus dem allgemeinen Gemeinschaftsstand heraustreten und *in der Leistungshierarchie der Betriebe als einzelne aufsteigen.* Sie differenzieren sich von den vielen und überhöhen diese, indem sie ihnen als Vorgestellte und Vorgesetzte gegenübertreten. Die anderen folgen den Fortschreitenden in dem Abstand, der durch ihr Können und ihre Charakterleistungen bestimmt wird.

Diese auf Grund der persönlichen Leistungsfähigkeit erwirkte Differenzierung bringt eine neue *strukturell-gesellschaftliche Schichtung* in die Leistungsgemeinschaft der Belegschaften, wodurch die Betriebsgemeinschaft selbst eine neue strukturelle Aufgliederung erhält. *Die Belegschaften sind nicht mehr eine gleichartige und gestraffte Masse von Gleichen, sie sind vielmehr eine vielfältig geschichtete Gemeinschaft.*

Dieser Entwicklungsgang, der sich in steigendem Maße fortsetzt, nimmt der Arbeit das inhaltsleere Wesen der marktgängigen Ware und gibt ihr wieder den menschlichen Inhalt des Persönlichkeitseinsatzes. Diese Wandlung im Arbeitsinhalt verändert folgerichtig auch die Position des Arbeiters in der Leistungsgemeinschaft des Betriebes. *Die Requalifizierung der Arbeit bringt durch den erforderlichen Persönlichkeitseinsatz des Arbeiters die Humanisierung der Arbeit, die Verpersönlichung der Betriebsgemeinschaft und die Differenzierung des neuen Arbeiterstandes.*

β) Die Verpersönlichung der Beziehungen im Betrieb

Der volle Einsatz der Persönlichkeit in der Arbeitsleistung macht es notwendig, daß die bislang bloß sachlichen Beziehungen zwischen Kapital und Arbeit, die sich im Verhältnis von Leistung und Lohn zeigten, einer Ergänzung persönlicher Art bedürfen. Wenn der Arbeiter seine letzten persönlichen Reserven des Wissens und des Charakters einsetzt, muß er auch *als Persönlichkeit beachtet* und *geachtet* werden. Dabei kommt es auch darauf an, daß die Leistung ihre wertgerechte Vergeltung erhält. Dies ist aber nicht alles. Wenn der Arbeiter als Persönlichkeit beachtet und geachtet werden soll, dann muß die betriebliche Arbeitsgemeinschaft so sein, daß zwischen den in der Betriebshierarchie Vor- und Nachgeordneten ein *persönliches Verhältnis* besteht, aus dem allein die gegenseitige Achtung erwachsen kann.

Das Verhältnis vom Unternehmer zu seine Mitarbeitern ist das Verhältnis von Sozialpartnern in der beide Teile überhöhenden Betriebs- und Werksgemeinschaft. Die betrieblichen Sozialpartner sind nicht mehr gegensätzliche, sondern gleich wichtige Gruppen in der Betriebsgemeinschaft. Der Unternehmer und alle Vorgesetzten, wie auch der Betriebsrat und alle Mitarbeiter sind in der Betriebsgemeinschaft eine leistende Gemeinschaft und über diese hinaus auch eine *persönlichkeitsbezogene Gemeinschaft.*

Das Verhältnis vom Unternehmer zu den Mitarbeitern wird ein quasi-*personenrechtliches Verhältnis,* aus dem für die Mitarbeiter die *Treuepflicht* und für die Unternehmer die gesetzliche, aber auch freiwillige *Fürsorgepflicht* erwächst.

Auf der Ebene des Betriebes setzt die qualitative Sozialpolitik durch die soziale Betriebspolitik und die betriebliche Sozialpolitik ein.

Die *soziale Betriebspolitik* läßt vom Betrieb Maßnahmen treffen und Einrichtungen schaffen, die die persönliche und soziale Qualität der Mitarbeiter steigern und aus den Arbeitern Mitarbeiter in einer immer dichteren Gemeinschaft werden lassen. Durch die soziale Betriebspolitik werden die Arbeitsgruppen und Abteilungsgemeinschaften zu einer Werks- und Betriebsgemeinschaft integriert, die sich wieder in qualitätsbestimmte Schichten gliedert.

Die soziale Betriebspolitik läßt die Betriebsgemeinschaft als Wohn- und Siedlungsgemeinschaft wie auch als Kultur- und Erziehungsgemeinschaft entstehen.

Durch die *Wohn- und Siedlungsgemeinschaft* wird auch der private Lebensbereich in die betriebliche Gemeinschaftsverbundenheit einbezogen. So ergibt sich in der „Einheit des Ortes" von Werk und Wohnen eine *Einheit von Wirken und Leben.*

Die Werks-Wohngemeinschaften und die Werks-Siedlungsgemeinschaften lassen die Betriebsgemeinschaft zur äußeren Lebensgemeinschaft zusammenwachsen. Die Verbundenen werden wieder heimatgebunden und erhalten durch diese Heimatverbundenheit eine *seelische Geborgenheit in der Gemeinschaft.* So kommt zur äußeren Sicherung durch die Sicherungsinstitutionen auch eine innere Gesichertheit im Empfinden des Geborgenseins.

In der *Kultur- und Erziehungsgemeinschaft* erwächst ein eigenständiges kulturelles Leben aus der Werksgemeinschaft, indem diese die Freizeit durch die Mitglieder der Gemeinschaft gestalten und den Nachwuchs durch die Lehrwerkstätten des Betriebes erziehen läßt. Die mannigfachen Einrichtungen für Spiel und Sport, für Musik und Theater, für Geselligkeit und Gemeinschaftsfeiern fördern, soferne sie richtig veranstaltet werden, den eigenständigen Kulturwillen der Werksgemeinschaft. Diese Kulturgemeinschaften lassen die persönlichen und geselligen Kräfte der einzelnen zur Wirkung kommen und geben allen eine *Empfindung der eigenständigen Selbstentfaltung.*

Das Erziehungsziel der Werksschulen und der organisierten oder nicht organisierten Erziehungsveranstaltungen ist nicht nur ein schematisch wissensmäßiges allein, es ist vielmehr ein ganz konkretes und von den vorgesetzten Lehrmeistern persönlich gestaltetes und daher lebensnahes Bildungsziel. Die Berufsausbildung ist zugleich Lebensbildung. Diese gibt wieder eine innere Gemeinschaftsverbindung der jetzt Tätigen mit der nachkommenden Generation. All dies gibt dem in der Gemeinschaft Gebundenen die *Überzeugung der inneren Gesichertheit.*

Die *betriebliche Sozialpolitik* trifft Maßnahmen und schafft Einrichtungen, die die Vorsorge, Obsorge und teilweise auch die Versorgung der Mitarbeiter und zum Teil auch ihrer Angehörigen übernehmen. All diese Maßnahmen der betrieblichen Fürsorge und der betrieblichen Sozialpolitik entspringen dem neuen Grundcharakter der Betriebsgemeinschaft.

Wenn nämlich die Mitarbeiter auf allen Stufen des Betriebes ihre gesamte Schaffenskraft der betrieblichen Leistung widmen, dann folgt daraus, daß der Unternehmer die Fürsorgepflicht für seine Mitarbeiter als Gegenleistung im gegenseitigen Treueverhältnis übernimmt. *Der per-*

sönlichen Einsatzpflicht der Mitarbeiter entspricht die persönliche Fürsorgepflicht des Unternehmers.

Die betriebliche Sozialpolitik schafft mannigfache Einrichtungen, für die es wegen der Sonderheit der Betriebe und ihrer Gemeinschaften keine schematische Regel gibt. Die Einrichtungn können sich unter anderem auf zusätzliche Sicherung durch betriebliches Krankengeld und betriebliche Zusatzrenten im Alter, auf Gesundheitsfürsorge für die Mitarbeiter und ihre Familienangehörigen durch den Werksarzt, das Werksspital, die Werksfürsorgerin, Erholungsheime und Werkskindergärten beziehen.

Die soziale Betriebspolitik und die betriebliche Sozialpolitik lassen *aus der Werksgemeinschaft eine Lebensgemeinschaft* werden, die die Arbeit und die Freizeit wie auch den Alltag und den Festtag umfaßt. Diese werdende Lebensgemeinschaft, die wegen der Dezentralisierung und der Freiwilligkeit der Gefahr der Betriebstotalität entzogen ist, wirkt sich auch auf die neue quasi-personenrechtliche Gemeinschaft aus.

Die Mitarbeiter haben kraft ihres vollen Einsatzes eine Reihe geschriebener und ungeschriebener Rechte gegenüber der Unternehmung und gegenüber dem Unternehmer. Sie haben das *Recht,* über den Stand und Fortgang der Unternehmung und des Betriebes informiert zu werden, denn wenn sie schon ihre ganze Leistungskraft einsetzen, dann sollen sie auch wissen, in welcher Lage und Entwicklungsfähigkeit „ihr" Betrieb steht.

Die Mitarbeiter haben auch das Recht der *Arbeitsplatz-Mitsprache,* denn über die richtige Gestaltung des Arbeitsplatzes mit allen zweckmäßigen Ausrüstungen haben sie die besten Sachkenntnisse.

Ein *Mitbestimmungsrecht* steht den Mitarbeitern in der Betriebsversammlung und durch den Betriebsrat auf Grund des Gesetzes zu. Ein solches Recht kann ihnen von der Werksleitung auch noch zusätzlich gegeben werden, wenn der Unternehmer betriebliche Sozialeinrichtungen der Selbstverantwortung der Belegschaft übergibt.

All diese verschiedenartigen Rechte der Mitarbeiter und entsprechenden Verpflichtungen der Unternehmer legen dem Werkseigentum „soziale Hypotheken" auf, die ein *Eigentumsrecht sui generis* entstehen lassen. Auf die sachenrechtlichen Eigentumsverhältnisse legen sich personenrechtliche Verpflichtungen, die die sachenrechtlichen Befugnisse einengen, dem Eigentumsrecht mit diesem neuen Inhalt aber die Garantie des Bestandes geben.

Die soziale Betriebspolitik und die betriebliche Sozialpolitik weisen der qualitativen Sozialpolitik Wege, die neue Rechtsbeziehungen personenrechtlicher und eigentumsrechtlicher Natur in neuer Art entstehen lassen.

Die qualitative Sozialpolitik ändert die Beziehungen im Betrieb aus der Qualität menschlicher Beziehungen. Sie bringt neue Institutionen, die die Verantwortung und damit die Freiheit des Menschen wieder erneuern.

All diese Neuerungen durch die qualitative Sozialpolitik im Betrieb wirken sich auch auf die überbetrieblichen Maßnahmen und Einrichtungen so aus, daß sie durch die Dezentralisierung die Mitverantwortung und Mitwirkung der Organisierten verstärken und daher aus den vermaßten Großorganisationen menschlich bezogene Gemeinschaften werden lassen.

5. Vom Arbeiter zum Mitarbeiter

Aus dem Inhaltswandel der Arbeit und der erfolgten Entproletarisierung der Arbeiter hat sich auch die Position des Arbeiters im Betrieb grundlegend verändert. Der Arbeiter ist nicht mehr nur Arbeiter, der seine Arbeit als Ware verkauft, er ist *Mitarbeiter* geworden. Der Mitarbeiter erbringt seine Leistungen in bewußter Zweckeinordnung in das jeweilige Betriebsziel und in das Betriebsgeschehen. Daher hat der Mitarbeiter ein Interesse am Bestand und am Fortschritt seines Betriebes. Als Mitarbeiter hat er eine *verpflichtende Mitverantwortung.* Diese läßt sein Interesse am Betrieb und sein Mitspracherecht entwickeln. Das Mitspracherecht zieht einen Kreis um den Arbeitsplatz. Alle Angelegenheiten, die sich aus der Arbeit an einer bestimmten Betriebsstelle ergeben, liegen im Mitsprachebereich. Diese Zuständigkeit erweitert sich mit dem Höhersteigen in der Betriebshierarchie, weil dadurch der Kreis der Kompetenz weiter wird.

So gesehen, ist der Mitarbeiter, auf welcher Stufe des Betriebes er immer stehen mag, auch „Mitunternehmer" im Betrieb. Er unternimmt es ja auch, den ihm vorgegebenen Auftrag zu vollziehen und zu vollbringen. Für sein Unternehmen im Rahmen des Betriebes und der Unternehmung verwendet er auch die bereitgestellten persönlichen Leistungskräfte und die sachlichen Leistungsmittel.

Um die *Qualität Mitarbeiter* entwickeln zu lassen, bedarf es betriebsorganisatorischer, betriebssozialer und betriebspsychischer Voraussetzungen.

Die *betriebsorganisatorischen Voraussetzungen* sind dann gegeben, wenn der Betrieb in seiner Organisation möglichst weit *dezentralisiert* ist. Die Dezentralisierung bringt abgestufte und *selbständige Wirkungsfelder,* in denen sich die Mitarbeiter in Selbstverantwortung mit ihrer Initiative und ihrem Organisationstalent entfalten können. Sollen die Belegschaftsmitglieder Mitarbeiter sein, dann muß ihnen ein eigenständiger Verantwortungsbereich überlassen werden. *Mitarbeit kann nur aus Verantwortung hervorgehen.*

Die *betriebssozialen* und *betriebspsychischen Voraussetzungen* für die Weckung der Qualität Mitarbeiter sind in der Vertrauenssphäre der Betriebsgemeinschaft gegeben. Nur dort, wo *echtes Vertrauen* zwischen den Mitarbeitern untereinander und zwischen den Vor- und Nachgeordneten besteht, können aus Mitgliedern der Belegschaft Mitarbeiter werden. Für die Mitarbeit bedarf es immer des Vertrauens, weil nur dieses die Übertragung eines Zuständigkeitsbereiches an die Mitarbeiter im Betrieb ermöglicht.

Die qualitative Sozialpolitik im Betrieb gibt auch dem Unternehmer eine neue Aufgabe und Verpflichtung. Der *Unternehmer* ist nicht mehr nur technischer Leiter und kommerzieller Chef, er ist auch *die gesellschaftliche Mitte des Betriebes und der Werksgemeinschaft.* Er ist die oberste Instanz, die den menschlichen Akkord anschlägt. Wie der Chef in seinem Wesen ist, so ist das menschliche Klima im Betrieb. Die Aufgabe, Mitte im Betrieb zu sein, ist zunächst eine *Verpflichtung des Unternehmers,* denn nun muß er sich auch um die menschlichen Angelegenheiten des Betriebes, der Belegschaft und der Mitarbeiter kümmern. Diese Verpflichtung schlägt in eine *Chance* um, wenn der Unternehmer aus innerer Überzeugung und echter Menschenverbundenheit handelt, denn dann strömt ihm soviel Vertrauen zurück, wie er Vertrauen gibt.

All diese Vorgänge der qualitativen Sozialpolitik im Betrieb sind im Werden, ihr Entwicklungsgang ist noch nicht überschaubar und absehbar. Sie bringen noch viele offene Fragen, die der Lösung harren.

Die Vollendung der Entproletarisierung durch die Sozialpolitik wird im Wege der gegenseitigen Ergänzung der quantitativen und der qualitativen Sozialpolitik erreicht. Die quantitative und die qualitative Sozialpolitik müssen nunmehr in ihr richtiges Verhältnis gesetzt werden.

Offen bleibt immer noch die Aufgabe:

die Arbeit zu vermenschlichen,

die Beziehungen zwischen Unternehmer und Mitarbeiter zu verpersönlichen und damit

die Wirtschaft wieder ihrer eigentlichen Wortordnung zu unterstellen!

II. Der Wandel im Bauerntum: Vom Untertanen zum unternehmerischen Bauern[1]

Die Gesellschaft und mit ihr auch das Bauerntum machte seit der Freisetzung aus dem absolutistischen Staat und seit der Befreiung von den überbrachten mittelalterlichen Bindungen der Grundherrschaft in der Mitte des vorigen Jahrhunderts eine grundlegende Wandlung durch. Aus der feudalen Gesellschaft mit einem Anteil der ländlichen Bevölkerung von 70 Prozent entwickelte sich die industrielle Gesellschaft von heute mit einem Anteil der in der Landwirtschaft Tätigen von nur 15 Prozent und noch weniger.

Die Bauern wurden durch das Grundablösegesetz des Jahres 1848 aus der Grundherrschaft entlassen, soweit sie bis dahin in dieser noch zusammengefaßt waren. Durch diese Umstellung aus der *schützenden Gebundenheit* in die *risikoreiche Freiheit* wandelte sich der Wesensgehalt des Bauerntums und die Haltung der Bauern. Der Einbruch der freien Marktwirtschaft in die Landwirtschaft vernichtete in der kurzen Zeit von vierzig Jahren (1850—1890) ein Viertel und in manchen Bezirken sogar ein Drittel der selbständigen Bauernwirtschaften. Durch die Selbsthilfeorganisationen konnten die noch verbliebenen Bauern ihre wirtschaftliche Existenz zwar einigermaßen sichern, ihre gesellschaftliche Gruppeneigenart verflüchtigte sich aber immer mehr. Heute hört man von Jungbauern nicht selten den totalen Zweifel an der bäuerlichen Existenz für die Zukunft. Diese Wandlung des Bauerntums muß im Wesensgehalt und in den äußeren Formen einmal erkannt werden, um ein lebenskräftiges Leitbild für das Bauerntum der Zukunft zu finden.

1. Der Bauer unter Schirm und Schutz des Grundherrn

a) Der Schutz und Schirm des Grundherrn

Die Grundherrschaft nahm die Bauern unter „Schutz und Schirm". Der Bauer wurde nach außen gegen feindliche Angriffe durch die Aufnahme in die schützende Burg und nach innen durch den sozialen und wirtschaftlichen Schirm des Grundherrn beschützt. Der grundherrliche

[1] Wesentliche Erweiterung der Skizze „Der Weg zum selbstbewußten Bauern", in: Südost-Tagespost, Jg. 18, Folge 28, Graz, 2. Feber 1963. Die Daten sind der österreichischen Agrargeschichte und Agrarpolitik entnommen.

Schutz reichte von den kulturellen Angelegenheiten bis in die sozialen und wirtschaftlichen Bereiche. Der Grundherr hatte als Patron die Verpflichtung, die Dorfkirchen zu bauen und zu erhalten. Er hatte aber auch bei allen wirtschaftlichen Existenzgefährdungen die entsprechenden Hilfeleistungen zu setzen. Er mußte bei einer allgemeinen Not von Mensch und Gesellschaft, wie bei Seuchen und Kriegswirrnissen die erforderliche Hilfe leisten. *Der Bauer war durch die Grundherrschaft in seiner wirtschaftlichen Existenz gesichert.*

Da der Adel als führende Gesellschaftsgruppe von damals die Ausrichtung und Norm für die übrige Gesellschaft gab, er aber zum größten Teil rustikal und daher in ländlicher Art lebte, wurde die bäuerliche Lebensweise dadurch auch nach außen hin legitimiert. Der ländlich-bäuerliche Lebensstil wurde durch den Adel nach außen repräsentiert und bekam daher nach innen eine echte Geltung und allgemeine Rechtfertigung. In diesem adeligen Leitbild vom Landleben konnten auch die Bauern die Rechtfertigung für ihre Lebensweise und daher auch für ihre gesellschaftliche Position erhalten. Zufolge der Normkraft des Adels für die Gesellschaft wurde auch die soziale Position des Bauern nach außen legitimiert und nach innen gerechtfertigt. *Die Bauern hatten ein allgemein anerkanntes Leitbild für sich und eine Standeslegitimation in der Gesellschaft.*

Dieses Leitbild formte auch das Bauerntum in seiner ganzen Lebensführung und Lebensweise. Dieses Leitbild ließ den Bauern religiös und traditionell gebunden sein. In der religiösen Gebundenheit und in der traditionellen Bodenverbundenheit lebte der Bauer sein Leben in der Wertverbundenheit der Religion und der Tradition. Diese Gebundenheit gab ihm die innere Gesichertheit und Geborgenheit. Für die Gesellschaft war der Bauer der in der Tradition gesicherte Kern der Ruhe gegen die fortschrittlichen Gruppen der Städter. Das gesellschaftliche Spannungsverhältnis spielte sich in der Polarität der bäuerlichen Gebundenheit und des städtischen Fortschrittswillens ab. *Die erhaltenden Kräfte der Bauern standen mit den fortschrittlich dynamischen des Bürgertums im Gleichgewicht.*

Das Bauerntum bekam aus dieser seiner gesellschaftlichen Funktion auch seine Gruppenanerkennung. *Der Bauer war in der gesellschaftlichen Gruppenfunktion als einzelner geborgen und vor sich selbst gerechtfertigt.* Dies gab ihm die äußere soziale und die innere persönliche Gesichertheit. Der Bauer konnte von seiner gesellschaftlichen Aufgabe und seiner sozialen Position überzeugt sein. Er war auch in seiner wirtschaftlichen Existenz gesichert, und zwar mehr gesichert, als er heute durch seine Selbsthilfeorganisationen und durch die staatliche Sozial- und Wirtschaftspolitik gesichert ist.

b) Die Untertänigkeit der Bauern

Seit dem Capitulare de villis aus der Zeit Karls des Großen (812) und den Widerspiegelungen in den Urbarien und Weistümern und im Tractatus de iuribus incorporalibus Leopold I. von 1679 bis zum Untertanenpatent Josef II. im Jahre 1781 lebten die Bauern in persönlicher Untertänigkeit und bis zum Gesetz über die Grundablöse im Jahre 1848 in der Verpflichtung zur Robotleistung und Zehentabgabe.

Wie immer die Untertänigkeit entstanden sein mag, aus der Überschichtung durch die „landnehmenden Einwanderer", aus persönlicher Abhängigkeit oder aus der Autotradition, immer war *für die Bauern der Zustand der fehlenden Freizügigkeit gegeben.* Die Bauern waren als „Zubehör" zum Bodenbesitz des Grundherrn glaebae adscripti. Ohne die Bewilligung des Grundherrn konnten die Bauern und Bauernkinder den Bauernhof nicht verlassen oder sich einer anderen Beschäftigung zuwenden.

Für das Nutzungsrecht am Boden mußten die Bauern dem Grundherrn *persönliche Dienste als Robot* tun, indem sie Handdienste als Arbeit oder auch Spanndienste mit Roß und Wagen dem Grundherrn an festgesetzten Tagen leisten mußten. Gegen etwaige Willkür des Grundherrn erließ Maria Theresia das Robotpatent (1775), demgemäß eine genaue Pflichten- und Dienstliste bestimmt und die Einhaltung dieser unter die staatliche Kontrolle gestellt wurde.

Für die Bodennutzung mußten die Bauern außerdem noch den *Zehent dem Grundherrn* leisten. Der Zehent war eine *Naturalgabe von allen Ertragsarten der Bauernwirtschaft.* So gab es einen Vieh- und Feldzehent, der vom Getreidezehent bis zum Safranzehent reichen, der aber auch von der Rindviehabgabe bis zum Federzehent gelten konnte.

Diese persönliche und wirtschaftliche Abhängigkeit zeigte sich wohl auch in der grundherrlichen Planwirtschaft, die eine Arbeitsteilung für alle hörigen Bauern mit sich brachte und vielfach die wirtschaftliche Disposition selbst der Nutzungsarten des Bauernhofes den Bauern entzog. Dafür hatten diese wiederum den Sicherungsausgleich von seiten des Fronhofes, indem ihnen die Güter und Waren zugeteilt wurden, die sie selbst nicht erzeugten. *In diesem naturalwirtschaftlichen Sicherungssystem war trotz der persönlichen und sachlichen Abhängigkeit die wirtschaftliche Existenz der Bauern und ihrer Familien gesichert.*

2. Die Freisetzung der Bauern

Von der Aufklärungsphilosophie angeregt und vom physiokratischen Gedankengut veranlaßt, setzte Josef II. die Bauern durch sein *Untertanenpatent* aus dem Zustand der persönlichen Untertänigkeit und

Bodengebundenheit frei. Nunmehr konnten die Bauern ihren Beruf und ihren Wohnsitz frei wählen.

Die Revolution des Jahres 1848 brachte mit dem *Gesetz über die Grundablöse* die Freisetzung von den Robot- und Zehentpflichten. In Ergänzung hiezu wurde im Grundrechtskatalog des Jahres 1867 nochmals darauf Bezug genommen und jede etwaige Bodenbelastung auch für die Zukunft verboten.

a) Die freie Marktwirtschaft und die wirtschaftlichen Schwächen der Landwirtschaft

Ohne sichernden Rückhalt und ohne soziale Rückverbundenheit standen nun die Bauern in der freien Marktwirtschaft. Sie waren dem „freien Spiel der Kräfte“ von Angebot und Nachfrage “preisgegeben“. Sie waren mit ihrer Hofwirtschaft schutzlos der Natur ausgesetzt und den Schwächen in der Erzeugung und den Schwächen in der Marktlage überlassen.

Die *Naturausgesetztheit* der landwirtschaftlichen Betriebe bringt eine Reihe von Gefährdungen. Einmal ist es die Dürre, die die Saaten nicht zum Keimen oder Wachsen kommen läßt, dann wieder ist es die übergroße Feuchtigkeit, die die Keime oder die schon stehenden Pflanzen zum Absterben bringt. Desgleichen wirken Hitze und Frost, beide „versengen“ die mühevolle und kostenbelastete Aussaat. Wenn auch all diese Bedrängnisse nicht auftreten, drohen doch wieder andere Gefahren von den Schädlingen für den Feldbau und von den Seuchen für die Viehzucht.

All diese Gefahren bedrohen immer wieder das Ernteergebnis und den Ertrag der Viehzucht. Diese Einbußen verkürzen den Rohertrag und daher auch den Reinertrag und das bäuerliche Einkommen. Gewiß können diese Gefahren im Wege der Versicherungen „umgangen“ werden, allerdings wachsen durch die Zahlung der Versicherungsprämien dem bäuerlichen Betrieb neue Kosten zu. Diese Kosten verringern dann auf jeden Fall den Reingewinn und das Einkommen. *Die Naturausgesetztheit gefährdet die bäuerlichen und landwirtschaftlichen Betriebe und daher auch das Einkommen der Bauern.*

Im *Erzeugungsgang* ergibt sich für die Landwirtschaft wieder eine neue *Reihe von Sonderrisken.*

Die langfristigen Erzeugungsphasen lassen für jeden einzelnen Erzeugungsgang das notwendig *eingesetzte Kapital übermäßig lang gebunden* sein. So ist das Kapital in der Landwirtschaft für eine Umschlagphase sechsmal länger gebunden als im Handel. Dies bedeutet aber, daß mit dem gleich großen Kapitaleinsatz in der Landwirtschaft ein entsprechend geringerer Ertrag erwirtschaftet werden kann. *Die Landwirtschaft bleibt im Kapitalertrag stets hinter allen anderen Wirtschaftszweigen zurück.*

Dazu kommt noch die *kurzfristige Kapitalnutzung*, weil die eingesetzten Maschinen jeweils eine kurze Einsatzfrist haben. In extremen Fällen kann die Nutzungs- und Verwendungsdauer oft nur einige Tage sein, wie etwa bei Saat- und Dreschmaschinen, die übrige Zeit des Jahres bleiben diese Geräte ungenutzt und bringen nur tote Kosten. *Diese kurzen Verwertungsfristen für das eingesetzte Maschinenkapital vermindern wegen der anlaufenden toten Kosten den Kapitalertrag und daher das Einkommen.*

Dann kann sich noch die *verbundene Erzeugung* in der Landwirtschaft ertragsschwächend auswirken. Milch und Vieh etwa wird in einem Erzeugungsgang der Viehzucht erzeugt. Diesen Erzeugnissen kann eine verschiedene Marktgängigkeit gegenüberstehen. Die Frischmilch hat einen konstanten Absatz, während die Milchprodukte, Käse und Butter, wegen ihres höheren Preises schon eine Reihe von Surrogatprodukten zu Seite haben, wodurch der Absatz nicht nur gefährdet erscheint, sondern es auch ist. Wenn das eine Produkt einen günstigen Markterlös bringt, kann das andere, mitverbundene Erzeugnis einen relativ schwächeren Markterlös bringen, so daß der Erfolg hier den Mißerfolg dort aufheben kann. Das gleiche Verhältnis kann sich beim Milch- und Viehabsatz ergeben. Als Effekt ergibt sich daraus für die Betriebsführung des landwirtschaftlichen Hofes, daß die notwendig *verschiedenen Erzeugnisse eines Erzeugungsganges den Markterlös und damit das Einkommen der Bauern gefährden.*

Schließlich ergeben sich für die Landwirtschaft naturbedingt *Qualitätsschwankungen* der Erzeugnisse. Da nämlich die Erzeugung immer in der Naturausgesetztheit von sich geht, kann es nie einen gleichmäßigen Qualitätserfolg geben. Die Ungleichmäßigkeit kann sich in der gleichen Zeitspanne, sicher aber in den verschiedenen Jahresläufen ergeben. Diese Qualitätsbrüche der Erzeugnisse lassen aber auch den Absatz schwanken oder gar zeitweise versiegen. Ist aber einmal der Absatz verloren, so kann er nur schwer, wenn überhaupt wieder gewonnen werden. Die naturbedingten *Qualitätsschwankungen verkürzen den Ertrag und daher immer auch das Einkommen.*

Auf dem Markt haben die Bauern eine *Reihe von Schwächezuständen,* weil sie einmal in den *Verkäufermarkt,* ein andermal in den *Käufermarkt,* immer aber in die *Gesetze der nachhinkenden Einkommensquoten* geraten.

Wenn der Bauer für seinen Betrieb die Einkäufe an Saatgut und Düngemitteln tätigt und daher in der Nachfrage wirksam wird, kommt er in den *Verkäufermarkt,* weil *der Verkäufer* das Marktübergewicht hat und daher *die Verkaufsbedingungen bestimmen kann.* Da nämlich alle Bauern gleichzeitig anbauen, bedürfen sie auch zur gleichen Zeit des Saatgutes und der Düngemittel. Der so verursachte Nachfragestoß

„erzeugt" unweigerlich einen *Preisauftrieb* und dieser bringt für den landwirtschaftlichen Betrieb *erhöhte Erzeugungskosten.* Diese bringen schon vor dem Erzeugungsansatz eine *Verminderung des Reinertrages und daher eine Verkürzung des Einkommens.*

Verstärkt wird diese Marktschwäche noch durch die *Zeitbedrängnis der Nachfrage.* Da alle Bauern gleichzeitig zum Anbau gedrängt sind, ergibt sich unter Umständen ein *zeitlich bedingter Kaufzwang,* der nichts anderes als einen *verstärkten Preisanstieg* bringt. Die Folge ist eine *weitere Minderung des Ertrages.*

Der Verkäufermarkt wirkt sich gegen die Bauern noch durch die vielfache *Isoliertheit der Ortsmärkte* aus. Da die Bauern nicht allzuweit vom Hof entfernt ihre Waren für die Erzeugung erwerben müssen, sind sie auch auf die Gegebenheiten der Ortsmärkte angewiesen und an die dortigen Marktdaten gebunden. Sie müssen daher aber auch die *Schwächen der Marktgebundenheit* auf sich nehmen, was wieder eine *Risikobelastung und eine Ertragsminderung* verursacht.

Wie immer man die Einkaufsdaten für die Bauern betrachtet, als Ergebnis kommt immer eine Schwäche aus dem Verkäufermarkt und im weiteren eine *Kostenüberlastung* und daraus wieder eine *Ertragsminderung für die Bauern* zum Vorschein.

Nicht unähnlich sind die Verhältnisse am Markt, wenn die Bauern ihre Produkte verkaufen. Dann geraten sie nämlich in den *Käufermarkt,* auf dem *die Käufer die Kaufbedingungen und selbst den Preis von sich aus bestimmen.*

Da die Bauern im Herbst zur gleichen Zeit den Ernteanfall haben und das Vieh zur selben Zeit, nämlich im Frühjahr, wenn die Futtervorräte zu Ende gehen, abgegeben werden muß, zeigt sich ein *Angebotstoß,* der am Käufermarkt unweigerlich eine *Preisminderung* verursacht. Beinahe kann man feststellen: wenn die Bauern erntereife Produkte haben, verfallen die Preise für diese. Der Effekt aus der Preisminderung ist eine *Verkümmerung des Markterlöses* und in weiterer Folge eine *Verminderung des Einkommens.*

Diese Marktschwäche aus dem Angebotstoß wird noch verstärkt durch den vielfach *zeitgedrängten Absatz,* etwa bei leicht verderblichen Erzeugnissen. Da solche Waren daher rasch abgesetzt werden müssen, wird der Angebotstoß in seiner Kraft verstärkt, was natürlich eine weitere Preisminderung mit verstärkter Verkümmerung des Markterlöses hervorruft.

Zu dem kommt noch das unverschuldete, aber doch wirksame, *marktverkehrte Verhalten* der Bauern. Die Hofwirtschaft der Bauern fordert für die Betriebsführung und die Versorgung der Familie eine bestimmte Größe des Markterlöses. Aus diesem werden die Produktionsmittel wie auch die Bedarfsgüter erworben. Wenn nun durch die Preisminderung zufolge des Angebotstoßes und des zeitlichen Absatzdranges der betriebliche Markterlös zurückgeht, sind die Bauern bestrebt, *den „verlorenen Markterlös" durch eine größere Absatzmenge aufzuholen.* Dadurch aber kommt zu der schon bestehenden Preisminderung der *selbst verursachte Preisverfall,* der den Markterlös erst recht absinken läßt.

Zu diesen Marktschwächen im Einkauf und im Verkauf kommen noch die *Gesetze der nachhinkenden Einkommensquoten* für die Landwirtschaft.

Das *Gesetz der Preisschere* wirkt sich gegen die Bauern aus, weil wegen der vielfach staatlich festgehaltenen Preise mancher Lebensmittel und agrarischer Produkte der *Markterlös* bei gleicher Anlieferung *konstant bleibt.* Sind die Preise nicht gebunden, dann bringen die eben erwähnten Marktprozesse das Absinken der Agrarpreise, so daß sich bestenfalls ein konstanter Markterlös ergibt. Diesem stehen aber die *steigenden Preise für gewerbliche Waren,* die die Bauern kaufen müssen, gegenüber. Dies bedeutet, daß bei gleichem Nominaleinkommen das *Realeinkommen für die Bauern ständig zurückgeht. Die Preisschere öffnet sich zuungunsten der Landwirtschaft und verursacht ein sinkendes Realeinkommen.*

Im *Konjunkturverlauf* entwickelt sich ein *Sonderfall der Preisschere.* Der Konjunkturverlauf verursacht ein verhältnismäßig rasches Ansteigen der Preise für gewerblich erzeugte Waren, weil die Nachfrage dem Angebot vorauseilt. Die Preise der Agrarprodukte bleiben aber immer nachhinkend oder ergeben sich zufolge der ungünstigen Marktposition als zurückgeblieben. Die Folge davon ist, daß bei steigenden Preisen für gewerbliche Waren in der ansteigenden Konjunktur die Preise für Agrarprodukte zurückbleiben, weshalb *etwaige Konjunkturgewinne für die Landwirtschaft meist nie oder doch nur sehr selten und dann gering zum Vorschein kommen.*

Die *landwirtschaftliche Variante des Engel'schen Gesetzes* gibt an, daß bei *steigenden Einkommen* zufolge der Konjunkturlage oder des wachsenden Lebensstandards *nicht größere Quoten der Einkommen für Lebensmittel ausgegeben werden,* weil die Einkommenszuströme für Produkte der höheren Lebenshaltung ihre Verwendung finden. Während die Nachfrage nach Waren „des gehobenen Lebens" steigt, bleibt die nach agrarisch erzeugten Lebensmitteln im besten Falle gleich. Dies bedeutet aber, daß vom *steigenden Einkommen der Bevölkerung die Bauern nur den geringsten Anteil bekommen.*

Wie immer man die Einkommensverhältnisse der Bauern ansieht, immer ergibt sich: *die Bauern sind in der freien Marktwirtschaft bei der Erstellung ihres Einkommens benachteiligt.*

Dies führte zu Beginn der freien Marktwirtschaft zum großen Bauernlegen im Wege der Verschuldung und der nachfolgenden Versteigerung der Bauernhöfe. Dies führt heute zur Landarbeitsflucht und zur Landflucht.

b) Die gesellschaftliche Deklassierung der Bauern in der Industriegesellschaft

Die Revolution des Liberalismus sprengte alle überbrachten Bindungen und löste daher auch die Grundherrschaften auf. Die gesellschaftliche Gruppe des Bauerntums verlor dadurch ihren bisherigen wirtschaftlichen Schutz und, was noch bedeutungsvoller war, ihr bislang unangefochten geltendes gesellschaftliches und persönliches Leitbild. Das adelig-bäuerliche Leitbild wurde durch das städtisch-industrielle Leitbild verdrängt. Die freie Gesellschaft und die freie Marktwirtschaft gingen über die „alten" Gesellschaftsgliederungen und Sozialformen, in denen die Bauern ihren sozial legitimierten Status hatten, hinweg.

Die wirtschaftliche Bedrohung mit der entsprechenden Verschuldung einerseits und der wirtschaftliche Fortschritt der gewerblichen Wirtschaft anderseits bringen den Bauern in der freien Marktwirtschaft die *Überzeugung der wirtschaftlichen Ungesichertheit und Zurückgebliebenheit.* Die in der früheren Wirtschaftsordnung gegebene Gesichertheit wurde durch eine totale Unsicherheit abgelöst.

Mit dieser wirtschaftlichen Gefährdung ging auch eine *soziale Deklassierung des Bauerntums* einher. Die ehemals allgemein anerkannte Position des Bauerntums verlor ihre Geltung, weil die Industriegesellschaft mit ihren wirtschaftlichen Erfolgen und ihrem fortschreitenden Lebensstandard zum normenden Leitbild der Wirtschaftsgesellschaft geworden war.

In der Industriegesellschaft bestimmt das Einkommensquantum und die Vermögensgröße die soziale Qualität. Aus dem erhöhten Lebensstandard geht ein stets steigender Aufwand hervor. Dieser ermöglicht die Teilnahme an einem immer größeren Verbrauch, der durch die massenhafte Produktionsausschüttung der Konsumgüterindustrie ständig anwächst. Der soziale Fortschritt zeigt sich in der größeren Inanspruchnahme von Kultur- und Zivilisationsgütern. Dadurch wird eine allgemeine Ökonomisierung mit dem Leitbild des homo oeconomicus eingeleitet und eine traditionsfeindliche Wertfreiheit und Wertungebundenheit zur gesellschaftlichen Norm. Die Werte der Tradition werden von den Leuchtkugeln des Fortschritts überstrahlt. Die Gebundenheit in Tradition und Religion gilt als Zurückgebliebenheit. Die Neuerungssucht läßt die Werte der Vergangenheit zunächst vergessen und dann nach der allgemeinen Beurteilung in der inneren Beschränktheit versinken.

Dieser gesellschaftlichen Entwicklung stehen die Bauern hilflos gegenüber. Sie läßt in ihnen die *Überzeugung* klar werden: *sie passen nicht mehr in die Welt der Industriegesellschaft* und haben in der industriellen Gesellschaft von heute *keinen sozialen Standplatz und gesellschaftlichen „Parkplatz“*.

Im persönlichen Selbstschutzverfahren wollen sich die Bauern dem Prozeß der Ökonomisierung und Kommerzialisierung anschließen, indem sie *den Status des Bauern mit dem des „Landwirtes“ vertauschen*. Aus Bauern werden Landwirte. Die Bauern glauben, mit dem ökonomischen Titel „Landwirt“ den Anschluß an die ökonomisierte Gesellschaft gefunden und den Zustand des zurückgebliebenen Bauern überwunden zu haben.

In dieser sozial abgeglittenen Position kommen die Bauern allerdings am Rand der Gesellschaft zu stehen. Sie werden zwar nicht vollends von der Gesellschaft „abgeladen“, für sie verbleibt neben den Industriellen, den gewerbetreibenden Handwerkern und den fortschrittlichen Kaufleuten nur noch die Grenzschichte. Diese Randstellung nehmen sie ein, weil sie gemäß ihren Erzeugungs- und Marktschwächen nie zu einem steigenden Einkommen und daher fortschreitenden Aufwand kommen können. In der Wirtschaftsgesellschaft bleiben sie durch ihr schwaches Einkommen die *letzten* und daher *am unteren Rande* der Gesellschaft. In der Verbrauchergesellschaft sind sie kraft ihres geringen Einkommens die schwächsten und verbleiben immer als die, die die Modeableger des dynamischen Verbrauchers gerade noch erwerben können. Diese dürftigen Verbraucher können natürlich nur *am Rande der Gesellschaft ihren Platz finden. Selbst als Landwirte sind die Bauern nicht mehr als die Schichte am Rande der Gesellschaft.*

Die wirtschaftliche Existenzbedrohung und die gesellschaftliche Deklassierung kann bei manchen Bauern — in Wahrheit sind es viele — den Zustand der Entwurzelung verursachen. Das alte Leitbild gilt für das Leben des Bauern nicht mehr, weil es von freiheitlichem Fortschritt „überwunden“ wurde. Ein neues, eigenständiges Leitbild gibt es für die Bauern aber noch nicht. *Die Bauern nehmen daher das Leitbild der städtischen und industriellen Gesellschaft zu Leihe* und ahmen in einer Quasiform die neue Lebensweise nach. Die städtischen Lebensformen werden samt und sonders zunächst einmal übernommen. Diese haben auch für das Bauernhaus brauchbare und lebensgültige Verhaltensweisen in sich. Da manch übernommene Formen aber auf eine unbrauchbare, weil bäuerliche Lebensweise aufgepfropft werden, kommen *„Wassertriebe der Quasikultur“* hervor. In der Spannung dieser Unechtheit entsteht der *Zustand der Entwurzelung*. Der Bauer ist nicht mehr Bauer. Städter oder Träger des Leitbildes der Industriegesellschaft ist er auch nicht, das eine ist er nicht, das andere wird er nicht. *Der Bauer ist heute ein sozial, kulturell und seelisch Geworfener.*

Die wirtschaftliche Not, die gesellschaftliche Randstellung und die seelische Unsicherheit im Zustand der Geworfenheit kennzeichnen die *Fremdheit des Bauern in der industriellen Gesellschaft.* Dies alles, in einem Komplex vereinigt, bringt gerade bei den Jungbauern die Überzeugung: der Bauer hat weder wirtschaftlich noch gesellschaftlich und schon gar nicht als besonders geformte Persönlichkeit eine Zukunft.

Furchtbar wäre diese Situation, wäre nicht schon seit längerem eine neue Phase im Wandlungsprozeß des Bauerntums im Gange.

3. Der Weg zum unternehmerischen Bauern

In der Landwirtschaft hat sich im letzten Jahrhundert viel, wenn nicht gar jede Erzeugungs- und Verwertungsweise, verändert.

Das Wissen von der *Bodenzusammensetzung* brachte durch die Chemie den *Kunstdünger,* so daß all das, was dem Boden durch die Ernten entnommen wird, wieder zugesetzt werden kann. Die *Vererbungslehre* der Biologie gab mit den neuen Erkenntnissen von den Vererbungsvorgängen die Grundlage für die neue *Tierzuchtlehre,* so daß die Rassen herausgezüchtet werden können, die die gewünschten Ergebnisse für die Verwertung zeitigen. In der Ergänzung hiezu erkannte man die Abwehrmaßnahmen *gegen Schädlinge* im Acker-, Wein- und Obstbau und *gegen die Seuchen* in der Tierzucht. Dies alles veränderte von Grund auf den Pflanzenbau und die Tierzucht.

Hiezu kam die gesamte Entwicklung der *Landmaschinen-Technik,* die die entsprechenden Kraftmaschinen mit den Motoren und Traktoren und die hiefür erforderlichen Arbeitsmaschinen hervorbrachte. Diese Technisierung läßt die Landwirtschaft von der arbeitsintensiven in die technikintensive Arbeitsweise überwechseln.

All diese Neuerungen in der Agri-Kultur und in der Landwirtschafts-Technik machen einen genauen, *rechenhaften Verfolg* aller einzelnen Betriebszweige der bäuerlichen Hofwirtschaft möglich und notwendig. Damit war für die Landwirtschaft die *Buchführung* ebenso erforderlich wie der Bilanzabschluß, weil auf Grund der volkswirtschaftlichen Gegebenheiten die Erzeugungs- und Absatzchancen durch die Spekulation ermittelt und auf Grund der betriebswirtschaftlichen Daten die Kosten in richtiger Größe und Zusammensetzung durch Kalkulation errechnet werden müssen. Die *Kalkulation* und die *Spekulation* muß, in richtiger Weise getätigt, den *höchsten Grad der Ergiebigkeit* des einzelnen Betriebszweiges und den *höchsten Grad der Rentabilität* der gesamten Hofwirtschaft ermitteln lassen. Der bäuerliche Hof muß seine Buchführung und Bilanzierung haben.

Da jeder bäuerliche Hof von den Vorgängen auf den Agrarmärkten in seiner Existenz abhängig ist, weil er nicht mehr wie früher zu zwei

Dritteln eine Selbstversorgung betreibt, sondern heute im gleichen Ausmaß für den Markt erzeugt, muß jeder Bauer und Landwirt mit aller möglichen Aufmerksamkeit und mit den hiefür nötigen Kenntnissen *den Markt* mit dem Angebot und der Nachfrage, aber auch die Entwicklung der Preise mit den daraus folgenden betriebswirtschaftlichen und volkswirtschaftlichen Konsequenzen *beobachten* und den Beobachtungen gemäß handeln. Jede falsche Marktbeobachtung oder irrige Auswertung gefährdet oder vernichtet den betriebswirtschaftlichen Erlös. Jede richtige Marktspekulation hebt den Betriebserfolg und die Rentabilität. *Die Marktkenntnisse und Marktbeobachtungen sind das Umundauf der landwirtschaftlichen Erfolge.*

In gleicher Weise muß jeder Bauer die *Wirtschaftspolitik des Staates und seiner Standesvertretung* kennen, und zwar so genau, daß er jederzeit auf sie Einfluß nehmen kann. Das gesamte Instrumentarium der Agrarpolitik muß jedem Bauern verständlich sein, sonst kann er weder seine Abgeordneten noch seine Verbandsmanager richtig für sich zum Einsatz beordern. Dazu gehört ferner noch, daß der Bauer seine *Kammerorganisation,* seine *Genossenschaften und deren Verbände* im Aufbau und in der Tätigkeit kennen muß, um sie jederzeit für sich richtig tätig werden zu lassen.

Nicht unerwähnt darf bleiben, daß die *Sozialpolitik* und selbst die *Steuerpolitik* solche Veränderungen durchmachte und die Bauernhöfe zu Leistungen verpflichtete, daß jeder Bauer seine Pflichten dem Gesinde und seinen Familienangehörigen, aber auch den Steuerbehörden gegenüber kennen muß, um nicht im Gestrüpp möglicher Verfehlungen den hiefür bestimmten Strafsätzen zu verfallen.

Wohin der Blick geht: überall ist alles in der Landwirtschaft und für die Bauern anders geworden. Dieser Umstellung muß der Bauer zunächst *durch seine Bildung* und dann *durch eine gänzlich erneuerte Betriebsführung* entsprechen.

a) Das Bildungsstreben des Bauern

All die Veränderungen, Umänderungen und Erneuerungen in der gesamten landwirtschaftlichen Betriebsführung sind der Effekt der erfinderischen Entdeckungen und der entdeckten Erfindungen des menschlichen Geistes. Der Geist hat die Zusammenhänge in der Natur und ihren Kräften erkannt und ebenderselbe Geist hat die Kenntnisse dieser Zusammenhänge für die Betriebsführung und die Erfolge der bäuerlichen Betriebe ausgewertet. Sollen für jeden Bauernhof all diese Neuerungen verwertet werden, dann muß jeder Bauer an den geistigen Errungenschaften teilnehmen. Der Bauer von heute muß die geistigen Kenntnisse und Erkenntnisse in sich und aus sich reproduzieren, um richtig produzieren und das Produzierte richtig absetzen zu können. Der Bauer oder der Landwirt muß über ein großes Wissen und über eine beachtliche dispositive Denkkraft verfügen, will er mit seinem Hofe bestehen können. Der Bauer muß ein Fachwissen haben, das sich stets vermehrt. Dieses kann er sich aber nur erwerben auf der Grundlage einer allgemeinen Bildung. *Der Bauer der Gegenwart muß gebildet sein.*

Dies erkennen die Bauern schon lange, weshalb sie in ihrer *Selbstbildung* ein dringendes Bildungsstreben verwirklichen. Dieses richtet sich vor allem auf die *fachliche Ausbildung* und *berufliche Weiterbildung,* schließt aber auch die allgemeine Bildung ein, weil eine Fachausbildung ohne eine entsprechende allgemeine Bildung als Grundlage nicht möglich ist. Der Wille zur stärkeren Selbstbildung zeigt sich im *Lesestoff* der Bauern. War früher der Kalender neben gelegentlichen Erbauungsschriften der Lesestoff für das ganze Jahr, so sind es heute die Lehr- und Handbücher über alle technischen und wirtschaftlichen Fragen und viele Zeitschriften für alle Zweige der Agrikultur, wie auch viele Zeitungen der wirtschaftlichen Verbände und Kammern.

Die Selbstbildung setzt sich in der Teilnahme an vielen wirtschaftlichen, gesellschaftlichen und kulturellen *Kursen,* die von den Verbänden aller Art zahlreich und vorzüglich gestaltet werden, fort. Diese Kurse richten sich auf die Ausbildung der bäuerlichen männlichen und weiblichen Jugend, die auf diese Weise in alle Zweige der agrartechnischen, agrarwirtschaftlichen, wirtschaftspolitischen und organisatorischen Fragen der Verbände und Kammern eingeführt werden. In gleicher Weise werden die Jungbauern und Jungbäuerinnen, wie auch alle Mitarbeiter weitergebildet, weil allen klar ist, daß nichts rascher veraltet als das Fachwissen über Technik, Wirtschaft und über berufliche und politische Organisationen. *Der Wille zur Selbstbildung aller bäuerlichen Kreise zeigt sich in der Lesebegeisterung und in der häufigen Teilnahme an Kursen.*

Neben diesem freiwilligen Bildungsstreben der Bauern nimmt aber auch das *in den fachlichen Schulen institutionell veranstaltete Bildungssystem* ständig zu. Dieses beginnt bei der Pflicht, nach Beendigung der Grundschulen die *Fortbildungsschulen* zu besuchen. Diese führen die bäuerliche Jugend in die Grundprobleme der Landwirtschaftskunde ein und geben so die Grundlage sowohl für die weitere Selbstbildung als auch für die höhere Ausbildung in Kursen und speziellen Fachschulen. Diese *Fachschulen* sind als höhere Fortbildungsschulen oder auch als höhere Lehranstalten für die Land- und Forstwirtschaft eingerichtet. Die obersten Klassen dieser Lehranstalten lassen ihre Schüler mit dem Reifezeugnis in den bäuerlichen Beruf oder auf die Hochschule für Bodenkultur abgehen.

Die besonders für die Land- und Forstwirtschaft eingerichtete *Hochschule für Bodenkultur* kann in eigenständiger Weise die für die Landwirtschaft erforderlichen Forschungen mit den entsprechenden Laboratorien und Instituten tätigen, so daß originäre Forschungsergebnisse aus der eigenen Anstalt, aber auch die der anderen gleichartigen und ähnlichen Hochschulen zur Auswertung kommen können. Neben der Forschungstätigkeit hat die landwirtschaftliche Hochschule auch die Verpflichtung, das erarbeitete Wissen an die Lehrer der Fachschulen und an die im höheren Dienst der Landwirtschaft Berufstätigen weiterzugeben, damit immer wieder die Forschungsergebnisse und Entdeckungen im Wege des sinkenden Kulturgutes anregend und befruchtend bis in die Bauernhöfe „herabsinken".

Das gesamte Bildungs- und Schulsystem für die Land- und Forstwirtschaft weist den Bildungswillen der bäuerlichen Menschen aus.

Die Bildung hebt den Bauern aus der allzustarken Gebundenheit an die Tradition und damit vom Vorwurf der ständigen Zurückgebliebenheit heraus. Die Bildung und stete Ausbildung läßt den bäuerlichen Menschen an den allgemeinen Kulturgütern des eigenen Volkes und anderer Völker teilnehmen. Je nach der Veranlagung und der geistigen Potenz können die Bauern bis in die Elite der gegenwärtigen Gesellschaft „aufsteigen" — und dabei noch immer Bauern bleiben.

Durch die höhere Bildung können zunächst die *sozialen Minderwertigkeitskomplexe überwunden* werden. Dann kann durch die Aufnahme der den Bauern standesgemäßen Statussymbole der *Zustand und die Haltung einer gesellschaftlichen Elite* errungen werden. *Durch eine solche Entwicklung werden die Bauern zu einem erneuerten Stand der Gesellschaft von heute.*

b) Die unternehmerischen Aufgaben und Qualitäten des Bauern

Der Bauer der Zukunft wird wie bisher die Sicherung seiner wirtschaftlichen Existenz in den genossenschaftlichen Selbsthilfeorganisationen und in der staatlichen Sozial- und Wirtschaftspolitik finden, er wird aber, soweit er nicht nur bestehen, sondern in der wirtschaftlichen Entwicklung fortschreiten will, *mehr unternehmerische Qualitäten als bisher entfalten müssen.* In der Wirtschaft wird die Überwindung der hemmenden Tradition und die Zuwendung zu neuen Produktionsmethoden und Verwertungsverfahren unbedingt nötig sein, wenn sich der Bauer auf die neuen Verhältnisse auf den heimischen Märkten mit den geänderten Nachfragewünschen der Konsumenten und auf die fremden Großmärkte wird einstellen müssen,

Die unternehmerischen Qualitäten des Bauern müssen auf verschiedenen Ebenen entwickelt werden, weil dort die *neuen Aufgaben auf den Bauern warten.* Der Bauer muß die Erkenntnisse und Erfahrungen im maschinen-technischen und agrar-technischen, im betriebswirtschaftlichen und marktwirtschaftlichen wie auch im organisatorischen Bereich der Genossenschaften und Kammern im Ausmaße eines gewerblichen Unternehmers oder eines Kaufmannes haben.

Der Bauer muß für seinen vielfältigen Maschinenpark das *Wissen eines Industriemeisters* und im agrartechnischen Bezirk der Viehzucht und des Ackerbaues die *Kenntnisse eines spezialisierten Handwerksmeisters* haben, will er den Leistungsforderungen, die die Volkswirtschaft und die größeren Märkte an ihn stellen, gerecht werden.

Der Bauer muß ferner für seine Produktionsplanung und Marktspekulation die betriebswirtschaftlichen Daten seines Hofes und die volkswirtschaftlichen Gegebenheiten der Märkte richtig miteinander in Beziehung setzen. *Die betriebswirtschaftlichen und marktwirtschaftlichen Kenntnisse eines Bauern müssen* nach Umfang und Gehalt *die eines Kaufmannes* erreichen.

Der Bauer von heute muß schließlich *organisatorische Kenntnisse und Fähigkeiten* haben, weil er in den Genossenschaften und Kammerorganisationen auf der Bezirks- und Landesebene nicht nur mitsprechen, sondern auch mitbestimmen muß. Als Genossenschaftsfunktionär und Kammerrat muß der Bauer die organisatorische *Dispositionskraft eines Verbandssekretärs* in sich haben.

Der Bauer muß immer neue Entscheidungen für seine Wirtschaft und seine Organisationen treffen, weshalb er sich so bilden muß, daß er mit unternehmerischer Initiative entscheiden und in mutiger Konsequenz die Entscheidungen ausführen kann. *Nur der initiative und entscheidungsfreudige Bauer kann die Zukunft meistern.*

Ein Bauer, der diesen fachlichen und persönlichen Bildungs- und Charakteranforderungen entspricht, gehört zur Elite der modernen Gesellschaft.

Dieses neu entstehende Leitbild des Bauern ist aber noch nicht vollständig, weil es nur Elemente der fachlich gebildeten Gesellschaft enthält. Es müssen daher noch *echte Formelemente aus der bäuerlichen Welt* im Leitbild des neuen Bauern zu einem Ganzen integriert werden.

c) Die wirtschaftliche und soziale Sicherung des Bauern

Das persönliche Leitbild des fachlich und allgemein gebildeten, wie auch das wirtschaftliche Leitbild des unternehmerischen Bauern könnte in einer Gesellschaft mit totalem Sicherungsstreben, demzufolge der Staat die Haftung für alle Ausfälle, die das Leben und der Lebensgang bringt, nicht ausreichen, wenn nicht auch dem Bauern ein immer stärkerer Sicherungsschutz zukäme. Wieder streben selbst die Bauern nach einem *neu organisierten System von wirtschaftlichem und sozialem „Schutz und Schirm“*. Dieses Sicherungsstreben der Bauern ist auch verständlich, denn keine Wirtschaftergruppe ist so vielen Gefährdungen und Sonderrisken ausgesetzt wie die Bauern, und keine Gruppe hatte schon ein so vollkommenes Sicherungssystem in der Grundherrschaft wie die Bauern. So mündet das Streben der Bauern in das allgemeine Sicherungsstreben aller ein.

Die *Ziele des Sicherungsstrebens* richten sich auf die *Sicherung des Einkommens* und die *Absicherung gegen die Notlagen aus Krankheit, Unfall, Invalidität und Alter.*

Die Sicherung des Einkomens bezieht sich sowohl auf die *Sicherung des Normaleinkommens* als auch auf die des *Realeinkommens.*

Die Sicherung des Nominaleinkommens richtet sich auf die *Gesichertheit des Markterlöses* aus dem Verschleiß der Agrarprodukte und auf die *Senkung der Erzeugungskosten.* Die Sicherung des Realeinkommens suchen die Bauern durch die Ausschaltung der hemmenden Einkommensgesetze der Preisschere, des nachhinkenden Konjunkturgewinnes und der verringerten Einkommensquote bei allgemein ansteigenden Einkommen.

Das gesicherte Einkommen garantiert den angestrebten und ungebrochenen *Fortgang des Betriebes* und gewährleistet durch den gesicherten Aufwand und Verbrauch einen *angemessenen Lebensstandard.* Dadurch ist sowohl die Existenz des Betriebes als auch der Aufwandstatus gewährleistet. Dieser gibt in der Konsumgesellschaft von heute das Statussymbol des gesicherten „Sozial- und Aufwandbürgers“. Über diese Verbrauchs- und Aufwandgarantie im Wege der Einkommenssicherung *finden die Bauern den Anschluß an die gesicherte Wohlstandsgesellschaft als gesicherte Konsumentengesellschaft.*

Das *soziale Sicherungsstreben* richtet sich auch auf die *Absicherung gegen die Notfälle des Lebens.* Diese hatten zur Zeit der freien Marktwirtschaft, als die Bauern keine „Rückversicherung“ oder „Rückendeckung“ durch den Grundherrn mehr hatten, stets die Gefahr in sich, die gefährdete Person oder Familie aus dem Wirtschaftsgeschehen und damit auch aus der Gesellschaft hinausfallen zu lassen. Durch einen solchen Hinausfall drohte der Zustand des „Gefallenseins“ und „Geworfenseins“. Durch diesen Zustand verloren die Bauern nicht nur den persönlichen, sondern auch den sozialen Halt und den Status des Gehalten-Seins, sie wurden (nach der Terminologie des Mittelalters) „vogelfrei“ oder für heute ausgedrückt: *ein soziales Nichts.*

Um dieser wirtschaftlich und gesellschaftlich tödlichen Gefahr zu entkommen, die in der Zeit der Grundholden nie gegeben war, versuchen die Bauern das Gleiche zu tun, wie die unselbständigen Wirtschafter, die Arbeiter und Angestellten, aber auch wie die selbständigen Wirtschafter, die Meister und die anderen Unternehmer: *sie organisieren sich in der Sozialversicherung.* Wie überall beginnt diese mit der Kranken- und Unfallversicherung, setzt sich fort in der Invaliditätsversicherung und endet mit der Pensionsversicherung. Sie beginnt auch mit einer echten Ver-Sicherung, wird aber immer mehr zu einer Wohlfahrtseinrichtung und endet bei der staatlich subventionierten Totalversicherung, so daß *auch die Bauern* wie schon vorher ihre Bediensteten *durch das anonyme System der Sozialversicherung als Sozialbürger gesichert sind.*

Durch dieses allseitige und allgegenwärtige Sicherungssystem können die Bauern ihren Sozialstatus nicht mehr verlieren und sind daher nicht mehr „schlechter gestellt" als alle anderen Gruppen der Massen- und Wohlstandsgesellschaft. Die *Sozialversicherung sichert die Bauern gegen die wirtschaftliche Ungesichertheit und vor allem gegen die gesellschaftliche Deklassierung, sie schützt sie vor dem Zustand der sozialen Geworfenheit und bewahrt sie als erneuerten Stand der Gesellschaft von heute.*

d) Die Träger des bäuerlichen Sicherungssystems: die Genossenschaften und der Staat

Die wirtschaftlichen Bedrängnisse veranlaßten die Bauern auf Grund des Rufes von Wilhelm Raiffeisen zur Gründung von *Genossenschaften als Selbsthilfeorganisationen.* Die *Produktionsgenossenschaften* geben dem Bauern derart eine Erzeugungshilfe, daß sie ohne den Druck des Verkäufermarktes billiger zu den Produktionsmitteln kommen und dadurch ihre Produktionskosten mindern. Die *Verwertungsgenossenschaften* nehmen den Bauern die Nachteile des Käufermarktes und sichern sowohl den Absatz als auch die Preise der Agrarprodukte und, soweit diese genossenschaftliche Ergänzungshilfe reicht, auch das Einkommen der Bauern. Die *Kreditgenossenschaften* ermöglichen die Kreditnahme für Betriebszwecke, wodurch sowohl der Erzeugungsansatz günstiger als auch der Verwertungsvorgang rentabler wird. Die Genossenschaften vermögen durch ihr horizontales Geschäftssystem und durch ihr vertikal gegliedertes Verbandssystem den Ertrag der Bauernhöfe zu stärken, den Absatz und die Preise zu sichern und durch beide Selbsthilfemaßnahmen das Einkommen soweit zu garantieren, wie dies die Kapitalkraft der Genossenschaften zu leisten vermag. *Die Genossenschaften sind das Rückgrat für die wirtschaftliche Existenz der Bauern.*

Diese genossenschaftliche Hilfe ist gegenwärtig von einer derartigen Nachhaltigkeit, daß von einer unmittelbaren wirtschaftlichen Gefährdung der Bauern nicht mehr gesprochen werden kann. Soweit die bäuerlichen Genossenschaften die wirtschaftliche Ungesichertheit und dadurch auch die soziale Unsicherheit bannen, *soweit ist die wirtschaftliche Bedrohung vom Bauerntum gewichen.*

Verhältnismäßig spät setzte die *staatliche Agrarpolitik* ein und vervollkommnete allmählich ihr wirtschaftliches Sicherungssystem für die Landwirtschaft. Von der ergänzenden Ordnung für den Markt der Agrarprodukte über die verschiedenen Subventionsarten bis zur Politik der paritätischen Einkommen reichen die Maßnahmen der staatlichen Agrarpolitik. All diese versuchen, *den Bauern ein Einkommen zu sichern,* das dem üblichen Lebensstandard der Industriegesellschaft entspricht. Diese staatlichen Hilfen stärken das Einkommen für die Bauern mit dem letzten, allerdings noch lange nicht erreichten Ziel, den Anteil der Bauern am Sozialprodukt im volkswirtschaftlich richtigen und sozial gerechtfertigten Ausmaß zu garantieren. *Dieses staatliche Sicherungssystem der Agrarpolitik bringt soviel Garantien für die wirtschaftliche Existenz der Bauern, daß gegenwärtig keine wirtschaftliche Gefährdung für die Landwirtschaft gegeben ist.*

Durch die Selbsthilfeorganisationen und die staatliche Agrarpolitik ist die Gefahr der wirtschaftlichen Verproletarisierung von den Bauern gewichen.

4. Der unternehmerische und traditionsgebundene Bauer

Der Bauer der Gegenwart und Zukunft muß ein Leitbild haben, das vom gebildeten Fachmann bis zum allgemein Gebildeten, vom entscheidungsfreudigen Erzeuger bis zum initiativen Investor und Marktdirigenten, vom Kener der organisatorischen Daten in den Genossenschaften und Kammern bis zum Träger politischer Verantwortung in den Verbänden reicht. Es muß sich aber auch von den Werten der Vergangenheit über die Gegenwart in die Zukunft erstrecken und sich von der Boden- und Heimatgebundenheit bis zur Traditions- und Gottesverbundenheit spannen. Ein Leitbild von solch mannigfachem Inhalt und solcher Tiefe gibt es für keine andere Berufsgruppe wie für die Bauern. *Der Bauer von heute braucht ein universales Leitbild.*

Der Bauer muß das Wissen eines chemischen Industriemeisters, eines züchterischen Biologen und eines leitenden Technikers haben, um seinen Aufgaben in Ackerbau und Viehzucht nachkommen zu können. Dazu müssen noch die unternehmerischen Fähigkeiten eines Kaufmanns, eines Verbandsmanagers und eines Volkswirtes kommen. Der Bauer von heute muß die Investitionen seiner Hofwirtschaft und die sich stets verändernden Erzeugungsprogramme planen können. Er muß in seinen wirtschaftlichen Erwägungen und Entscheidungen so wendig sein wie ein Marktfachmann.

Über die technischen, organisatorischen und wirtschaftlichen Bereiche hinaus muß der Bauer von heute noch *metaökonomische Fähigkeiten* haben, will er als Bauer heute und morgen bestehen können und will er nicht als Landwirt verflachen, der sich zur Aufwertung den Titel „Landwirtschaftsrat“ oder „Ökonomierat“ geben läßt. *Das Sein des Bauern macht eben mehr aus als das bloß Ökonomische.*

Zum Bauer-Sein gehört auch die *Naturverbundenheit* und die *Heimatgebundenheit.*

Der Bauer erzeugt in der Naturausgesetztheit und Bodenverbundenheit und weiß daher, daß der *Boden nicht nur ein Produktionselement* ist. Er ahnt, daß hinter den Bodenkräften noch höhere Kräfte am Werke sind. Dem Boden ist daher der Bauer in besonderer Weise verhaftet. Wäre er dies nicht, dann wäre er bloß ein landwirtschaftlicher Unternehmer oder ein Farmer. Da sich der Bauer aber dem Boden in eigener Weise verbunden fühlt, lebt er in Bodenverbundenheit. *Gerade diese Bodenverbundenheit macht ihn zum echten Bauern.*

Die Bauern haben in ihren Generationen aus der Urlandschaft die *Kulturlandschaft* geschaffen und geprägt. Die Bauern haben geformt, was uns als gestaltetes Land oder als „Landschaft“ entgegentritt. Wer von den Bauern sollte sich dieser Geschichte und dieser Landschaft als Heimat nicht verpflichtet fühlen? Wäre es nicht so, so wäre eine abwegige Entwicklung im Gange. Die Heimatverbundenheit mit der inneren Verpflichtung, die Tradition und die Landschaft zu pflegen, ist dem echten Bauern eigen. *Nur ein heimatverbundener und der Tradition verpflichteter Bauer ist ein Bauer.*

Zum Bauer-Sein gehört auch die *Rückverbundenheit mit Gott,* weshalb der Bauer auch ein religiöser Mensch ist. Ein Bauer ohne diese religiöse Rückverbundenheit war noch nie da, einen solchen kann es auch in Zukunft nicht geben, weil niemand so sehr die Geborgenheit in Gott nötig hat wie der Bauer. *Der rechte Bauer ist immer ein religiöser Mensch.*

All diese metaökonomischen Bereiche lassen Werte erleben und schaffen, die im Stillen eine innere Bereicherung bringen, von der all die nichts wissen, die diese Werte nicht kennen. Dem Bauerntum ist es eigen, diese Werte zu kennen und sie zu entfalten. Die Pflege dieser Werte macht das Besondere des Bauerntums aus. *Nur der in der Boden- und Heimatverbundenheit, in der Geschichts- und Religionsgebundenheit lebende Bauer kann echter Bauer sein.*

Werden all die ökonomischen Unternehmerwerte und die echten Lebenswerte zu einem Integrum und Ganzen zusammengenommen, dann ergibt sich das *Leitbild für den Bauern der Zukunft.*

Dieses neue Leitbild enthebt die Bauern der Notwendigkeit, ein aus der Industriegesellschaft geborgtes und daher gruppenfremdes Leitbild zu übernehmen. Das Bauerntum der Zukunft braucht keine geistigen Kredite von der städtischen und industriellen Gesellschaft. Das eigene und gruppenrichtige *Leitbild des erneuerten Bauernstandes* läßt auch die bisherigen *Minderwertigkeitskomplexe der Bauern verflüchtigen,* es gibt ihnen vielmehr die *Überzeugung vom eigenen Gruppen- und Standeswert.* In diesem Werte legitimieren sich auch die Standessymbole und traditionsbestimmten, hergebrachten Lebensformen.

Dieses Leitbild vom neuen und zeitgerechten Bauern kann zunächst *nur eine kleine Gruppe der bäuerlichen Elite verlebendigen.* Wahrscheinlich gibt es sogar diese Elite quer durch die bäuerliche Jugend gestreut ohnedies schon. Von diesem Leitbild angezogen, wird die „nachfolgende Schichte" immer größer werden. Gerade weil das Leitbild immer eine verpflichtende Norm ist, erhält der Kern der Trägerschaft einen immer größeren „Zulauf".

Damit ist aber auch klar, daß die Heranbildung der neuen bäuerlichen Elite nicht nur einzelnen Gruppen überlassen bleiben darf. Alle bäuerlichen Erziehungs- und Schulungseinrichtungen müssen in ihrer Weise die Vermittler dieses neuen Leitbildes werden.

Das Bauerntum muß sich aus sich selbst erneuern. Das Bauerntum muß die Erneuerung durch ein neu erarbeitetes und erlebtes Leitbild vollziehen. Das Bauerntum ist wieder eine echte Aufgabe für den ganzen Stand und für jeden einzelnen!

D. Die Eigentums- und Wirtschaftsordnung

I. Der Wandel im Eigentumsrecht und die Verpflichtungsstufen des Eigentums[1]

Das Eigentumsrecht als Verfügungsrecht über bewegliche und unbewegliche Sachen ist dem Inhalt nach stets im Wandel begriffen, weil je nach der geltenden Gesellschafts- und Wirtschaftsordnung einmal dem Eigentümer eine freiere und ein andermal eine weniger freie Verfügungsmacht belassen wird. Die sich wandelnde Gesellschaftsordnung und die sich ändernde Wirtschaftsordnung wirken immer auf den Grad der Verfügungsberechtigung über Sachen und damit auf das Eigentumsrecht ein.

Das Eigentumsrecht nimmt auch von sich aus auf die Gesellschafts- und Wirtschaftsordnung gestaltenden Einfluß, weil das Recht von seinem ursprünglichen Wortinhalt „recht" ausgehend eine richtunggebende und normende Kraft hat. Das Recht richtet die menschlichen Handlungen und Beziehungen so aus, daß diese „rechtschaffen" und daher als „vom Recht geschaffen" gelten können. Da das Eigentumsrecht die vermögensrechtlichen Beziehungen der Menschen im Erwerb und in der Verwendung der Sachen ordnet, nimmt es auch auf die Ordnung der Gesellschaft und der sozialen Wirtschaft Einfluß.

Zwischen der Gesellschafts- und Wirtschaftsordnung und dem Eigentumsrecht besteht demnach eine Wechselwirkung, weil die sich ändernden Vorgänge in der Gesellschaft und Wirtschaft auf die Befugnisse über Sachen und daher auf das Eigentum Einfluß nehmen, und weil das Eigentumsrecht als ruhender Ordnungspol konservierend und beruhigend auf die sozialen und wirtschaftlichen Wandlungen zurückwirkt.

Wie und wie stark die Gesellschaftsordnung und die von ihr umfaßte Wirtschaftsordnung das Verfügungsrecht über Sachen und damit das Eigentumsrecht beeinflussen, läßt sich vom Codex Theresianus über die In-Geltung-Setzung des Allgemeinen Bürgerlichen Gesetzesbuches bis heute in drei unterschiedlichen Ordnungssystemen verfolgen. Der vom absolutistischen Staat geformten Gesellschaftsordnung mit der staatlich gebundenen Wirtschaft entsprach *das staatlich gebundene Eigentum.*

---

[1] Der Wandel im Eigentumsrecht, in: Festschrift für W. Wilburg, Graz 1965. Die sozialwirtschaftlichen Verpflichtungsstufen des Eigentums, in: Eigentum und Gesellschaft, Graz 1956.

Die freie Gesellschaftsordnung mit der freien Marktwirtschaft bedurfte des ungebundenen und *freien Eigentums*. Die gegenwärtige Gesellschaftsordnung mit der sozial gebundenen Wirtschaftsordnung hat als ihr adäquates Eigentumsrecht *das sozial und wirtschaftlich vielfach gebundene Eigentum.*

1. Das staatlich gebundene Eigentum des absolutistischen Staates

Der absolute Landesfürst bezog sein politisches Konzept von N. Machiavelli, der ihn anwies, stets nach der Steigerung seiner politischen Macht, und zwar unabhängig von der Art der Mittelwahl, zu streben. „Wenn es um Sein oder Nichtsein des Staates geht, darf es *kein Erwägen* geben, *ob eine Handlung gerecht oder ungerecht,* mild oder grausam, löblich oder schimpflich ist; ohne jede Rücksicht müssen die Maßnahmen getroffen werden, die dem Staat das Leben retten und die Freiheit erhalten" (Machiavelli, Discorsi III, cap. 41).

Dieses den Zeitgenossen frivol scheinende politische Programm wurde durch J. Bodin mit der neu formulierten Eigenschaft der Staatsgewalt, der Souveränität, legitimiert. Die Kraft der Souveränität, unbeschränkte und unbeschränkbare Staatsmacht, suprema potestas, drängt und zwingt den Landesfürsten, die geltende ständische Gesellschaftsordnung zu ändern. Die bis dahin in eigenberechtigten Ständen mit eigenen Standesrechten organisierte Gesellschaft konnte neben dem souveränen Fürsten nicht mehr bestehen, da eigenständige Rechte neben der souveränen Macht keine Platz mehr hatten. Der Landesfürst war daher darauf aus, alle ständischen Sonderrechte zu vernichten. „Wir wollen eyne *jede oberkeit abschaffen* und dass sie hinfürther nicht geübt, gebraucht oder gehalten werden, als Wir aus Kayserlicher macht dieselben hiemit aufheben, vernichten und abthun" (Karl V.: Peinliche Gerichtsordnung von 1532, § 218). Die dem souveränen Landesfürsten entsprechende Gesellschaftsordnung war nicht mehr die in Ständen gegliederte Gesellschaft, sondern die in gleichen Untertanen vom Staat straff organisierte Gesellschaft. Für diese Gesellschaft der in gleicher Weise dem Landesfürsten unterworfenen Untertanen, deren „Souveränität in Anwesenheit des Fürsten zerschmilzt" (Th. Hobbes: Leviathan, 1651, chap. 18) kann auch nur ein vom Landesfürsten gegebenes, gleichförmiges Recht bestehen. „Also hat Unserer landesmütterlichen Aufmerksamkeit richtig geschienen, für alle Unsere Erblande *ein allgemeines und ganz gleichförmiges Recht* einzuführen und ein gleich verbindliches Gesetzbuch verfassen zu lassen" (Codex Theresianus, 1765, Vorwort).

Dem einen absoluten Fürsten des Landes entsprach ein einheitliches, aus seiner Macht geschaffenes Recht, das „die Bindungskraft ganz allein von der Uns beiwohnenden höchsten Gewalt" erhält (Horten-Entwurf zum bürgerl. Gesetzbuch, T. 1, cap. 1, § 3, 1786). „Es könnte zum gemeinsamen Besten aller österreichischen Erbländer nichts ersprießlicher und heilsamer sein, als wenn eine gleiche Gerichtsordnung und ein gleiches Landesrecht eingeführt würde, mit ihm die gesamten Unterthanen zur allgemeinen Wohlfahrt unter *einem Gott, einem Landesfürsten* und *einerley Gesetz* vereint seyen" (Codex Theresianus, Vorwort). Als rechtspolitisches Prinzip gilt demnach: *ein Fürst — ein Recht.*

Dieses gleichförmige, daher allgemein geltende Recht gibt der Fürst aus seiner eigenen Machtvollkommenheit. Alle Normen des Rechtes entstammen „ganz und gar aus Unserer höchsten gesetzgebenden Gewalt" (Entwurf: Horten, T. 2, cap. 2, § 1).

Aus der dem Fürsten innewohnenden höchsten Gewalt allein werden auch die Normen gegeben, wonach „in Unserem Staat ein Recht an Sachen erworben werden kann" (Entwurf: Horten, T. 2, C. 2, § 1). Der Fürst verleiht die Verfügungsbefugnisse über Sachen, das Eigentumsrecht. Diese Befugnis des Eigentumsrechtes ist zunächst allgemein und vollkommen, denn im Codex Theresianus ist bestimmt: „Mit eigenen Sachen kann *jedermann nach Gefallen ordnen, schalten und walten,* sie beschweren, veräußern, anderen übertragen, auch zu seinem oder eines anderen Gebrauch verwenden" (Codex Theresianus, T. 2, C. 1, § 6, 157). Gleich danach erfolgt aber schon die Beschränkung für die Verfügungsbefugnis: „... mit Sachen frei und vollkommen zu schalten und zu walten", wenn jemand durch Gesetz oder Verträge oder einen letzten Willen „hierin verhindert" wird (Codex Theresianus, T. 2, C. 3, § 1, 2). Die Beschränkung der eigentumsrechtlichen Verfügungsbefugnis über Sachen kann aus eigenem Willen und daher aus Vertrag oder letztwilliger Verfügung geschehen, sie kann aber auch durch Gesetz kommen.

Das Gesetz oder *der Wille des Fürsten beschränkt das Eigentumsrecht,* wenn es das „gemeine Wohl" oder die „gemeine Wohlfahrt des Staates" oder der „Dienst des gemeinsamen Wesens" erfordert. Dadurch wird über das Eigentumsrecht der Privaten das *Obereigentum des Staates* gelegt. Wie durch eine Eruption schiebt sich tektonisch die staatliche Verfügungsbefugnis oder das staatliche Obereigentum über das Eigentum der Untertanen. „Der Staat hat das Obereigentum über alle Güter der Privatpersonen" (J. H. G. Justi, Die Natur und das Wesen der Staaten, 1760, S. 86). Diesem staatlichen Obereigentum entspringen nun eine Reihe von Bindungen für die im Eigentum der Privaten stehenden Sachen.

Der Staat kann demnach die *„Erhaltung gewisser Sachen" vorschreiben.* Dann ist es rechtlich nicht möglich, daß solche Sachen von Privaten vernichtet werden können. Es ist in einem solchen Fall nicht erlaubt, einen widrigen Gebrauch zu machen und eine Sache zugrunde gehen zu lassen.

Der Staat kann auch einen *gewissen Gebrauch vorschreiben* oder einen widrigen Gebrauch ausdrücklich verbieten, dann ist auch niemand zu einem widrigen Gebrauch und Mißbrauch berechtigt (Codex Theresianus, T. 2, C. 1, § 6, 159), „denn gleich wie die gemeine Wohlfahrt des Staates dem sonderlichen Wohl der einzelnen Personen vorzuziehen ist, also hat auch das Recht einzelner Personen über ihre Sachen *der Befugnis der höchsten Gewalt eigentlich (!) zu weichen*" (Codex Theresianus, T. 2, C. 1, § 6, 160).

Aber nicht nur dies. „Es bleibt Unserer höchsten landesfürstlichen Gewalt allemal vorbehalten, nach den Erfordernissen des gemeinen Wohlstandes nicht allein den Gebrauch der Sachen Unserer Unterthanen zu bestimmen, zu beschränken oder gar zu verbieten, sondern auch *die Sache selbst zum Dienst des gemeinsamen Besten zu gebrauchen und zu verwenden*" (Codex Theresianus, T. 2, C. 3, § 3, 25). „Wenn es die Nothdurft erfordert, die Sachen selbst zum Dienst des gemeinsamen Wesens zu gebrauchen, so mag niemand über die Verletzung seines Rechtes, über einen ihm zugegangenen Schaden oder entzogenen Nutzen klagen" (Entwurf: Horten, T. 2, C. 2, § 2). Zum Trost hiefür erklärt Martini in seinem Entwurf, daß „das Eigentum der Staatsmitglieder keineswegs geschmälert wird, sondern selben wird vielmehr nur eine gemeinnützige Richtung gegeben" (Entwurf: Martini, 1796, T. 2, St. 3, § 10).

Die staatliche Beschränkung des Eigentumsrechtes kann im absolutistischen Fürstenstaat sehr weit reichen. Es kann die Erhaltung und der Gebrauch einer Sache vorgeschrieben und ein gewisser Gebrauch untersagt werden, ja, es kann die Sache selbst zum Dienste des gemeinsamen Besten, das allein der Fürst bestimmt, befohlen werden. Ein Klagerecht gegen solche Befehle gibt es nicht.

Das vom Staat gewährte Eigentumsrecht ist nur ein durch den Staat vielfältig gebundenes Recht.

Mittels des Titels vom Obereigentum führte der absolutistische Landesfürst seine merkantilistische Wirtschaftspolitik, die die gesamte Volkswirtschaft als eine Quasi-Staatsanstalt betrachtete und behandelte. Von der Agrar- und Bergbaupolitik über die Marktpolitik bis zur Verteilungspolitik und selbst bis zur Lebensmittel-Sicherungspolitik reicht die Einflußnahme auf die wirtschaftlichen Entscheidungen der privaten Wirtschafter.

„Die Beschaffenheit der *unbeweglichen Güter* des Landes muß mit dem gemeinschaftlichen Besten beständig in genauester Verbindung und Übereinstimmung stehen. Daraus folgt die Regel von der *Aufsicht der Landespolizey.*"

Da die Wohlfahrt des Staates auf den beweglichen Gütern beruht, folgt: „die beweglichen Güter müssen mit der Wohlfahrt und *dem ge-*

meinsamen Besten übereinstimmen" (J. H. G. Justi, Die Natur und das Wesen des Staates, 1760, S. 471 f.).

2. Das ungebundene Eigentum in der freien Wirtschaftsordnung

Der aus der Aufklärungsphilosophie stammende politische und wirtschaftliche Liberalismus sieht die Gesellschaftsordnung als ein freies Beziehungssystem der einzelnen, in dem nur die von Gruppen und selbst vom Staat freigesetzten einzelnen die Bauelemente sind. Der Staat hat nur die dem Menschen angeborenen Rechte zu schützen. „*Die einzelnen Staatsbürger übertragen von der Gesamtheit ihrer Rechte nur so viel an den Staat, als zu dessen Zweck notwendig ist*" (Kremsierer Verfassungsentwurf vom Jahre 1848, Präambel).

Die erste Tat dieses liberalen Staates war die Freisetzung der Person und des Eigentums von allen bislang geltenden rechtlichen, sozialen und wirtschaftlichen Bindungen. So wurden die Bauern der Leibeigenschaft entbunden (Untertanenpatent 1781) und waren nunmehr freizügig und frei in der Berufsentscheidung. Das bäuerliche Grundeigentum wurde aus der grundherrlichen Bindung und aus den obereigentumsrechtlichen Lasten herausgelöst. „Alle aus dem Untertänigkeitsverhältnis entspringenden, dem untertänigen Grund anklebenden Lasten sind von nun an aufgehoben" (Gesetz über die Grundablöse, 1848, § 3). „Es darf in Zukunft keine Liegenschaft mit einer derartigen unlösbaren Leistung belastet werden" (Staatsgrundgesetz 1867, Art. 7). Es gibt demnach nur ein von jedem Obereigentum befreites und daher *ungebundenes Eigentum.*

Die Handwerker wurden aus den Zunftbindungen befreit und auf sich selbst gestellt. „Der Mann, der ein Gewerbe antreten will, will die *Freiheit der Arbeit,* er will die *freie Wahl seines Berufes und seines Erwerbszweiges* als sein gutes Recht ausüben, er will nicht vom Gutdünken und der Meinungsverschiedenheit der Behörden abhängig sein" (v. Plenner in der Generaldebatte über die Gewerbeordnungsnovelle 1883, Stenogr. Prot. 9. Sess., S. 1093). Das Eigentum der Gewerbetreibenden ist demnach *von allen staatlich dirigierten Einflüssen freigesetzt.*

Um etwa neu entstehende Bindungen, die sich auf die vermögensrechtlichen Verfügungsbefugnisse auswirken können, in der gewerblichen Wirtschaft hintanzuhalten, wurde den Unternehmern und den Arbeitnehmern verboten, sich in kartellähnlichen Organisationen zu vereinigen (Koalitionsverbot im Strafgesetzbuch 1852, §§ 479—481). Das einmal *freigesetzte Eigentum* sollte auch *vor Selbstbindungen der Eigentümer bewahrt* bleiben.

Das freie und ungebundene Eigentumsrecht soll jedermann „das Befugnis, mit der Substanz und den Nutzungen einer Sache nach Willkür zu schalten", geben (ABGB § 354). „Kraft des Rechtes, über sein Eigentum zu verfügen, kann der vollständige Eigentümer in der Regel seine Sache nach Willkür benutzen oder unbenutzt lassen, er kann sie vertilgen oder sich unbedingt derselben begeben, d. i., sie verlassen" (ABGB § 362). Das *Eigentumsrecht* ist von jeder nicht selbst gewählten Bindung *frei und ungebunden*. Diese Freiheit des Eigentumsrechtes wird vom Staat mit dem Rechtssatz garantiert: das Eigentum ist unverletzlich (Staatsgrundgesetz 1867, Art. 5).

Dieses garantiert freie und ungebundene Eigentumsrecht beläßt jedermann die freie Initiative, nach seiner freien Entscheidung und „Willkür" zu verfügen. Auf dieser eigentumsrechtlichen Grundlage konnte sich die freie Marktwirtschaft entwickeln und die freie Gesellschaftsordnung entfalten.

Die freie Marktwirtschaft wurde vom Glauben an die wirtschaftliche Harmonie-Automatik (Smith) und von der Hoffnung auf die soziale Harmonie (Bastiat) begleitet. Dieser Glaube fand allerdings nicht seine Verwirklichung und die gesetzte Hoffnung nicht ihre Erfüllung. Die freie Marktwirtschaft und die freie Gesellschaft auf der Grundlage des freien Eigentumsrechtes hat sich nicht bewährt. Die in der Produktion schwachen und die am Markt geschwächten Gruppen drängten nach der Aufhebung des Koalitionsverbotes im Jahre 1870 wieder zu neuen Selbsthilfeorganisationen der verschiedenen Art, woraus sich wieder neue „soziale Hypotheken" auf das freie Eigentumsrecht legten.

3. Der Weg zum sozial gebundenen Eigentum

Das freie Eigentum mit der willkürlichen Verfügungsbefugnis über Sachen führte *zunächst* zu einer Übermachtung des Eigentums und im dialektischen Gegenschlag zur Leugnung des Eigentums in den Bestrebungen der Sozialisierung und Verstaatlichung des Eigentums. Es führte *dann* auf dem Weg zur Synthese aus der dialektischen Spannung zur Bildung der Selbsthilfeorganisationen und zu neuen Bindungen des Eigentumsrechtes. Es führte *schließlich* zu immer stärkerer Intervention des Staates in der Volkswirtschaft und so zu vielfältigen Beschränkungen des Eigentumsrechtes. Aus diesen Wandlungen des Eigentumsrechtes sind heute neue Sozialverpflichtungen des Eigentumsrechtes entstanden.

a) Die Übermachtung des Eigentums und die Leugnung des Eigentums

Die willkürliche Verfügungsbefugnis über das Betriebsvermögen vereint mit dem Prinzip der Gewinnmaximierung in der erwerbswirtschaftlich freien Marktwirtschaft bringen den Eigentümern von Unternehmungen wirtschaftliche Macht, die sich in der Produktion und am Markt in einer oligopoloiden oder gar monopolen Stellung zeigt. Mit der Vermögenserweiterung wächst die sozialwirtschaftliche Verfügungsmacht der Unternehmer nicht nur im gleichen Ausmaß mit dem Vermögenszuwachs, sondern progressiv zu diesem. Diese wirtschaftliche Machtfülle der Unternehmer verstärkt sich im ökonomischen Konzentrationsprozeß, demzufolge die „marktführenden Unternehmungen" den anderen Erzeugern der gleichen Branche die Lieferbedingungen und vor allem die Preise der Erzeugnisse vorgeben. Diese wirtschaftliche Übermacht verursacht mitunter bei den wirtschaftlich und sozial Zurückgebliebenen die Überzeugung: das private Eigentumsrecht bestehe zu Unrecht und sei daher zu beseitigen. Der wirtschaftlichen Übermacht des Eigentums wurde die Leugnung des Eigentumsrechtes zufolge der dialektischen Geschichtsgesetzlichkeit entgegengestellt. Für den Vollzug wurden zwei Wege vorgeschlagen: die Sozialisierung und die Verstaatlichung des privaten Unternehmereigentums.

Die *Sozialisierung* verfolgt den Zweck, die Verfügungsgewalt über Produktionsmittel und die Willkür des Eigentümers zu brechen und die Belegschaften der Betriebe in das Eigentum der produzierten Produktionsmittel zu setzen. „Die Sozialisierung beginnt mit der Enteignung. Der Staat erklärt durch ein Gesetz die bisherigen Eigentümer der Schwerindustrie des Eigentums für verlustig. Das arbeitende Volk kommt in den Besitz der Schwerindustrie" (O. Bauer, Der Weg zum Sozialismus, Wien 1919, S. 5). Das Sozialisierungsgesetz vom Jahre 1919 (StGB 181/1919) bestimmt: „Auf Grund des öffentlichen Wohles können geeignete Wirtschaftsbetriebe zugunsten des Staates, der Länder und der Gemeinden enteignet werden" (§ 1, 1).

Die *Verstaatlichung* bezweckt ebenso die Enteignung privater Unternehmungen und will als neuen Eigentümer den Staat. Hiebei soll die Möglichkeit für die Bildung von Werksgenossenschaften offenbleiben, wodurch über die Verstaatlichung wieder eine neue Art der Sozialisierung erreicht werden soll, um Arbeit und Kapital zusammenzuführen. „Es ist ein Erfolg der demokratischen Zusammenarbeit, daß es gelungen ist, im Sinne des vorliegenden Gesetzentwurfes über die Verstaatlichung Produktionsmittel und arbeitende Menschen zu verbinden, um zu einer gerechten Eigentumsverteilung zu kommen" (Antrag des Abg. Altenburger, Stenogr. Prot. d. Nationalrates, 5. Ges.Per., Beilage 198).

Die antithetische Spannung von der Übermacht des Eigentums und der Abschaffung des Eigentums an Produktionsmitteln brachte entgegen den gesetzlichen Erwartungen nicht die endgültige Lösung, weil sich alsbald nach der Verstaatlichung das Staatskombinat mit dem Konzern der verstaatlichten Industrie und dem der Banken als eine neue, noch gewaltigere und gewaltsamere Übermacht des Verfügungsrechts über die Produktionsmittel ergab.

b) Die Selbsthilfeorganisationen und die Bindung des Eigentums

Die in der freien Marktwirtschaft geschwächten Wirtschaftsgruppen schließen sich zur Behebung oder mindestens zur Linderung ihres Schwächezustandes zu Selbsthilfeorganisationen zusammen: die Bauern und Handwerker zu Genossenschaften, die Arbeiter zu Gewerkschaften und Konsumgenossenschaften und die Unternehmer zu Kartellen und Verbänden. All diese Organisationen wirken sich über die verschiedenen obligationsrechtlichen Verpflichtungen als Bindung für die Verfügungsbefugnisse über Sachen aus.

Die *Bauern* führen ihre Produktions-, Kredit- und Verwertungsgenossenschaften, um billiger zu den produzierten Produktionsmitteln zu kommen und ihre Erzeugnisse zu kostendeckenden Preisen abzusetzen. Das letzte Ziel aller Genossenschaftssparten ist die Sicherung des Einkommens der Bauern. Die Genossenschaften verpflichten die Genossenschafter, bei ihnen einzukaufen und an sie zu verkaufen. Da sich die Genossenschaften zum Zwecke der Hilfeverstärkung zu Verbänden zusammenschließen, wird die Bindung der Genossenschafter stärker und die Verfügungsfähigkeit, Produktionsmittel von anderswo zu erwerben oder die Erzeugnisse anderswohin abzusetzen, immer geringer.

Diese Feststellung wird etwa durch die Bestimmung: „Jedes Mitglied ist verpflichtet, die gesamte in seinem Betrieb erzeugte Milch zu liefern", unter Beweis gestellt (Statut der Molkerei Murboden in der Fassung vom 28. Mai 1949, § 10). Wenn im Statut des zugehörigen Molkereiverbandes bestimmt ist: Jedes „Mitglied (Molkereigenossenschaft) ist verpflichtet, das Verfügungsrecht über Milch und Milcherzeugnisse an den Verband zu übertragen"(§ 8), dann ist diese zwar eine obligationenrechtliche Verpflichtung, doch auch eine, und zwar intensive Verfügungsbeschränkung über die Erzeugnisse der Molkereien.

Die *Genossenschaften* bringen ihren Mitgliedern eine *wirtschaftliche Sicherung* und über diese eine *soziale Sicherheit, nehmen ihnen aber auch die entsprechende Freiheit am Eigentumsrecht.*

Die *Arbeiter* organisieren sich in den Gewerkschaften, um durch die Geschlossenheit auf der Angebotseite von Arbeit bessere Nominallöhne zu erreichen. Die Wege hiezu führen über die Kollektivverträge und über die verschiedenen gesetzlichen und faktischen Einflußnahmen der Gewerkschaften auf die Unternehmungsleitungen und die wirtschaftlich-politischen Direktionszentralen. Daraus ergibt sich wieder eine Reihe von Bindungen, die auf Seite der Arbeiter persönlicher und auf Seite der Unternehmer sachlicher Art sind.

Wenn z. B. die gewerkschaftlich organisierten Arbeiter die Kündigung eines Belegschaftsmitgliedes erzwangen, dann mußte der Oberste Gerichtshof feststellen, daß „im vorliegenden Fall die Existenzunterbindung eines Dienstnehmers als unsittlich bezeichnet werden muß" (2. Ob. 259/29, SZ XI/79). Wenn anderseits etwa durch einen Streik die Leitungsbefugnisse eines Unternehmers auf Null gestellt werden, dann ist dies wohl eine Verfügungsbeschränkung über das gesamte im Eigen stehende Betriebsvermögen.

Wieder gilt: *Die erreichte Sicherheit der Arbeiter wird mit einer Freiheitsbeschränkung der Arbeiter und der Unternehmer „bezahlt"*.

Wenn etwa in einem kartellähnlichen Kundschafts-Sicherungsvertrag der österreichischen Brauereien vom Juli 1957 bestimmt ist, daß für die einlageberechtigten Brauereien in allen Fällen, in welchen sie eine Kundschaft an eine auf diesem Vertrag mitgefertigte Brauerei verlieren und den vereinbarten Entschädigungsanspruch gegen die andere Brauerei erwirken" (§ 1), eine konventionell-straffreie Kundenerwerbung zum Zwecke der Absatzerweiterung gar nicht mehr möglich ist.

Alle Selbsthilfe- und Kartellorganisationen beschränken die Eigentumsbefugnisse und bringen neue Bindungen für das Eigentumsrecht.

c) Die staatliche Intervention und die Beschränkung des Eigentumsrechtes

Die ungebundene Wirtschaftsordnung läßt die Wirtschafter als Angebots- und Nachfrageparteien am freien Markt erscheinen. Dort treten sie mit entgegengesetzten Interessen auf, weil die Anbietenden als Verkäufer einen hohen Preis und die Nachfragenden als Käufer einen niederen Preis zu erlangen streben. Da die Marktparteien heute in Verbänden organisiert sind, führen die gegensätzlichen Interessen zu sozialen und wirtschaftlichen Spannungen. Aus den sozialen Spannungen, die sich vorzüglich aus den übergroßen Einkommens- und Vermögensdifferenzen ergaben, drängen die organisierten Gruppen *den Staat zu ausgleichender Intervention.*

Wegen der wirtschaftlich unterschiedlichen Startbedingungen in der Erzeugung und am Markt verpflichten die wirtschaftspolitischen Großorganisationen durch ihre politischen „Zweigstellen" den Staat wiederum zu ausgleichenden Interventionen. Der Staat wird auf Grund des Gesetzes von der Zunahme der intervenierenden Staatsaufgaben zum *obersten Gestalter der Gesellschaftsordnung* und zum *umfassenden Lenker der Volkswirtschaft* von der Produktion über die Zirkulation bis zur Distribution. Diese allseitige und allgegenwärtige Lenkung durch den Staat „erzeugt" immer mehr Beschränkungen und Belastungen für das Eigentumsrecht. Der Staat überzieht aus seiner ausgleichenden Schutzfunktion die Eigentumsrechte seiner Bürger mit einem Netz von sozialen und wirtschaftlichen Quasi-Hypotheken. Was als *Rest für das Eigentumsrecht* übrig bleibt, kann von einer beinahe noch verbliebenen Willkür des Verfügungsberechtigten bis zur nuda proprietas reichen. Dadurch hat aber der Wandel im Eigentumsrecht einen neuartigen Typus des Eigentumsrechtes — *das sozialgebundene Eigentum* — hervorgebracht. *Die im Eigen stehenden Sachen sind in ein engmaschiges System von Bindungen eingefaßt.*

Diese Bindungen und Beschränkungen beginnen beim Erwerb land- und forstwirtschaftlich genutzter Grundstücke, reichen über die Bauordnungen und die Bestimmungen über die gewerblichen Betriebsanlagen, setzen sich fort in der staatlichen Lenkung des Außenhandels, der Rohstoffe, der elektrischen Energie und der Lebensmittelsicherung, sie enden bei rund 30 gesetzlich festgehaltenen Enteignungstiteln. In beispielsweiser Anführung sei diese Kette der Beschränkungen des Eigentumsrechtes in etwa illustriert. Wenn manche der angeführten gesetzlichen Anordnungen auch gegenwärtig gerade nicht in Rechtswirksamkeit sind, so können sie doch jederzeit, wenn die Umstände eine stärkere Lenkung der Volkswirtschaft erfordern, wieder in Kraft gesetzt werden.

Der Erwerb landwirtschaftlich genutzter Grundstücke kann auf Grund des Gesetzes über die Veränderung landwirtschaftlicher Grundstücke vom 13. September 1919 (StGB. 583/1919) nur mit Zustimmung der Grundverkehrskommission erfolgen. Dadurch ist der Erwerb solcher Grundstücke der freien Entscheidung von Verkäufern und Käufern entzogen.

Die Normen der landesgesetzlichen Bauordnungen und die der Gewerbeordnungsnovelle vom 15. März 1883, § 25 (RGB 39/1883), wie auch die Bestimmungen über die Gewerbeinspektion vom 17. Juni 1883 (RGB 117/1883) binden schon seit Jahrzehnten die Eigentümer von Baugründen, Fabriken und Gewerbeanlagen in ihrer Verfügungsgewalt.

Aus den Gegebenheiten der Kriegs- und Nachkriegswirtschaft wie auch aus der Sorge vor weltwirtschaftlichen Verklemmungen wurden eine Reihe von Lenkungsgesetzen erlassen, die das Eigentumsrecht volkswirtschaftlich bedeutungsvoller Waren unter weitestgehende staatliche Lenkung und Kontrolle stellen. So werden die Rechtsgeschäfte für den Kauf und Verkauf von Waren im Export und Import, soweit sie in der dort beigelegten Anlage angeführt sind, „bewilligungspflichtig" (Außenhandelsgesetz vom 3. Dezember 1956, BGB 226/1956, § 2, 1). In ähnlicher Weise ist der Verkehr mit Rohstoffen (taxativ aufgezählt) einer Lenkung unterstellt (§ 1, 1). Diese Lenkung kann mit der Feststellung von Vorräten beginnen und mit Anweisungen über Aufbringung, Erzeugung und Lieferung fortgesetzt werden (§ 2, 1). Gelenkte Waren können beschlagnahmt werden. Die Eigentümer, Besitzer, Inhaber (!) können verpflichtet werden, die Waren gegen Entgelt abzuliefern (§ 3, 1). Wenn über die Preise keine Einigung zustande kommt, „setzt das Ministerium unter Ausschluß des Rechtsweges den Preis fest" (§ 3, 3) (Rohstofflenkungsgesetz vom 4. April 1951, BGB 106/1951). Der gleichen staatlichen Lenkung unterliegt die Lieferung elektrischer Energie nach dem Lastenverteilungsgesetz (BGB 183/1952). Das gleiche gilt auf Grund des Marktordnungsgesetzes vom 16. Dezember 1958 (BGB 276/1958) für den Verkehr von Milch und Milchprodukten, die in den „Einzugsgebieten" an eine bestimmte Molkerei abgeliefert werden müssen (§ 9, 2) und von dieser nur in einem bestimmten „Versorgungsgebiet" abgesetzt werden dürfen.

Durch diese und viele andere Gesetze wird das Eigentumsrecht so weit beengt und gebunden, daß von der „Willkür" von einst nichts mehr übriggeblieben ist. Das Eigentumsrecht ist in der sozialgebundenen Wirtschaftsordnung zu einem *sozial gebundenen Eigentumsrecht* geworden.

4. Die Verpflichtungsstufen des Eigentums

Der Wandel des Eigentums ist so stark, daß die durch den Liberalismus erstrebte volle Freiheit des Eigentums durch so viele Bindungen beschränkt ist, daß man im Bereiche der Sozialwirtschaft kaum mehr von einem vollkommenen Eigentum, soweit es die Erzeugungs- und Erwerbsvorgänge betrifft, sprechen kann. Außerdem entwickelten sich die verschiedenartigen Verpflichtungsstufen für die mannigfachen Eigentumsarten. Diese Verpflichtungsstufen beginnen mit dem beinahe noch freien Eigentum an Verbrauchsvermögen, setzen sich über die sozial- und wirtschaftspolitischen Beschränkungen des Produktions- und Erwerbsvermögens fort, bis sie beim gemeinwirtschaftlichen Genossenschaftseigentum und bei dem nur der Allgemeinheit dienenden Eigentum des Staates und der öffentlichen Wirtschaft enden.

a) Das Eigentum als Ausdruck der Person

Die aus den sozialen und wirtschaftlichen Vorgängen des Jahrhunderts zwischen der Mitte des 19. und des 20. herausentwickelten mannigfachen Eigentumsarten und vielfältigen Verpflichtungsstufen des Eigentums bringen eine wichtige Frage zur Entscheidung. Sind die Eigentumsverpflichtungsstufen *Entartungserscheinungen* des eigentlich individuellen, d. h. des freien Eigentums oder sind sie die *Vollendungsformen* des persönlichen Eigentums? Als Vollendungsformen können sie vielleicht deshalb angesprochen werden, weil der Mensch die integrale Einheit seiner individuellen und sozialen Seinsweise ist.

Will man dies erkennen, so muß man die Seinswesen des Menschen an sich, die auch die Lebensweisen des wirtschaftenden Menschen sind, herausschälen.

Der Mensch ist die integrale und unzertrennliche Einheit seiner Personalität und seiner Sozialität. Für das Eigentum ergeben sich *aus der*

Personalität die Herrschaftsstufen über das Eigentum und *aus der Sozialität die Verpflichtungsstufen für das Eigentum.*

Die Aussage über die Personalität des Menschen zeigt den Menschen in seiner Urtümlichkeit und Eigentümlichkeit. Jeder Mensch ist in besonderer und nur in der ihm eigenen Art Mensch. *Mensch-Sein heißt Person-Sein.* Person-Sein bedeutet aber selbstbewußte Eigenheit und selbstgesetzte Sonderheit des Menschen. Weil der Mensch seine selbstbewußte Eigenheit erkennt und aus dieser und für sie lebt, ist *jeder Mensch einmalig* und daher geschichtlich nicht wiederholbar.

Wie sehr der Mensch auch dem Bereich des Lebendigen angehört, so ist er doch durch seine Geistigkeit von jenem ganz und gar abgehoben. Die Geistigkeit und die Vernunft des Menschen lassen sein Person-Sein als eine „hypostasis cum dignitate" erscheinen, weil der Mensch ein würdevoller und achtenswerter Inhaber all dessen ist, was er ist und was er hat.

Im Person-Sein liegt die Anlage für die *Persönlichkeit des Menschen.* Diese ist die voll entfaltete Eigentümlichkeit und Sonderheit eines bestimmten Menschen. Persönlichkeit ist deshalb sowohl ein Vollendungsvorgang als auch der vollendete Zustand der Persönlichkeit. Persönlichkeit-Werden ist der Inhalt des Lebens des Menschen. So gesehen ist Sinn und Zweck des Menschen in ihm selbst gegeben. Alles, was die Umwelt des Menschen ausmacht, hat nur einen Bezugswert, indem es dazu dient, *die Persönlichkeit zur Entfaltung zu bringen.*

Die metaphysische Eigenheit des Menschen allerdings weist über ihn zu seinem Schöpfer hinaus, der ihm die besondere Eigenheit und durch sie die Anlage zur Persönlichkeit gab.

Für das Persönlichkeit-Werden sind zwei *Voraussetzungen* vonnöten: die *Freiheit* und das *Eigentum.*

Sofern der Mensch Person ist und Persönlichkeit wird, *bedarf er einer Freiheitssphäre,* innerhalb welcher er sein Selbst-Sein zur Geltung bringen kann. Daraus folgt, daß mit dem Person-Sein die Freiheitsrechte des Menschen schon gegeben sind. Die Menschenrechte sind daher schon mit dem Menschen gegeben und deshalb auch „vorstaatlich". Sie bestehen vor dem Staat und außerhalb des Staates. Der Staat kann und Menschenrechte lediglich für das Zusammenleben der Menschen durch seine Rechtsordnung gewährleisten, um sie gegen den Einbruch durch andere zu sichern. *Die staatlich gewährleisteten Grundrechte konkretisieren nur die dem Menschen schon vor dem Staat zustehenden Personsrechte.*

Weil die Freiheits- und Menschenrechte aus dem Person-Sein des Menschen hervorgehen, bestätigen sie den notwendigen Freiheitsbereich für den Menschen. Da der Mensch Person ist und Persönlichkeit wird, muß ihm ein Freiheitsbereich hiefür gewährleistet sein.

Eine sehr wichtige Erscheinungsform der Freiheitsrechte ist das *Eigentum.* Der Mensch braucht für seine Persönlichkeitsentfaltung und als materiellen Ausdruck seiner Freiheit Dinge der Außenwelt, die man wirtschaftliche Güter nennt. Will der Mensch seine Eigenheit entfalten, dann muß er auch wirtschaftliche Güter sein Eigen nennen können. Die Eigenheit des Menschen verlangt wesensgemäß für den Menschen Eigentum. *Das Selbst des Menschen* muß sich in irgendeinem Ausmaß *im Seinigen niederschlagen.* Soferne der Mensch für sein Selbst einen Freiheitsbereich braucht, muß er auch eine Verfügungsmacht und ein Verfügenkönnen über wirtschaftliche Güter haben. *Die Persönlichkeit braucht Eigentum.*

Kraft der Vernünftigkeit des Menschen erhebt ihn die Persönlichkeit zum Bewußtsein seines Wesens und seiner Besitztümer. Durch dieses Bewußtsein aber wird das Eigentum zum vollen Eigen, zum Genusse des Eigentums und der Besitztümer. Noch mehr: mit dem Selbstbewußtsein entspringt aus der Vernünftigkeit der Natur auch das Vermögen, alle Tätigkeiten mehr oder weniger selbständig auf selbstgesteckte Zwecke zu richten und alle Kräfte zur Erreichung dieser anzuwenden. So tritt zum Genusse noch die freie Selbstbestimmung im freien Gebrauche der Dinge des Eigentums. Der *freie Gebrauch,* den nur das Eigentumsrecht der Person gewährt, gibt die *wahre Herrschaft als Zeichen der Vollpersönlichkeit.*

Der Ausdruck der Persönlichkeit des Menschen ist sein freies Menschenrecht und als Niederschlag dessen das Recht auf Eigentum.

Aus dieser Feststellung lassen sich zwei wichtige Folgerungen ziehen; die eine betrifft den *Charakter des Eigentumsrechtes,* die andere den *Zweck des Wirtschaftens.*

Aus dem Persönlichkeitscharakter des Eigentums geht hervor, daß das Eigentumsrecht ein Recht ist, das sich trotz seines sachenrechtlichen Charakters von der Person ableitet. *Das Eigentumsrecht ist ein persönliches Herrschaftsrecht.*

„Auf jeden Fall ergibt sich daher die Erkenntnis, daß unsere heutige Eigentumsordnung zuallererst auf dem Recht der Person aufgebaut ist[2]". Die Sache selbst ist für das Eigentumsrecht nur ein „Tatbestandselement"[3]. Daher ist es vollends abwegig, im Rahmen der Eigentumsrechtserörterung die Sache als primum hinzustellen, dem im Nachhinein eine Rechtsperson „zukommt". Dies besagten die Sätze: „Nicht eine Rechtsperson hat das Grundstück ... das Grundstück hat vielmehr einen Eigentümer. Es wird nicht in Besitz genommen, vielmehr nimmt es selbst einen neuen Eigentümer auf."

---

[2] G. Dürig, Das Eigentum als Menschenrecht, in: Zeitschrift für die ges. Staatswissenschaft, Bd. 109, 1953, S. 345.

[3] H. Nawiasky, Allgemeine Rechtslehre, 2. Aufl. Köln 1948, S. 202.

Wie sehr das Eigentumsrecht personsbedingt und personsbestimmt ist, zeigt sich auch in den Beschränkungen des Eigentums. Jede Beschränkung geht zuerst von den persönlichen Verpflichtungen des Eigentumträgers aus und schlägt sich erst dann in den entsprechenden sachenrechtlichen Institutionen nieder. „Gerade die Auffassung vom Eigentum als Menschrecht bildet die Grundlage dafür, die Pflichtenimmanenz des Eigentümers konkret zu erfassen[4]". Die sozialen Verpflichtungen des Eigentums oder dessen Sozialhypotheken kommen daher aus den Verpflichtungskreisen, in denen der Rechtsträger des Eigentums steht. Das Eigentumsrecht ist trotz seines dingrechtlichen Charakters personsbestimmt. *Aus der Personsbestimmtheit des Eigentumsrechtes ergibt sich sowohl die Freiheit als auch die Gebundenheit des Eigentums.*

Wenn es richtig ist, daß das Eigentum ein Niederschlag des Freiheitsrechtes des Menschen ist, dann muß der *Erwerb des Eigentums als Zweck des gesamten Wirtschaftens gelten.* Das in der arbeitsteiligen Sozialwirtschaft getätigte Zusammenwirken aller Wirtschafter muß daher so sein, daß über die Einkommensverteilung durch die Vermögensbildung für jeden Eigentum gebildet werden kann. Man kann sogar sagen: *am Grade der Eigentumsbildung läßt sich die richtige Wirtschaftsordnung erkennen.*

Dazu muß aber sofort noch gesagt werden, daß die Wirtschaftsordnung nicht nur als Prinzip die Eigentumsbildung möglich sein lassen muß, sondern die Eigentumsbildung in der jeweiligen Wirtschaftsordnung so sein muß, daß jeder die Möglichkeit zur Eigentumsbildung hat. Wenn also die Möglichkeit zur Eigentumsbildung wegen der verschiedenen Startbedingungen für alle, wenn auch, was verständlich ist, nicht in gleichem Ausmaße, gegeben ist, so müssen doch in der Wirtschaftsordnung die entsprechenden Einrichtungen geschaffen sein, damit *über die gesicherte Einkommenseinbringung von jedem Eigentum gebildet werden kann.*

Soll der Mensch frei sein, so muß er auch eine wirtschaftliche Grundlage für seine Selbständigkeit und Unabhängigkeit haben. Diese Grundlage gibt das Eigentum, das die wirtschaftliche Verfügungsmacht über Güter und daher auch die Sicherung der Bedarfsdeckung bringt.

Der Mensch hat, weil er Persönlichkeit ist, in mehreren Stufen das Recht auf Eigentum[5].

Die *erste Stufe* des Eigentumsrechtes ist das *Recht auf Eigentum des Existenzminimums.* Dieses gibt das Recht auf soviel Güter, daß der Mensch sein Leben und damit seine Persönlichkeitentfaltung gerade noch verwirklichen kann. Der Umfang des Herrschbereiches der Eigentumsgröße, gemessen nach dem Existenzminimum, ist so groß, daß sie Verfügungsmacht über soviel Verbrauchsvermögen gibt, um die Lebenssiche-

---

[5] A. P. Utz, Freiheit und Bindung des Eigentums, Heidelberg 1949, S. 537.

[4] G. Dürig, a. a. O., S. 346.

rung zu gewährleisten. Dieses so umgrenzte Eigentum gibt so viel, daß der Mensch von der Hand in den Mund leben kann. Diese Eigentumsgröße muß die Sozial- und Wirtschaftsordnung jedem garantieren, will sie den Anspruch auf eine brauchbare Wirtschaftsordnung für Menschen erheben.

Die *zweite Stufe* des Eigentumsrechtes ist das Recht auf das *Eigentum zur Sicherung des menschenwürdigen Daseins.* Der Umfang dieses Eigentumsbereiches ist so groß, daß nicht nur gerade das Dasein gesichert ist, sondern so, daß das wohlständige Leben, das „εὖ ζῆν", gewährleistet ist. Ein so eigentumsrechtlich gesichertes Vermögen gibt die Grundlage für die Entfaltungsmöglichkeit der Person des Menschen. Die Sozial- und Wirtschaftsordnung muß in normalen Zeiten für jeden, der im gesellschaftlichen und wirtschaftlichen Leben tätig ist, diese Eigentumsfülle zu erlangen ermöglichen. Erst eine Wirtschaftsordnung, die dies vermag, kann als sozial gerecht und sozialwirtschaftlich richtig angesprochen werden.

Die *dritte Stufe* des Eigentumsrechtes ist das *Recht auf das Eigentum zur Sicherstellung des standesgemäßen Lebens.* Dieses billigt dem Menschen die Verfügungsmacht über so viele Wirtschaftsgüter zu, daß die Persönlichkeit gemäß ihres gesellschaftlichen Standes, dem sie zufolge ihrer gesellschaftlichen Leistung zugehört, leben kann. Da jeder Mensch kraft seiner Persönlichkeit auch eine bestimmte gesellschaftliche Geltung hat, muß der soziale Geltungsstand ihm auch einen bestimmten Habitus in der Gesellschaft gewährleisten. All das, was den standesgemäßen Unterhalt sichert, gehört zum standesgemäßen Leben. Die Eigentumsfülle, die für das standesgemäße Leben erforderlich ist, braucht eine Verfügungsmacht, die nicht nur den standesgemäßen Bedarf in der Gegenwart, sondern ihn auch auf die Dauer für die Zukunft sichert. Dies bedeutet aber, daß die Einkommensordnung so sein muß, daß die Eigentumsbildung von dauernd garantierten Werten gesichert ist. Erst dieses auf die Dauer gesicherte Eigentum läßt berechtigterweise vom Eigentum des standesgemäßen Lebens sprechen.

Durch die Eigentumsgröße für das standesgemäße Leben ist der Übergang von der Personalität zur Sozialität des Menschen auch schon gegeben.

Wenn oben gesagt wurde: der Mensch ist die integrale Einheit von Personalität und Sozialität, so muß nach der Klarlegung des personalen Grundgehaltes des Eigentums auch noch dessen *sozialer Gehalt festgelegt* werden. Die sozialen Verpflichtungsgrade des Eigentums entspringen zum größten Teil aus der Sozialität des Menschen.

Der Mensch ist gemeinschaftsgebunden, weil er zur Vollendung seines Selbst die anderen Menschen braucht. Es genügt aber nicht, zu sagen, daß der Mensch der Gemeinschaft wegen seiner Entwicklung, Erziehung und Bildung verbunden ist und wegen seiner Wirkungsbeschränktheit, aber auch wegen seiner sozialen und wirtschaftlichen Verbundenheit von den anderen Menschen abhängig ist. Diese Abhängigkeitsgrade mit den entsprechenden Gesellungsformen weisen nur die äußere Verbundenheit des Menschen mit der Gesellschaft und den Gemeinschaften aus. Der eigentliche Verbundenheitsgrund der Persönlichkeit mit den anderen Menschen liegt viel tiefer.

Die *Persönlichkeitsentfaltung des Menschen ist, nach außen projiziert,* nichts anderes als ein von innen heraus getragenes *Zur-Geltung-Kommen.* Der in der Persönlichkeit erarbeitete und aufgespeicherte Wert, verkörpert im Selbst des Menschen, will im Werk verwirklicht werden. Für diesen Verwirklichungsvorgang braucht der Mensch die Gemeinschaften mit verschiedener Gemeinschaftsdichte. Die Gemeinschaften mit der größten Dichte sind solche, die den inneren Verwirklichungsvorgang der in ihnen zusammenlebenden Menschen mitempfinden, erkennen und „mitmachen", während die größeren, aber lockeren Gemeinschaften die Werksetzung nur mehr äußerlich durch die Mitarbeit „verfolgen". *Die Sozialität des Menschen ist nichts anderes als die nach außen gewendete Personalität.*

Was an innerem Wert in der Person aufgespeichert ist, wird zur Kristallisationskraft für die anderen Menschen. Diese werden durch die Wirkkraft der Persönlichkeit soghaft angezogen. Sie werden von der kernbildenden Persönlichkeit bestrahlt und zu ihr hin ausgerichtet. Die *Personalität* des Menschen wird durch die gewendete Seite der Sozialität *zum gemeinschaftsbildenden Ferment.* Dadurch gehört die Persönlichkeit der Gemeinschaft kernbildend an und die in der Gemeinschaft Lebenden werden der Persönlichkeit zugeordnet. Daraus lassen sich zwei grundlegende Gemeinschaftsweisen ableiten: die *Solidarität* und die *Subsidiarität.*

Die in den Gemeinschaften zu verwirklichende und verwirklichte Verbundenheitsweise ist die solidarische, der gemäß jeder jedem verbunden ist. Im gemeinsamen Wert und im entsprechend gesetzten Zweck steht jeder für alle und alle für jeden ein; dies nicht nur mit den Eigenschaften und Kräften der Persönlichkeit, sondern auch mit den äußeren Erscheinungen der Persönlichkeit, mit dem Eigentum. Daher ist in der solidarisch verbundenen Gemeinschaft das Eigentum eines jeden Verbundenen nicht mehr nur sein absolutes Eigen, sondern auch das *der Gemeinschaft verpflichtete Eigentum.* Das Eigentum nimmt deshalb aus der Sozialität der Person die der solidarischen Gemeinschaft entspringenden Verpflichtungen in sich auf, so daß *das Eigentum sowohl als personale Herrschaft als auch als soziale Verpflichtung erscheint.*

Aus der in der jeweils konkreten Gemeinschaft wirkenden, solidarischen Verbundenheit der Menschen kommt dem Eigentum die gesellschaftliche Verbundenheit und das soziale Verpflichtetsein zu.

Soweit der Mensch seine Sozialität verwirklicht, so weit ist auch sein persönlicher Freiheitsbereich und damit sein Eigentum beschränkt und sozial verpflichtet. *Aus der solidarischen Verbundenheit* der Menschen in den verschiedenen Gemeinschaften folgt die *soziale Verpflichtetheit des Eigentums.*

Nicht alle Gemeinschaften sind von gleicher Dichte, denn es gibt solche, die so dicht sind, daß alle Lebensvorgänge der in der Gemeinschaft Verbundenen in ihrem Rahmen vollzogen werden, und es gibt solche, die nur für einen zeitlich und inhaltlich eng begrenzten Rahmen gelten.

Gemeinschaften mit größerem Dichtegrad umfassen ihre Verbundenen stärker und intensiver, weil ihre gesamte Persönlichkeitsentfaltung in der Gemeinschaft geschieht. Die geistige und leibliche Selbstentfaltung und die Selbstentwicklung vollziehen sich im Rahmen der Lebensgemeinschaften.

Daneben aber gibt es Gemeinschaften, die in weniger starker Weise die Vergesellschafteten verbinden. Manche dieser Gemeinschaften verwirklichen nur einen und oft auch nur einen flüchtig bestimmten Zweck. Daraus ergibt sich, daß die *Gemeinschaften in einer Stufenordnung* stehen, die mit denen der *größten Dichte* beginnen und mit denen der *lockersten Verbundenheit* enden.

In der Stufenfolge der Gesellungsdichte zeigt sich die *Gemeinschaftsweise der Subsidiarität.* Dieser gemäß haben die Gemeinschaften mit größter Dichte den umfassenderen Inhalt und die mit geringerer Dichte den begrenzteren Aufgabenbereich. Ihre gegenseitige Bezogenheit ist so, daß die *dichteren* Gemeinschaften den lockeren *vor*geordnet und die *lockeren* den dichteren Gemeinschaften *nach*geordnet sind. Was daher die dichten Gemeinschaften an Gemeinschaftsangelegenheiten selbst vollbringen können, sollen sie auch selbst vollziehen. Nur die jeweiligen Restaufgaben steigen zu den übergeordneten und im Umfang größeren Gemeinschaften auf, so daß diese nur subsidiär, d. h. ergänzend und aushelfend wirksam werden. Der entsprechende Stufenaufbau der Gesellschaft ist: Familie, Werksgemeinschaft, Berufsgemeinschaft, Staat und überstaatliche Gemeinschaften.

Aus der Personalität des Menschen ergibt sich die Freiheit des Eigentums und aus der Sozialität des Menschen ergeben sich je nach dem Grade der Gesellungsdichte die verschiedenen Bindungs- und Verpflichtungsgrade für das Eigentum.

b) Die sozialwirtschaftlichen Verpflichtungsstufen des Eigentums

Werden die eben gegebenen soziologischen Erkenntnisse in das Wirtschaftsleben transponiert, so kann festgestellt werden, daß auch in der Sozialwirtschaft die Eigentumsverpflichtungen nach den verschiedenen

Wirtschaftsgemeinschaften unterschiedlich sind. Da auch in der Sozialwirtschaft das Prinzip der Subsidiarität gilt, haben die kleinen und dichten Wirtschaftsgemeinschaften für das Eigentum ihrer Mitglieder einen höheren Verpflichtungsgrad als die Wirtschaftsgemeinschaften mit einer geringeren Dichte. Aus dem heraus ergeben sich die verschiedenen sozialwirtschaftlichen Verpflichtungsstufen des Eigentums für die einzelnen Wirtschaftsgemeinschaften: Familie, Werksgemeinschaft, Berufsgemeinschaft und Staatsgemeinschaft.

Zu diesen gemeinschaftsbedingten Verpflichtungsstufen kommen für das Eigentum noch solche, die aus der Art der Vermögenschaften kommen. Da nicht alle wirtschaftlichen Güter für die soziale Wirtschaft von gleicher Bedeutung sind, haben sie auch verschiedene Verpflichtungsgrade auf sich lasten. Aus der Stufenfolge der sozialwirtschaftlichen Bedeutung und Funktion der verschiedenen Wirtschaftsgüter ergibt sich eine Verpflichtungsstufung für die verschiedenen, wirtschaftlich verwertbaren Vermögenschaften.

a) Die Verpflichtungsstufen aus den Wirtschaftsgemeinschaften

Die *Familie* ist eine vollständige Gemeinschaft, weil sie alle Lebensbereiche der Angehörigen umfaßt. Sie ist Erlebensgemeinschaft, sie ist geistige Gemeinschaft und daher auch Kulturgemeinschaft. Die Familie ist auch leibliche Gemeinschaft und als solche auch Lebenshaltungsgemeinschaft, innerhalb der die Lebensfreude und Lebensnot der Familie gelebt wird. Die *Wirtschaftsgemeinschaft der Familie* zeigt sich im Haushalt mit der *Haushaltswirtschaft*.

Die Familie ist eine echte Personengemeinschaft, in der der Mann als Vater gebend und sorgend für alle tätig wird und die Frau als Mutter im Dienste für die anderen aufgeht. Indem Vater und Mutter ihre Sozialität in der Familie entfalten, vervollkommnen sie auch ihre Persönlichkeit. Im Rahmen der familiären Personengemeinschaft werden die Kinder durch die Erziehung zu ihrem Selbst geführt, damit sie nach der Selbstentdeckung in der Familie später selbständig ihr Personsein verwirklichen können. So gesehen ist der Sinn der Familiengemeinschaft die Selbstentfaltung ihrer Personen über den Weg der dichten Gemeinschaftsverbundenheit. Personalität und Sozialität der Familienmitglieder geht jeweils ineinander über.

Dies geschieht auch in der familiären Haushaltswirtschaft. Die Haushaltsgemeinschaft der Familie ist sozialwirtschaftlich gesehen eine *Versorgungsgemeinschaft*. In dieser hat jedes Mitglied das Recht, versorgt zu werden, und, soweit dies möglich und erforderlich ist, hat jedes Mitglied auch die Pflicht, die anderen zu versorgen. Daraus geht wieder hervor, daß die Familie auch eine *personelle Eigentumsgemeinschaft* ist. Personelle Eigentumsgemeinschaft bedeutet, daß das von den einzelnen Mitgliedern in die Familie eingebrachte Eigentum „auch den anderen gehört“, weil jede Eigentumseinbringung für die gesamte Familie eine „Beisteuer“ ist. Wie immer daher das familiäre und eheliche Güterrecht geordnet sein mag, immer verbleibt doch die Familie eine *Eigentums-Verpflichtungsgemeinschaft.* Wegen dieser Verpflichtungsgemeinschaft ist die Familie auch eine Eigentums-Rechtsgemeinschaft sui generis.

Weil die familiäre Haushaltsgemeinschaft eine Rechts- und Verpflichtungsgemeinschaft in bezug auf das Eigentum der gesamten Familie, aber auch in bezug auf das Eigentum der einzelnen Mitglieder ist, ist die Verfügungsmacht über ihr Eigentum immer eine sehr beschränkte. Die Verfügung über das Eigen der Familienmitglieder ist daher rechtlich und noch mehr durch die Sitte und am stärksten durch das personelle Verbundensein so beschränkt, daß vom eingebrachten Eigentum jeweils nur ein quasi-peculium für den Eigentümer „übrigbleibt“.

Die Herrschaftsweise über das Eigentum der Familie und das ihrer Mitglieder ist immer eine Mischform des patriarchalischen und genossenschaftlichen Prinzipes. Wenn auch der pater familias die normale Verfügungsgewalt hat, so werden seine Verfügungsentschlüsse immer wieder durch die „Mitsprache“ seiner Angehörigen dem Inhalte nach bestimmt. *Aus dem großen Dichtegrad der Familiengemeinschaft ergeben sich die hohen Verpflichtungsgrade für das Eigentum im Rahmen der Familie.*

In der familiären Versorgungsgemeinschaft lassen sich meist die Herrschaftsbereiche über das Eigen der einzelnen Mitglieder praktisch kaum unterscheiden. Dies heißt nichts anderes, als daß die Freiheit und Gebundenheit des Eigentums *der Familienmitglieder ineinander verwoben ist und sich so die Waage hält.*

Die *Werksgemeinschaft* als Erwerbs- und Erzeugungsgemeinschaft richtet ihre Gemeinschaftsbildung nach zwei Linien: nach der Seite der Unternehmer, wenn es sich um eine Gesellschaftsunternehmung handelt, und nach der Richtung der Mitarbeiter in der Belegschaft.

Für die Unternehmergemeinschaft wurden im Gesellschaftsrecht des Handelsrechtes die entsprechenden Verpflichtungsgrade für das in die Gesellschaft eingebrachte Vermögen mit den etwa noch zusätzlichen Nachschuß- und Haftungspflichten festgelegt. Die aus der Unternehmergemeinschaft entspringende Eigentumsgemeinschaft ist daher als Rechts- und Verpflichtungsgemeinschaft so konkret festgelegt, daß darüber keine weiteren Aussagen nötig sind.

Da sich seit einigen Jahrzehnten das Verpflichtungsverhältnis der Werksgemeinschaft in bezug auf Unternehmer und Gefolgschaft in den

Grundlagen neu zu konstituieren beginnt, liegen gerade hier die Ansatzpunkte für ein neuartiges Gemeinschaftsverhältnis und daraus abgeleitet für ein neues Eigentumsrechts- und Eigentumsverpflichtungsverhältnis.

Durch den Übergang von der quantitativen zur qualitativen Sozialpolitik steht die Werks- und Betriebsgemeinschaft als Kristallisationspunkt für die neue Gemeinschaftsbildung der Wirtschaft im Vordergrund. Während früher im Rahmen der quantitaven Sozialpolitik von der Arbeiterschaft um Lohngrößen, um Arbeitszeit- und Freizeitquanten gekämpft wurde, wird jetzt im Vollzug der qualitativen Sozialpolitik ein neuartiges Gemeinschaftsverhältnis innerhalb der Werksgemeinschaft angestrebt. Durch die Bindung an das Werk wird die Werksgemeinschaft zu einer *Personalgemeinschaft,* weil nunmehr die persönlichen Bindungen zwischen Unternehmer und Gefolgschaft dichter und immer mehr auf die Personen abgestellt werden. Da der Inhalt der Arbeit nicht mehr nur in der Erbringung des Lohnes gesehen wird, ergibt sich eine stärkere Hingabe an die Arbeit und über diese an das Werk, wodurch die Werksverbundenheit einerseits und die Schaffensfreude anderseits stärker wird. Die bisher vielfach noch klassenkämpferische Gemeinschaft der Arbeiter wird zur personsbestimmten Gemeinschaft der kleinen Kreise der Werksgemeinschaften. Daher werden auch immer mehr Lebensbereiche in die Werksangelegenheiten einbezogen. Im Verlauf dieses Geschehens wird die Werksgemeinschaft zur *Lebensgemeinschaft.* Daraus ergeben sich neue Dichtegrade für die nunmehr universelle Werksgemeinschaft.

Das Werk als Betriebs- und Siedlungsraum wird durch die Ortsgebundenheit dezentralisierter Betriebe zur Heimatgemeinschaft, die jedem durch die räumliche Verwurzelung die heimatliche Geborgenheit bringt. Dies bedeutet aber, daß das Werkseigentum aus den heimatschaffenden Siedlungsvorgängen neue Verpflichtungen übernimmt. Teile des Wirtschaftserfolges werden deshalb für Siedlungsvorhaben abgezweigt, woraus die neuartige Verpflichtung zum Erscheinen kommt. Die Verwirklichungsformen aus dieser neuen Verpflichtungsart sind mannigfach und reichen von der Errichtung von Wohnungen für die Werksangehörigen bis zur Siedlungsgenossenschaft, an der das Unternehmen und die Werksangehörigen beteiligt sind. Ohne daß hier schon ein Entwicklungsabschluß gegeben ist, läßt sich doch erkennen, daß *manches Unternehmereigentum neuartige Verpflichtungen für die Belegschaft übernahm.*

Dadurch, daß die Werksgemeinschaft durch ihre gemeinschaftstiftenden Einrichtungen wie Werkskindergärten, Werksschulen, Werksspitäler usw. einen für das Leben der Werksangehörigen engen Zusammenhalt bringt, ist auch die Voraussetzung für die Entstehung einer werksgebundenen *Kulturgemeinschaft* gegeben. Der Bereich der Werkskulturgemeinschaft reicht vom Sportverein über die Erholungsinstitutionen bis zum eigenständigen Musik- und Theaterleben. Soweit die Unternehmen aus ihrer Wirtschaftskraft und ihrem Ertragsfonds hiefür Mittel zur Verfügung stellen, so weit *nimmt das Unternehmereigentum auch Kulturverpflichtungen für die gesamte Werksgemeinschaft auf sich.*

All diese außerwirtschaftlichen Verpflichtungen des Unternehmereigentums werden noch verstärkt durch die neuartigen Institutionen der Werks- und Betriebsgemeinschaft. Diese Einrichtungen wirken nach zwei Richtungen. Der Belegschaft gegenüber wirken sie sich so aus, daß die Werksverbundenheit aller An- und Zugehörigen immer stärker wird. Dem Unternehmer gegenüber verpflichten die neuen gemeinschaftsbildenden Institutionen das Unternehmereigentum immer stärker, so daß *über die neu entstehende Personengemeinschaft eine größere Gebundenheit des Unternehmereigentums* zum Vorschein kommt. Die diesbezüglichen Einrichtungen sind: das Informationsrecht, das Recht zur Mitsprache und Mitbestimmung, das Recht auf Gewinnbeteiligung und schließlich die Rechtsgemeinschaft der Werksgenossenschaft.

Da die Werksgemeinschaft eine *Produktions- und Erwerbsgemeinschaft* ist, ist sie auch eine *Erfolgsgemeinschaft.* Dies drückt sich in der Gewinnbeteiligung der Gefolgschaft an der ganzen Unternehmung aus. Da jedes Gehalt und jeder Lohn ein ausbezahlter Werksgemeinschaftserfolg ist, ist es nur natürlich, daß über die kollektivvertraglichen Grenzen gemäß dem Werkserfolg besondere Betriebsgelder gezahlt werden. Diese *Werksrentengemeinschaft* geht wesensgemäß aus der Leistungs- und Erfolgsgemeinschaft hervor. Das Sonderproblem hiebei ist: Wie werden die Erfolgsquoten verrechnet und verteilt? Hiefür aber gibt es schon eine Reihe brauchbarer Ansätze.

Der stärkste Ausdruck der Werksgemeinschaft ist die *Werksgenossenschaft.* Durch sie werden die Mitglieder der Werksgemeinschaft Miteigentümer am Unternehmen. Diese Werksgemeinschaft vereinigt in sich die Eigentums- und Leistungsgemeinschaft, wie auch die Risiko- und Gewinngemeinschaft. Neuartige Formen zeigen, daß besonders werksverbundene Angehörige auch die Möglichkeit der Beteiligung am Unternehmenseigentum neben dem Unternehmer haben können.

All diese Werksgemeinschafts-Einrichtungen wirken sich als stufenmäßige Verpflichtungen des Unternehmenseigentums aus. Wie ihr endgültiger Verpflichtungsrahmen sein wird, läßt sich noch nicht sagen. Diese Entwicklung wird erst mit der Verfassung des konstitutionellen Betriebes ihren Abschluß finden. Der Weg hiezu ist in vielen Ansätzen schon vorgezeichnet. Damit aber ergeben sich *neuartige Verpflichtungsstufen des Unternehmereigentums.*

Die nächsthöhere, aber weniger dichte Wirtschaftsgemeinschaft ist die *Berufsgemeinschaft.*

Da in der Marktwirtschaft die Produktionsrichtung und der Produktionsumfang durch den Preis geregelt wird und nicht alle Wirtschafter die gleichen Startbedingungen und Gewinnchancen haben, können viele von ihnen nicht ohne gegenseitige Organisationshilfe bestehen. Die Schwankung in den Absatzgrößen und in den Preishöhen bewirkt, daß sich die Wirtschafter zusammenschließen, um das gefahrbringende Schwanken auszuschalten. Die Zusammenschlüsse auf den verschiedenen Erzeugungsstufen zu „*Berufsgemeinschaften*" erfolgen in der Form kartellhafter Organisationen, in der Form von Genossenschaften und in der Weise der Kammern.

Wenn die Unternehmer für ihr Produktions- und Verwertungsgeschehen im Wege von *Kartellverträgen* Vereinbarungen treffen, die mit der Festlegung gleicher Verkaufsbedingungen beginnen und mit der Fixierung von Erzeugungsquoten und Preisen enden, so wird die Verfügungsmacht über das Erzeugungs- und Erwerbsvermögen der Unternehmer beschränkt. *Es verbleibt nur noch die freie Verfügung über das Eigentum im Rahmen des vertragsfreien Raumes.*

Indem die einzelnen Unternehmer einen Teil ihrer Herrschgewalt über ihr Unternehmungseigentum abgeben, sichern sie sich den Absatz und die Preise für die von ihnen produzierten Waren, wodurch ihnen eine höhere Bestandssicherung für ihr Eigentum zukommt. *Die vertragliche Einschränkung des Unternehmereigentums bringt diesem erhöhte Bestandssicherung.*

Für Wirtschaftszweige, die in der Marktwirtschaft konstitutiv benachteiligt sind, wie die Landwirtschaft und das handwerkliche Gewerbe, genügen zur Hintanhaltung der Marktgefahren die Organisationsvereinbarungen meist nicht. Sie müssen durch Selbsthilfe eigene Hilfsunternehmungen, die *Genossenschaften,* gründen und führen. Diese leisten Produktions- und Ertragshilfe und für die Verwertung der erzeugten Waren die Absatz- und Preissicherung. Wieder zeigt sich, daß durch die Beschränkung des Eigentums, in diesem Falle durch die größenmäßige Verengung des Eigentums im Wege der Genossenschaftsbeiträge, der Rest des Eigentums der Genossenschafter gesichert verbleibt. *Genossenschaftliche Eigentumsbeschränkung bringt Herrschaftssicherung über das Eigentum der Genossenschafter.*

Alle wirtschaftlichen Berufsgemeinschaften beschränken die Verfügungsmacht über das Eigentum der organisierten Wirtschafter, um für den Rest der Eigentumsherrschaft die Gewährleistung für erhöhte Sicherheit zu erhalten.

Das Zusammenwirken der Unternehmen im richtigen Schichtungsverhältnis der Wirtschaftszweige wird vom *Staat* gewährleistet. Er hat die Aufgabe, das gegenseitige Geben und Nehmen der Wirtschaftszweige und in ihrem Rahmen das der Unternehmer so zu gestalten, daß die in der Volkswirtschaft veranlagte Struktur verwirklicht und nicht verzerrt werde und die Bewegungsvorgänge von der Erzeugung bis zur Verteilung ohne Unterbrechung geschehen können. Der Staat hat als *oberster Organisator der Volkswirtschaft* die richtige Strukturentfaltung und den gleichmäßigen Bewegungsfortgang zu sichern. Erst durch diese die Volkswirtschaft zur Einheit führende und vor Entartung schützende Organisationstätigkeit des Staates wird jedem Unternehmer die Rentabilität und allen das Einkommen sichergestellt. *Dadurch garantiert der Staat die Ertragsfähigkeit des in den Sozialwirtschaften eingesetzten Eigentums der Unternehmer und die Ergiebigkeit der Arbeit aller Mittätigen.*

Die Mittel, deren sich der Staat für seine Aufgaben bedient, sind organisatorische, die wegen ihrer juristischen Formen rechtsetzende und rechtvollziehende Akte sind. Die Gesetzgebung und die Vollziehung durch Verwaltung und Gerichtsbarkeit beschränken immer die Herrschaft über das Eigentum, so daß mit der *Eigentumssicherung* durch den Staat auch die *Beschränkung des Eigentums* erfolgt.

Für den Vollzug der Staatsaufgaben muß der Staat Mittel bereit haben, die ihm die öffentliche Wirtschaft zuführt. Durch die Einnahmeinstitutionen der öffentlichen Wirtschaft entzieht der Staat seinen Bürgern geldliche Verfügungsmacht aus ihrem Eigentum, so daß mit der staatlichen Beschränkung des Eigentums auch noch dessen Verminderung verbunden ist. Als oberster Gestalter der Wirtschaftsgemeinschaften sichert der Staat zwar die Ergiebigkeit des Eigentums, beschränkt und vermindert dieses aber gleichzeitig. Dies ist sicher gegeben, wenn die gesamte öffentliche Wirtschaft, vom Staat bis zu den intermediären Finanzgewalten, 73 vH vom Volkseinkommen oder 56 vH vom Sozialprodukt an sich zieht (1964). *Die staatliche Sicherungsklammer für das Eigentum greift in dieses so ein, daß die Herrschaft über das Eigentum beschränkt und verkleinert wird.*

In der subsidiären Verbundenheit der Wirtschaftsgemeinschaft zeigt sich, daß wegen der Nichtbeachtung der sozialwirtschaftlichen Verpflichtungen der dichteren Wirtschaftsgemeinschaften die übergeordneten immer stärker in den Freiheitsbereich des Eigentums eingreifen und den Herrschaftsbereich vermindern.

β) Die Verpflichtungsstufen aus der sozialen Bedeutung der Vermögensarten

Die Wirtschaftsgüter, die im Eigentum der Wirtschafter stehen, haben für diese und die Wirtschaftsgemeinschaften verschiedene Funktionen und daher verschiedene Wirkungen.

Die Verbrauchsgüter haben unmittelbar für die Verbrauchenden und für ihre Versorgungsgemeinschaften ihre Bedeutung. Die Produktionsgüter haben für die Erzeuger, sofern sie mit deren Hilfe Verbrauchsgüter herstellen, zwar auch noch eine „subjektive“ Bedeutung, erhalten aber auch eine Bedeutung für größere Wirtschaftsgemeinschaften. Die organisatorischen Wirtschaftsmittel wie Geld, Kredit und Organisationshandlungen und -einrichtungen verbinden die Wirtschaftsgemeinschaften untereinander und haben in dieser integralen Verbindungsmacht eine sozialwirtschaftliche Bedeutung höherer Ordnung. Aus dieser sozialwirtschaftlichen Güterlehre ergeben sich Güter niederer, höherer und höchster Ordnung. *Aus der sozialwirtschaftlichen Bedeutung der Wirtschaftsgüter ergeben sich die entsprechenden Verpflichtungsstufen für das Eigentum.*

Hiezu ist noch zu bemerken, daß die Bedeutungsfolge der Wirtschaftsgüter und daher auch ihre Verpflichtungsstufen nicht feststehen, sondern je nach den sozialwirtschaftlichen Zuständen verschieden sein können.

In wirtschaftlich normalen Zeiten ist *das Eigentum an Verbrauchsgütern* für die Wirtschafter und Wirtschaftsgemeinschaften *frei*, so daß außer den Beschränkungen, die aus der Versorgungsgemeinschaft der Familie kommen, *keine Beschränkungen den freien Gebrauch hemmen.* Weil die Gebrauchs- und Verbrauchsgüter dem nutzenden Wirtschafter allein dienen, bleiben Hemmungen für die Eigentumsverwendung durch höhere Wirtschaftsgemeinschaften aus.

Anders ist die Eigentumsverwendung in Zeiten etwa kriegswirtschaftlich bedingter Noterscheinungen. In diesem Fall wird der Freiheitsbereich des Verbrauchsgütereigentums so weit eingeschränkt, daß Erzeugung, Verteilung und selbst die Verwendung dieser Güterart der staatlichen Planung, Lenkung und Kontrolle unterworfen wird.

Das *Eigentum an Produktionsmitteln* wird im Wege der Sozial- und Wirtschaftspolitik *durch den Staat* einerseits und durch die entsprechenden *Vereinbarungen der Eigentümer* anderseits *mehr oder weniger beschränkt.* Da die Nutzungsmöglichkeiten für das Produktionseigentum von außen aus der Volkswirtschaft an die Betriebe herankommen, kommen auch von den Wirtschaftsgemeinschaften die entsprechenden Eigentumsbeschränkungen. Diese beziehen sich auf das Entstehen, die Verwendung und Verwertung des Produktionsmitteleigentums. Der Grund für die Beschränkung des Produktionsmitteleigentums liegt in der *Verpflichtung der Produktionsmittel für die Allgemeinheit.* Diese Verpflichtetheit kommt wieder aus der Verbundenheit der produzierenden Betriebe und Gemeinschaften mit der gesamten Sozialwirtschaft.

Die *Bindungs- und Verpflichtungsgrade* an die Öffentlichkeit *steigen mit der Strahlungskraft der Produktionsbetriebe* und ihrer Erzeugungsanlagen. Je mehr andersartige Unternehmungen von den sozialwirtschaftlichen Strahlungsbetrieben technisch oder wirtschaftlich ins Gefolge genommen werden können, umso stärker können und müssen die Verpflichtungs- und Hemmungsgrade für das entsprechende Unternehmungseigentum sein.

Das Produktionsmitteleigentum ist wegen seiner sozialwirtschaftlichen Bedeutung und gemäß seiner Bedeutungsstufen stärkeren Bindungen und größeren Verpflichtungen unterworfen als das Eigentum an Verbrauchsgütern.

Die *organisatorischen Wirtschaftsgüter* wie Geld und Kredit werden von den Banken unter der Führung der Notenbank den Wirtschaftern und Wirtschaftsgemeinschaften zur Verfügung gestellt. Dadurch bestimmen die Banken, wieviel Geld und Kredit in der Sozialwirtschaft wirksam werden und wo das vermittelte und geschöpfte Geld zum Einsatz kommen soll. *Durch die Geld- und Kreditverteilung* bestimmen die Banken, wie groß das *Erzeugungsvolumen der Volkswirtschaft* ist. Mit der Erzeugungsgröße wird aber auch das Einkommen insgesamt und dessen Verteilung festgelegt. Mit der Einkommensgröße und Einkommensverteilung wird wiederum die Nachfrage mit ihren einzelnen Ausströmungswegen festgelegt. Aus dieser *Sonderstellung* des Finanzkapitals in der Volkswirtschaft kommen auch die *Sonderverpflichtungen* für seine Eigentümer. Wie immer die Bankenorganisation einer Volkswirtschaft sein mag, immer ist die Notenbank mit den Kreditbanken unter die besondere Lenkungsherrschaft des Staates gestellt. Dies bedeutet wieder, daß *das Eigentum über Geld und Kredit unter besonderen Verpflichtungen und daher unter besonderen staatlichen Beschränkungen steht.*

Aus den Arten des sozialwirtschaftlich verwertbaren Vermögens ergeben sich verschieden starke Eigentumsverpflichtungen und daher verschiedene Bindungsgrade des Eigentums.

II. Die Macht der Organisationen und die Ohnmacht der Organisierten[1]

1. Der Trend zur Organisation

Das Leben des modernen Menschen wird in allen Bereichen von der Organisation erfaßt. Jede Lebensäußerung des einzelnen geschieht im Rahmen eines Massengeschehens und muß daher registriert und durch die Organisationen in die Massenvorgänge eingeordnet werden.

Mit der Geburt im Entbindungsheim beginnt das Organisiertwerden. Voranmeldung und Registrierung läßt die Menschwerdung „in organisierter Ordnung" vor sich gehen. Der Organisations-Registerschein beweist, daß der Mensch geboren ist. Ohne das Registerzertifikat hat der Mensch keine bürgerliche Existenz und kann in keine Organisation der Gesellschaft Eingang finden.

Der Erwachsene bedarf für sein Fortkommen vieler Organisationen. Er muß, wenn er wirtschaftlich selbständig ist, in der Innung, über diese in der Kammer für gewerbliche Wirtschaft und daneben in den entsprechenden Bünden der Wirtschaftspolitik organisiert sein. Ist ein Erwachsener wirtschaftlich unselbständig, dann braucht er die Organisation, denn als Nichtorganisierter kann er in der Regel in die berufliche Stufenleiter nicht einsteigen und dort nicht aufsteigen.

Dazu kommt noch, daß alle kulturellen Vorgänge in ebensolchen Organisationen gefaßt sein müssen. Von der Religion über die Kunst bis zur Wissenschaft müssen alle einzelnen Bestrebungen und Richtungen gruppenmäßig organisiert sein. Jeder muß einer Schule oder einer Richtung angehören, mindestens schon deshalb, damit man sich mit seinen einzelnen Gedankengängen nicht mehr näher zu befassen braucht. Die Richtungspunze gibt jedem Künstler und Wissenschafter die Einordnung in die organisierten Kasten der Künste und Wissenschaften. Wehe denen, die allein bleiben wollen!

In der Gegenwart wird alles von der Organisation erfaßt. Außerhalb der Organisation existiert nichts. *Organisation ist gleich Existenz.*

Wenn die Organisation nur der Ausdruck der Ordnung kleiner Gemeinschaften wäre, könnte aus dem Organisiertsein keine besondere Gefahr für die Organisierten entstehen, weil die kleinen Gemeinschaften

[1] Die Macht der Organisation und die Ohnmacht der Organisierten, in: Wissenschaft und Weltbild, Jg. 6, 1953.

immer mehr oder minder auf Selbstverantwortung und Selbstbestimmung aufgebaut sind, und zwar auch dann, wenn ihnen eine patriarchalische Grundordnung gegeben ist. Da aber die modernen Organisationen über die horizontale Organisationsebene zu vertikalen Organisationsverbänden aufzusteigen bestrebt sind, entfernen sie sich von der ordnenden Funktion der Organisation und werden zu totalen und bürokratischen Machtkomplexen.

Je größer die vertikalen Organisationsverbände werden, desto umfassender werden sie, weil sie „organisationsgesetzlich" darnach streben, alle noch nicht organisatorisch Erfaßten in ihren Organisations- und daher Machtbereich einzubeziehen.

Durch die Vergrößerung der Organisation im Wege der Verbandsbildung verlieren die horizontal gelagerten Organisationen der verhältnismäßig kleinen Gemeinschaften ihren Gestaltungseinfluß und die Gestaltungskompetenz steigt bis zur Spitze der Organisationsverbände auf. Da ferner die durch die Organisationshierarchie erfaßten Massen nur noch schematisch erfaßt und bürokratisch gelenkt werden können, verlagert sich die eigentliche Organisationstätigkeit in die Bureaus der Spitzenverbände und in die Kanzleien der Macht-Manager.

Die Konzentration der Organisationen läßt diese total und bürokratisch werden.

Trotz dieser totalen und bis zur Diktatur zentripetal wirkenden Organisationsvorgänge hat sich mit Ausnahme der Massenpsychologie weder die Soziologie noch die Staats- und Verwaltungslehre im Wesentlichen mit den Vorgängen der Organisationen befaßt.

2. Das Wesen der Organisation

Die Organisation und das Organisieren ist eine *Erscheinung des Gemeinschaftslebens*. Organisieren ist ein Ordnen von Gemeinschaften, denn jedem Ordnungsvorgang, wie auch jeder Organisation ist ein Ziel vorgegeben, auf das hin die Organisierten ausgerichtet und daher in die Organisation straff eingefügt werden sollen. Die in den Gemeinschaften und in der Gesellschaft tätigen Menschen sollen durch die Organisation erfaßt, ausgerichtet, auf ein vorgegebenes Ziel hingeordnet und, wenn nötig, hiefür in Bewegung gesetzt werden.

Das Wort „organisieren" stammt als Lehnwort aus dem französischen „organiser", das ausrichten, einrichten, ordnen, anordnen und gestalten bedeutet. Im letzten stammt das Wort organisieren vom griechischen ὄργανον. Dies bedeutet „Werkzeug" und weiter gefaßt „Organ", das soviel bedeutet wie „Teil in einem Ganzen". Organisieren bedeutet demnach: die Teile in einem Ganzen richtig aufeinander zuordnen, die Teile sinn- und zweckvoll in das Ganze einordnen und einfügen. Organisieren bedeutet: *einem Ganzen mit vielen Teilen eine Ordnung geben.* Dies ergibt sich vorzüglich bei menschlichen Gemeinschaften und allgemein in der Gesellschaft. *Organisieren heißt: einer Gemeinschaft oder einer Gesellschaft eine planvolle Ordnung geben, damit die Teile als Organe richtig funktionieren.*

Eine solch organisierte Ordnung braucht jede Gemeinschaft. Das Ausmaß des organisierenden Ordnens kann in den Gemeinschaften verschieden sein. Die kleinen und daher dichten Gemeinschaften folgen einer kaum merkbaren, aber doch vorhandenen Ordnung. Die größeren und lockeren Gemeinschaften und Gesellschaftsgruppen bedürfen wegen des dürftigeren inneren Zusammenhaltes einer stärkeren äußeren Ordnung, sie müssen organisiert werden.

Dadurch unterscheiden sich zwei formal beinahe synonyme Begriffe: Ordnung und Organisation. *Ordnung* drückt mehr den *inneren Zusammenhang* und den daraus folgenden *äußeren Aufbau einer Gemeinschaft* aus. *Organisation* ist hingegen mehr die *äußere, mit etwas Zwang erreichte Ordnung.* Organisieren ist ein vielfach nur mechanisches Zusammenfassen von Menschen, ohne die einzelnen wirklich auf die Dauer ergreifen zu müssen. Organisiert werden die Menschen in der Regel jeweils *nur für ein Ziel.* Für andere Ziele gibt es eben andere Organisationen. Daher zeigt sich das Organisationsgeschehen in *vielen und zahlreichen Organisationen.*

Organisieren ist ein Handeln, das die jeweils Organisierten zu einem ganz bestimmten Verhalten bringt. Organisieren ist das Setzen von Taten, damit aus ihnen weitere Handlungen folgen. Wenn daher irgendeine Gemeinschaft organisiert wird, werden alle die Handlungen gesetzt, welche die Handlungen im Rahmen der Gruppe planmäßig ermöglichen. *Organisieren ist veranlassendes Handeln, weil durch das Organisieren weitere Handlungen der organisierten Gruppe hervorgebracht werden* (Spann).

Während aber das ordnende Handeln nur ein grundlegendes ist, aus dem heraus die Gemeinschaft und die Gesellschaft ihre Lebensäußerungen vollbringen, ist das Organisieren ein Handeln, das immer wieder das Gemeinschaftsleben ausrichtet. Läßt das ordnende Handeln eine Gemeinschaft für die Entfaltung ihres Eigenlebens „in Ruhe", so kann das Organisieren die Organisierten an sich nie freilassen. *Organisierendes Handeln ist in der Gemeinschaft und in der Gesellschaft ständig allgegenwärtig, um die Organisierten dem Organisationsziel zuzuordnen.*

Aus dem Streben, die Organisierten zusammenzufassen, um sie „zum Einsatz zu bringen", hat jede Organisation *ein Gegensätzliches in sich.* Jede Organisation muß *die Organisierten nivellieren* und sie muß aus der gleichgerichteten Menge eine *Organisationsführung hervortreten lassen.*

Das Nivellieren der Organisierten ist notwendig, weil durch die Organisation ein allen gleich wichtiges Ziel angestrebt und erreicht werden soll. Damit aber das Organisationsziel allen gleichartig und gleich wichtig erscheint, müssen alle Sonderinteressen der einzelnen weggelassen oder weggenommen werden. Alle Organisierten werden in bezug auf das Organisationsziel gleichgemacht und gestrafft. Das, was das statistische Verfahren mit den Einzelfällen einer Massenerscheinung durch die Zahlenerfassung tut, das gleiche geschieht durch die Organisation im Wege der Nivellierung der Organisierten.

Jede organisierte Gruppe braucht Führungsorgane, die aus der nivellierten Masse ausgelesen werden müssen. Der Ausleseprozeß ist in der Regel ein demokratischer, so daß die leitenden Personen auf einen Vorschlag hin durch Abstimmung berufen werden. Da sich alle Organisierten einer kleinen Gemeinschaft kennen, geben sie den Persönlichkeiten ihr Vertrauen für die Leitung, die als gesellschaftliche Kristallisationspunkte allen bekannt sind. Die Vertrauensleute werden gewählt. Je größer die organisierten Gruppen werden, desto schwächer wird die persönliche Verbindung der Organisierten, weshalb bei der *Elektion der Delegierten* immer mehr die organisatorischen Spielregeln in den Vordergrund treten. Dadurch verliert die organisierte Gemeinschaft immer mehr ihren inneren Zusammenhalt und wird eine äußerlich organisierte Massengruppe.

Die auslesende Wahl erfolgt durch „Aufpfropfung“ der vorsitzenden Präsidenten. Die entsprechende Spielregel läßt die zu Wählenden den Wählern vom Wahl-Leiter aufdrängen, indem dieser nach Verlesung der Kandidatenliste fragt: „Ist jemand dagegen?“.

Nun müssen sich die melden, die — dagegen sind. Die, die wirklich wählen wollen, müssen sich auf diese Weise von allen Wählern als „Dagegen-Seiende“ herausstellen. Wenn manche diesen Mut aufbringen, dann werden sie als störende „Krakeeler“ bezeichnet, deren Meinung, weil immer dagegen, gar nicht ernst genommen zu werden braucht.

Hat sich niemand als „Gegner“ gemeldet, dann ist also niemand gegen den Wahlvorschlag.

Routinemäßig fragt der Wahlleiter noch, ob sich jemand der Stimme enthalten wolle. Wer sollte dies tun? Wenn man schon nicht dagegen zu sein sich getraut, dann braucht man sich nicht registrieren zu lassen, wenn man keine Meinung hat oder wenn man seine Meinung nicht kundgeben will.

Nunmehr ist niemand gegen den Wahl-Vorschlag. Keiner erklärt sich für uninteressiert, warum sollte ein solcher auch „anwesend“ sein?

„Daher ist der Wahl-Vorschlag einstimmig angenommen", so wird für die Niederschrift der protokollierenden Sekretärin diktiert. „Ich gratuliere dem alten, neuen Vorstand!"

3. Die Prinzipien der Organisation

Da jede Organisation alle am Organisationsziel Interessierten zusammenbringen will, strebt jede Organisation *nach dem Prinzip der Geschlossenheit,* alle potentiellen Mitglieder in sich aufzunehmen. Der interne Organisationszweck ist daher dann erreicht, wenn alle im Organisationsziel Gleichen in der organisierten Gruppe erfaßt sind. Solange die Werbung für die Organisation auf Grund des Prinzips der Freiwilligkeit geschieht, ist aus dem Streben nach der Geschlossenheit keine Gefahr zu erwarten, weil die Einsicht der Umworbenen und die Kraft der Argumente des Organisationszieles zur verhältnismäßigen Geschlossenheit aller führt. *Die Geschlossenheit der Mitglieder garantiert die Zielerreichung.*

Die Geschlossenheit ist lediglich eine zahlenmäßige Vollständigkeit der Mitglieder. Damit aber zum Druck der großen Zahl auch das Gewicht der Masse komme, müssen die Organisierten auch innerlich auf das Organisationsziel „ausgerichtet" werden. Dadurch werden alle so formiert, daß sie „eines Sinnes" sind. Jetzt erst ergibt sich durch das *Prinzip der einheitlichen Ausrichtung* die Wucht der organisierten Durchschlagskraft. Die äußere Geschlossenheit drängt zur inneren Ausrichtung aller auf ein Ziel, auf eine Denkrichtung und auf eine „Welt-Anschauung". *Diese einheitliche Ausrichtung mit der inneren Geschlossenheit läßt die Zahl der Organisierten mit dem Gewicht der Masse zur durchschlagskräftigen Wucht werden.*

Aus der einheitlichen Ausrichtung folgt wieder das *Prinzip der Gleichschaltung.* Wenn nämlich alle Organisierten auf eine Linie gebracht werden sollen, dann darf es neben dieser einen keine andere geben. Was die einheitliche Ausrichtung als Ziel und Erfolg ist, das ist die Gleichschaltung als Vorgang. Alle einzelnen, aber auch alle Gruppen müssen in der einheitlich geschlossenen Organisation *auf das gleiche Ziel ausgerichtet und in die gleiche Denkweise eingeschaltet werden.*

Aus dieser Gleichschaltung geht notwendig das *Prinzip der Ausschließlichkeit* hervor. Die Gleichschaltung brachte zwar schon die totale Einfügung aller in die uniforme und einförmige Masse der Organisierten. Die Garantie für die einheitliche Ausrichtung und Gleichgeschaltetheit ist die Ausschließlichkeit, der zufolge jede auch nur geringe Abweichung von der einheitlichen Linie von seiten einzelner oder einer kleinen Gruppe „mit dem Ausschluß geahndet" und „bestraft" wird. Ergeben sich in einer Organisation Splittergruppen, die einmal vielleicht etwas

Eigenes wollen, dann müssen sie ihre Sonderabsichten und Sonderbestrebungen unverzüglich und ganz aufgeben oder sie werden aus der Organisation ausgeschlossen. *Die Ausschließlichkeit garantiert die einheitliche Ausrichtung und Gleichschaltung.*

Die Prinzipien der Geschlossenheit, der einheitlichen Ausrichtung, der Gleichschaltung und der Ausschließlichkeit bringen für alle Organisationen den Trend zur Totalität. Dieser wirkt sich auf die Organisierten so aus, daß sie *ganz und gar der Organisation „gehören"*. Dies wirkt sich auch auf die Organisation so aus, daß sie immer mehr Bereiche in ihr Organisationsfeld einbezieht, bis sie zur universalen Organisation für alle Belange des Lebens geworden ist. *Die Organisationen haben unweiger den Zug zur Totalität.*

Da jede Organisation ein wirkungsvolles Zusammenstehen der Organisierten erreichen will, müssen zwei sich einander ergänzende Strukturprinzipien in den Organisationen verwirklicht werden. Jede Organisation zeigt daher in ihrem Strukturaufbau eine *horizontale* und eine *vertikale* Gliederung.

Gemäß der horizontalen Struktur werden die sachlich und örtlich begrenzten kleinen Gemeinschaftskreise der Organisierten zusammengefaßt und zusammengehalten. Hier liegt der gemeinschaftliche und gesellschaftliche Boden, auf dem die zu Organisierenden mit dem Organisationsziel vertraut werden und auf dem das jeweils gesetzte Organisationsziel verwirklicht wird.

In jedem der kleinen Organisationskreise wirken die Persönlichkeiten unmittelbar aufeinander. Die stärksten Persönlichkeiten werden kraft ihres Seins und nicht nur auf Grund ihres äußeren Agierens die Kristallisationspunkte dieser Gemeinschaften. Um diese gruppiert sich die Gefolgschaft, weil sie das volle Vertrauen der Geführten haben. Die kleinen Organisationsgruppen sind daher immer *personsbedingt,* weil sie auf der Wirkung von Persönlichkeiten aufgebaut sind. Ohne eine persönliche Vertrauenssphäre kann keine organisierte Kleingemeinschaft bestehen. *Aus der Persönlichkeitsverbundenheit erwächst der organisierten kleinen Gruppe der innere Zusammenhalt.*

Jeder kleine Organisationskreis ist auch sachbestimmt, weil alle Organisierten in einer oder in bestimmten Gemeinschaftsangelegenheiten eines Sinnes und eines Willens sind. Das gemeinsame Ziel ist das für alle Erstrebenswerte und führt daher die Organisierten zur sachlichen Arbeit zusammen. Der Wert des gemeinsamen Zieles macht die kleine Organisationsgruppe immer dichter, so daß das Einstehen jedes einzelnen für die gemeinsame Sache immer lohnend zu sein scheint. *Die kleinen, organisierten Gemeinschaften werden durch ihr gemeinsames, sachbestimmtes Ziel dicht geschlossen.*

Die Personsbedingtheit und Sachbestimmtheit läßt in jeder organisierten Gemeinschaft das *Prinzip der Solidarität* wirksam werden. Weil die organisierte Gemeinschaft persönlich wie sachlich dicht verbunden ist, steht jeder für jeden ein. Jeder haftet nach dem „genossenschaftlichen" Prinzip, wenn schon nicht vermögensrechtlich, so doch persönlich für die Handlungen der Gemeinschaft. Jede gesetzte Handlung gilt als eine echte Gemeinschaftshandlung, für die sowohl die bestellten Organe als auch die zustimmenden Mitglieder eintreten.

Diese Solidarität bringt für die Willensbildung der organisierten Gemeinschaften das *demokratische Prinzip* zur Geltung. Wenn auch die führende Elite die gemeinsamen Handlungen vorbereitet und nach der Zustimmung durch alle zur Durchführung bringt, so erscheinen die Aktionen der organisierten Gruppen immer als solche der ganzen Gemeinschaft. Dies gibt der Leitung auch die Verpflichtung, nichts ohne die Zustimmung aller Mitglieder zu unternehmen. Die kleinen Organisationsgemeinschaften leben daher nach dem *Prinzip der Selbstbestimmung* und nach dem *Prinzip der Selbstverantwortung.* Je dichter eine organisierte Gemeinschaft ist, desto enger ist die Willensbildung von unten nach oben und von oben nach unten miteinander verknüpft.

Jede Organisation bringt eine zahlreiche Reihe horizontal gruppierter Gemeinschaften auf einer Ebene hervor. Das Streben nach neuen Ortsgruppen ist deshalb jeder Organisation eigen. Die Vermehrung horizontal gelagerter Gemeinschaften zeigt jeweils die Lebensfähigkeit einer Organisation an.

Die vielen kleinen Gemeinschaften personeller und sachlicher Art treten auf der horizontalen Ebene eines Ortes oder eines Betriebes hervor. Aus dem Nebeneinander drängen die Ortsgruppen auf Grund des *Prinzips der horizontalen Konzentration* zu einer gekoppelten Ballung. Alle gleichartigen Gemeinschaften und Gruppen werden zu einem *horizontalen Verband der Ortsgruppen* zusammengezogen. Dadurch steigt die Durchschlagskraft der Gruppen und der Organisierten nicht nur in der Summe der Organisiertenzahl, sie steigt vielmehr im multiplikativen Effekt. *Die Anzahl der Ortsgruppen ergibt mit der Zahl der Organisierten multipliziert die Durchschlagswucht des horizontalen Verbandes nach außen.*

Die horizontale Verbandsbildung läßt aber nach innen die Initiative und Selbständigkeit der Ortsgruppen zunächst schwächer werden und dann immer mehr erlahmen, weil die Verbandszentrale wegen der größeren Außenwirkung die „Außenpolitik" oder besser: die Vertretung nach außen „übernimmt". Die Ortsgruppen und ihre Organisierten „sind froh", die schwierige Vertretung nach außen oder gar das „Durchboxen der Forderungen" anderen gegenüber los zu sein. Sie trauen auch der multiplizierten Macht und Gewalt mehr zu. Und dies mit Recht! Zur

Durchsetzung der Forderungen nach außen bedarf es aber wieder einer dichteren und engeren Verbundenheit und Geschlossenheit. Dadurch werden aber die Gruppen, die bislang selbstständig waren, *der Initiative und der Leitung des Verbandes unterstellt.* Diese Unterstellung führt mit den Erfolgen nach außen zur stärkeren Abhängigkeit der Ortsgruppen von der Verbandszentrale, bis *aus der Abhängigkeit eine totale Weisungsgebundenheit* hervorgeht. *So werden die Ortsgruppen Unter-Gruppen und die Organisierten Hörige der Verbandszentralen.* Diese organisatorische Konzentration ist erforderlich, weil die kleinen, horizontal gelagerten Organisationsgruppen jeweils nur eine örtliche Strahlungswirkung entfalten können.

Die Organisationen werden gemäß dem *Prinzip der vertikalen Konzentration* von den in der jeweiligen Landesebene gleichgeschalteten Ortsgruppen über Zwischen-Landesverbände bis zu Bundes-Verbänden vertikal geschichtet aufgebaut. Diese vertikale Konzentration gibt der jeweiligen Organisation die breiteste Basis, weil alle Ortsgruppen in den Bundesverband einbezogen sind. Jetzt kann die oberste Verbandszentrale im Namen aller sprechen und handeln. Jetzt ist auch die Möglichkeit der totalen Einschließung, Ausrichtung und Gleichschaltung gegeben, weil keine Ortsgruppe oder Bezirksleitung „eigene Wege“ für eigens gesetzte Ziele gehen kann und darf. *Die Erfaßtheit aller Mitglieder drängt den Organisationsverband zur Totalität.*

Die vertikale Durchgängigkeit des Verbandes gibt der Zentrale die Möglichkeit, Anweisungen von oben über die Zwischenstellen bis zu den Ortsgruppen gelangen zu lassen und deren Durchführung und Ausführung zu garantieren, weil die stärkere Finanzkraft des Bundesverbandes die Ortsgruppen im Wege des „Finanzausgleiches“ zumeist abhängig sein läßt.

Die vertikale Konzentration hat durch ihre Breiten- und Tiefenwirkung eine Organisationsmacht mit potenzierter Durchschlagskraft nach außen und nach innen geschaffen.

Je größer der Konzentrationskreis wird, desto stärker und durchschlagskräftiger werden die vertikal zusammengefaßten horizontalen Organisationen.

Mit der Verbandsbildung zeigen sich neben der Wirkungssteigerung der Organisationen nach außen Schwäche- und Zerfallserscheinungen nach innen. Da jede vertikal aufsteigende Organisationskonzentration den Umfang der Organisierten vergrößert, geht sowohl die Übersichtlichkeit als auch die Dichte der organisierten Gemeinschaften verloren. Der Verlust der Gemeinschaftsdichte bringt weitere Gefahren sowohl für die Organisationen als auch für die Organisierten. Mit dem äußeren Kraftzuwachs der vertikal organisierten Gruppen verlieren diese oft ihren inneren Zusammenhalt.

4. Die Gefahren der Massenorganisationen

Mit der vertikalen Konzentration der verschiedenen Organisationen wird sowohl das Gebiet der Organisation als auch die Menge der Organisierten größer. Durch diese Vergrößerungsvorgänge wird dem eigentlichen Organisationsziel vielfach ein zusätzliches eingeschoben. Nun gilt neben oder unter Umständen auch schon über dem eigentlichen Organisationsziel ein neues: die Vergrößerung der Zahl der Organisierten. Mit allen Organisationsmitteln wird nunmehr versucht, die Zahl der Organisierten so zu vergrößern, daß wenn möglich alle, die dem gesetzten Organisationsziel potentiell zugeordnet sind, in das Organisationsgehege auch tatsächlich einbezogen und eingefangen werden.

Ist ein beachtlicher Teil der für ein Ziel organisatorisch Erfaßbaren schon geschlossen in die Organisation einbezogen, dann geht von den Organisationen ein Sog aus, der alle noch nicht Organisierten mit der Wucht der Masse an sich zieht. Dieser *Sog* wirkt sich massenpsychologisch aus, weil er dem bislang Außenstehenden das Empfinden gibt, *„dabei sein zu müssen"*. Durch diese nur massenpsychologisch verständliche „Überzeugung" werden neue Massen in die Organisation „getrieben".

Alle, die jetzt noch außerhalb stehen und außerhalb bleiben wollen, ergreift nunmehr die *organisatorische Macht der Totalität* der bestehenden Organisation. Da jede Organisation sachlich für verhältnismäßig eng begrenzte Gemeinschaftskreise bestimmt ist, wirken nunmehr die schon Organisierten auf die noch nicht Organisierten ein, um sie für die gemeinsame Sache zu werben. Von der überzeugenden bis zur machthaft, um nicht zu sagen terroristisch wirkenden Werbung reicht die Einflußnahme auf die noch Außenstehenden. Je nach der besonderen Lage geschieht nun der Eintritt in die Organisation vom Punkte echter Freiwilligkeit über alle Stufen der „zwangsmäßigen Freiwilligkeit" bis zum Endpunkt des echten, unausweichlichen Zwanges. Wäre dem nicht so, müßten die staatlich garantierten Grundrechte nicht unter Umständen in Ausführung dieser durch Antiterrorgesetze die Freiheit nicht Organisationswilliger schützen.

Jede konzentrierte Massenorganisation entwickelt so lange den zwingenden Sog zur Totalität, bis alle Organisationsfähigen tatsächlich organisiert sind.

In dieser Phase der Organisationsentwicklung kann sich kaum irgendeine Organisation des *Zuges zur Macht* erwehren. Sind alle Interessenten in einer Organisation erfaßt, dann kann diese ihr Organisationsziel auch *mit der Macht der Masse* zu erreichen suchen. Das Wirkenlassen der Macht kann auf alle die, gegen deren Interessen sich die Organisation richtet, einschüchternd und erlahmend wirken. Werden hiefür die machtpolitischen Organisationsinstrumente, wie etwa die Beherrschung der Straße gebraucht, dann kann die organisierte Masse im Willen, ihr Ziel zu erreichen, unüberwindlich werden. *Die totale Organisation strebt unweigerlich zur Macht. Die totale Machtorganisation strebt zur Diktatur.*

Dieser Entwicklung nach außen steht eine besonders geartete nach innen zur Seite. Die konzentrierte Massenorganisation hat ihr *Gewicht in der Zahl der Organisierten.* Da in der Massenorganisation *nur die Zahl das Wichtigste ist,* muß die Masse der Organisierten immer mehr gestrafft, vereinheitlicht, gleichgeschaltet, d. h. *gleichgemacht* werden. War in der organisierten Kleingruppe die Verschiedenartigkeit der Persönlichkeiten das, was die Gemeinschaften neben dem Organisationsziel zusammenhielt, so ist in der Massenorganisation die nivellierte Ausgeglichenheit und die Gleichmachung der Elemente das Verbindende. Die Massenorganisationen müssen daher mit allen Mitteln die Organisierten zu einem Massenbrei einebnen. *Die Individualität der Organisierten muß in der Massenorganisation der Gleichmachung weichen.*

Die ursprünglich aus den verschiedenen Charakteren und Persönlichkeiten getragene Gemeinschaft wird *zur organisierten, gleichgemachten Masse.* Die Massenorganisationen können von den Organisierten nur noch gleiche und schematisierte Merkmale in den Registern erfassen. Sind aber die Massen nach einheitlichen Merkmalen erfaßt und registriert, dann können sie auch ohne Schwierigkeiten nach einheitlichen Lenkungsparolen dirigiert werden. *Die organisierte Masse wird zum Organisations-Material der Organisationsmanager.*

Mit der vertikalen Konzentration der Organisationen zeigt sich auch die *Bürokratisierung.* Mit der Konzentration steigt die Erledigung der Organisationsgeschäfte von der Ortsebene über die Zwischenstufen bis zur Staatsebene auf. Die zu erledigenden Probleme erhalten dadurch eine räumliche Erweiterung. Sie werden aber auch, da nunmehr nur Massen organisatorisch zu bewältigen sind, zahlenmäßig grenzenlos. Für die Organe der ursprünglich kleinen Organisationsgruppen sind nunmehr die organisatorischen Vorgänge nicht mehr zu überschauen. Der Überblick ist nur noch für die Organisationsspitze gegeben, weil dort der Zusammenlauf des gesamten Organisationsmaterials erfolgt. *Mit der Erweiterung des Organisationsradius konzentriert sich die Lenkung der Massenorganisationen bei den Organisationszentralen.*

Da die im Delegationsverfahren an die Spitze beorderten Funktionäre die schier unübersehbar gewordenen Organisationsprobleme nicht mehr allein bewältigen können, weil dazu nur noch *Organisationsspezialisten* fähig sind, verlagert sich die Führung der Organisation von den gewählten Spitzenfunktionären zum anonymen Organisationsbureau. *Dadurch werden aber die beruflich bestellten Organisationssekretäre die eigentlichen Akteure der Massenorganisationen.*

Dieses Aufsteigen der Organisationskompetenzen hat aber auch eine gegenläufige Rückwirkung auf die unten in der Masse zurückgelassenen Organisierten. Was früher in echt demokratischer Weise in den Ortsgruppen erledigt wurde, ist nun die Sache der Organisationssekretäre. Dadurch zeigt sich früher oder später ein *Riß zwischen den Organisationszentralen und den organisierten Massen.* Die konzentrierten Massenorganisationen vernichten die ursprünglich echten Gemeinschaften der kleinen Kreise und setzen an deren Stelle ein inhaltlich leerlaufendes Getriebe und einen jeweils von den Organisationsspezialisten der Zentrale „aufgezogenen Betrieb". Der echte Gemeinschaftswille, demokratisch aus der Selbstbestimmung und Selbstverantwortung geworden, wird durch die organisatorischen Handgriffe der Sekretäre ersetzt. *Die vertikal konzentrierten Massenorganisationen ersetzen unter Beibehaltung des formal-demokratischen Prinzips das materiell-demokratische durch die Diktatur der Organisationsmanager.*

Die Folgen dieses Vorganges bleiben nicht aus. Da die organisierten Massen zu passiven Organisationselementen herabsinken, werden sie immer mehr *„Organisationsmaterial"*. Dies bedeutet aber, daß die nivellierten und gleichgemachten Organisierten die ohnmächtig beherrschte Masse werden. *Mit dem Ansteigen der Macht der Organisationen ergibt sich die Ohnmacht der Organisierten.*

Da die Organisierten ohne Mitgestaltungs- und meist auch ohne Mitspracherecht bleiben, verflüchtigt sich das Interesse der Masse an der Organisation. Die Masse verliert als passiver Teil das innere Interesse an der Organisation und *behält höchstens das Interesse an den von den Organisationszentralen gebotenen, materiellen Vorteilen.*

Da die in diesem Zustande neu für die Organisationen Nachwachsenden ohne innere Berührung vom längst schon verflüchtigten Organisationsziel bleiben, bleiben sie vielfach, soweit dies machtmäßig noch möglich ist, der Organisation fern. Dies ist der eigentlche Grund, warum die Massenorganisationen *vielfach ohne jugendlichen Nachwuchs* sind, sofern die staatlich gesicherten Grundrechte eine Zwangsmitgliedschaft hintanhalten können.

Die Massenorganisationen haben ihr Werk vollendet.

Sie haben die Persönlichkeiten eingeebnet und die ursprünglich kleinen Gemeinschaften ausgehöhlt und entrechtet. Die Massenorganisationen brachten für die Organisationsmanager das sichere Einkommen und für die organisierten Massen die restlose Ohnmacht.

5. Der Ausweg: die subsidiäre Dezentralisierung

Der Ausweg aus diesem Organisationsdilemma ist nun nicht der, alle Organisationen aufzulösen und vom Organisieren abzulassen. Dies ist weder im modernen Staat, noch in der sozialen Wirtschaft der Gegenwart möglich, weil beide auf Großorganisationen aufgebaut sind.

Für den Hinweis auf den Ausweg ist folgende Erkenntnis vom Organisationswesen zu beachten. Jede Organisation ist ein Ordnen von Gemeinschaftsangelegenheiten. Jede Gemeinschaft hat auf ihrer Stufe die eigenständigen Angelegenheiten selbst zu erledigen. In die nächst höhere Organisationsstufe darf nur die Organisationskompetenz aufsteigen, die nicht auf der niederen Stufe von der kleinen Gemeinschaft selbst gelöst werden kann. Dies bedeutet: *die Organisationen müssen in ihrem vertikalen Aufbau das Prinzip der Subsidiarität beachten.*

Da nun eine Kompetenzübersättigung in den Organisationsspitzen eintrat, müssen diese *die an sich gerissenen oder auch die an sie abgewälzten Organisationsaufgaben wieder an die organisierten Gemeinschaften der unteren Ebenen abtreten!*

Die Organisationsorgane müssen mehr Verantwortung als bisher tragen, indem sie *für Handlungen solidarisch haftbar* gemacht werden. Eine solche Haftung wird in ihnen die Kompetenzgier schwinden lassen, so daß sie von sich aus wieder nur die Organisationsaufgaben leisten werden, die sie unbedingt leisten müssen.

Durch die Haftung für die Organisationstätigkeit wird auch das schon geschwundene Vertrauen von seiten der Organisierten wiederkehren, vor allem auch dann, wenn die *Organisierten selbst für ihre Organe, mindestens beschränkt, mithaftbar* gemacht werden.

Wenn die Organisationen dieses organisatorische Genossenschaftsprinzip als ihr Grundprinzip wieder aktuieren, das potentiell in allen Organisationen noch immer schlummert, werden die Organisationen die gemeinschaftsordnende Funktion wieder vollends zu leisten vermögen.

Ob die Organisationszentralen zur Abgabe ihrer übermäßig angehäuften Kompetenzen bereit sind, ist zweifelhaft. Daher ist auch zu befürchten, daß das Subsidiaritätsprinzip den vertikal untergeordneten Organisationsstufen weder ihr Recht, noch ihre Organisationsverpflichtung wieder bringen wird. Soferne nicht die Umkehr durch ein anders geartetes Menschen- und Gesellschaftsbild erfolgt, wird es bei der Macht der Organisationen und bei der Ohnmacht der Organisierten bleiben.

Es ist nun eine *echt menschliche Aufgabe* aller einzelnen, aller Organisationsmanager und Politiker, die notwendigen Organisationen so zu ordnen, daß wohl die beabsichtigten Ziele der Organisationen verwirklicht werden, daß aber die Organisationen nicht zu totalen Diktaturinstrumenten werden und daß die Organisierten sich nicht zu Hörigen der Organisationen entwickeln müssen.

Alle Organisationen müssen den Weg der subsidiären Dezentralisierung gehen, damit sie ihr inneres Leben erhalten und immer erneuern können und damit sie nicht zu leeren Machtinstrumenten gegen ihre organisierten Untertanen werden!

III. Die gegenwärtige Wirtschaftsordnung[1]

1. Die Grundlegung der Wirtschaftsordnung

a) Das Problem der Wirtschaftsordnung

Auf die Frage: welchen Charakter die gegenwärtig geltende Wirtschaftsordnung habe, ist es nicht leicht, eine und schon gar die richtige Antwort zu geben, denn der Weg zur richtigen Antwort ist durch mehrere Nebelschwaden des Irrtums verlegt. Der Ursachen für die irrige Charakterisierung der heutigen Wirtschaftsordnung sind mehrere. Zum einen verschließt schon die falsche Fragestellung die Analyse, zum anderen wird nur in den geltenden Staatsverfassungen nach den Grundsätzen der Wirtschaftsordnung gesucht. Schließlich sind die Wirtschaftsordnungen in den einzelnen Staaten von einer solch varianten Vielfalt, daß es schwer ist, den gemeinsamen Grundtypus zu erkennen.

Ein Nebelschwaden, der den Zugang zum Erkennen des Wesens der gegenwärtigen Wirtschaftsordnung verlegt, ist die falsche Fragestellung vieler. Wenn nur zwei einander entgegengesetzte Wirtschaftsordnungen, die Ordnung der freien Marktwirtschaft und die zentrale Verwaltungswirtschaft, für möglich gehalten werden, dann kann die heute in der freien Welt allgemein geltende Wirtschaftsordnung nie und nimmer erkannt werden, weil sie zwischen diesen idealtypischen und daher immer unwirklichen Grenzmodellen steht. Die geltende Wirtschaftsordnung ist auch nicht eine Mischung von soviel freier Marktwirtschaft und soviel zentraler Verwaltungswirtschaft. Sie ist ein eigener Typus von selbständiger Wesenheit.

Ein weiterer Nebelschwaden, der den Charakter der geltenden Wirtschaftsordnung nicht erkennen läßt, ist die falsche Methode der Juristen, aus den jeweils geltenden Verfassungsbestimmungen, wie sie im Grundrechtskatalog festgehalten sind, allein das Wesen der Wirtschaftsordnung zu ermitteln. Die jeweils geltenden Staatsverfassungen stammen vielfach aus so weit auseinanderliegenden Zeiten, daß sie sich nur formal in einzelnen Grundrechten, nicht aber in ihrem Ordnungsgehalt gleichen. Die Prinzipien der Wirtschaftsordnung sind nicht alle verfassungsrechtlich verankert und können es auch nicht sein, weil sich die Wirtschaftsordnung rascher entwickelt als das Verfassungsrecht.

---

[1] Wirtschaftsordnung und Wirtschaftspolitik, in: Handbuch der österreichischen Wirtschaftspolitik, Wien 1961.

Die dritte Irrtumsgefahr liegt in den vielen Varianten der in den einzelnen Staaten geltenden Wirtschaftsordnungen. Aus der Fülle der Verschiedenheiten in den tatsächlichen Wirtschaftsordnungen ist es nicht leicht, den eigentlichen Ordnungsgehalt der Wirtschafsordnungen der Gegenwart als Idealtypus zu finden.

Um all diesen Gefahren auszuweichen, wird hier zunächst der Weg der historischen Deskription begangen. Aus dem Werdegang der Wirtschaftsordnung sollen die wirklichen Ordnungszustände in ihrem geschichtlichen Geltungsablauf erkannt werden. Dadurch ist es auch möglich, die jeweils noch wirkenden Gestaltungskomponenten zu erkennen. Vor allem aber kann die geschichtliche Methode an der Wirklichkeit nie vollends vorbeigehen. Dann werden der Ordnungsgehalt und die Träger der gegenwärtigen Wirtschaftsordnung systematisch herausgearbeitet. Schließlich wird der Grundcharakter der geltenden Wirtschaftsordnung aus den tatsächlichen Gegebenheiten und aus dem Wesen der Wirtschaft selbst zu erfassen versucht.

Jetzt sei allerdings schon die Überzeugung festgehalten: die heute geltende Wirtschaftsordnung ist ein *Ordnungstypus sui generis,* der seinen *eigenständigen Ordnungsgehalt* und seine *selbständige Formfülle* ausweist. Die Fragestellung, die zur richtigen Antwort führt, muß daher lauten: *Was ist das Ziel* der heutigen Wirtschaftsordnung, *wer sind die Träger* dieser Ordnung und wie ist deren gegenseitiges Verhältnis?

b) Das Wesen der Wirtschaftsordnung

Wirtschaften ist die Tätigkeit, die den für den Menschen und die menschlichen Gemeinschaften notwendigen und gesetzten Bedarf durch die immer knappen Mittel zur Deckung bringt. Durch die Bedarfsfestlegung ordnet der Mensch sein Wirtschaften in die vorgegebenen metaökonomischen Ziele ein, wodurch das Wirtschaften in die Lebensbereiche des Menschen eingefügt wird und von diesen seinen wertbestimmten Bezug erhält. *Durch die Bedarfsbestimmung der Menschen bekommt die Wirtschaft ihren humanen und existentiellen Wert.*

Da der Mensch ein geselliges Wesen ist, ist auch *die Wirtschaft immer eine soziale Erscheinung*. Das Wirtschaften geht daher immer in Gemeinschaft vor sich, denn von der Gemeinschaft her werden neben den ursprünglich personellen die sozialwirtschaftlichen Ziele in der Bedarfsfestlegung bestimmt. Auch der gesamte Vorgang der Mittelerbringung und Mittelverteilung für die Bedarfsdeckung ist ein sozialer, weil das Wirtschaften immer nur in Interdependenz aller Wirtschafter vollzogen werden kann. *Die Wirtschaft ist im Ziel durch die Bedarfsbestimmung und im Vorgang durch die Bedarfsdeckung eine soziale Erscheinung.*

Da die Wirtschaft eine soziale Tatsache ist, in der die Wirtschafter ihre Wirtschaftspläne aufeinander abstimmen müssen, bedarf sie einer Zuordnung aller und einer Ordnung, in der die einzelnen sich in das gesamte soziale Geschehen des Wirtschaftens einfügen und vom Gesamten der sozialen Wirtschaft her ihre Wirkungsfelder erhalten. Die Wirtschaftsordnung enthält demgemäß die Grundsätze der Bedarfsfestlegung und die Prinzipien für die Vollzugshandlung der Bedarfsdeckung. *Die Wirtschaftsordnung bestimmt die Art und Weise des Zusammenwirkens der Wirtschafter, der Über- und Unterordnung der Wirtschafter und der Wirtschaftsgemeinschaft.*

Die Wirtschaft eines staatlich geeinten Volkes ist nicht nur ein arbeitsteilig-technisches Zusammenwirken vieler Wirtschaftssubjekte, sondern ein *funktional-organisatorisches Zusammenarbeiten.* In diesem Funktionalgefüge der sozialen Wirtschaft eines Volkes sind die *Wirtschaftszweige die Organe.* Diese stehen in ihrem *funktionalen Zusammenhang* in der Weise der *hierarchischen Nacheinanderfolge.*

Die Wirtschaftszweige haben eine verschiedene organisatorische Wirkkraft aufeinander. Obwohl alle Wirtschaftszweige *voneinander abhängig* und daher im Gesamten *gleich wichtig* sind, gibt es doch solche *Wirtschaftszweige, die stärker* oder schwächer *die anderen beeinflussen* und gestalten. Die Reihenfolge der Wirtschaftszweige nach ihrer funktional-organisatorischen Wirkkraft in der sozialen Wirtschaft eines Volkes geht vom Geld und Kredit über den Handel und Verkehr bis zu den erzeugenden Wirtschaftszweigen der Industrie und des Handwerks, der Land- und Forstwirtschaft und der Stoff- und Energieschöpfung des Bergbaues und der Energiegewinnung. Diese Ordnung der Wirtschaftszweige in der Volkswirtschaft gibt eine potentielle Ordnung für die Entfaltung der Wirkungsfelder der einzelnen Wirtschaftszweige und ihrer Träger, der Wirtschafter, an. Sie gibt auch den einzelnen Wirtschaftern die Gewinnchancen. Indem diese die potentielle Ordnung aktuieren, entsteht die in jeder Volkswirtschaft bestehende Struktur. *Die Volkswirtschaft ist eine potentielle Gefügeordnung der Wirtschaftszweige, die durch die Wirtschafter und ihre Handlungen in der Struktur der Volkswirtschaft verwirklicht wird.*

Da dieser Aktuierungsprozeß in der Produktion, Zirkulation und Distribution *nicht nach mechanischen Gesetzen,* sondern gemäß den Erwägungen, Entscheidungen und Handlungen der Wirtschafter vor sich geht, bedarf die soziale Wirtschaft einer *gesetzten Ordnung.* In dieser wird festgehalten, *wer die Ziele des Wirtschaftens bestimmt* und *wie die* im Bedarf gesetzten *Ziele im Zusammenwirken der Wirtschaftszweige und der Wirtschafter* durch die Mittelhervorbringung und Mittelbereitstellung *erreicht werden.*

Die Wirtschaftsordnung ist ein Normensystem, nach dem die Wirtschafter ihre Zusammenarbeit regeln. Die Normen der Wirtschaftsordnung werden vom Staat gesetzt oder von den Wirtschaftsorganisationen vereinbart und von den einzelnen Wirtschaftern durchgeführt. Die Wirtschaftsordnung eines staatlich organisierten Volkes ist eine soziale Ordnung, der gemäß die Wirtschafter und die Wirtschaftsgemeinschaften in gegenseitiger Abhängigkeit voneinander ihre richtige und erfolgreiche Zuordnung zueinander verwirklichen. In der jeweils geltenden Wirtschaftsordnung streben die Wirtschafter gemäß den gesetzten und vereinbarten Grundsätzen ihre Ziele an und richten ihre Handlungen für die Zielverwirklichung so aufeinander ein, daß die in der Sozialwirtschaft vorgegebenen Potenzen optimal verwirklicht werden können. *Die Wirtschaftsordnung setzt den Rahmen für die Zielsetzungen der Wirtschaft und die Vollzugshandlungen zur Erreichung der Ziele der Wirtschafter. Die Wirtschaftsordnung bringt die Wirtschafter und Wirtschaftsgemeinschaften auf den einzelnen Stufen der sozialen Wirtschaft ins richtige Verhältnis.*

2. Die Entwicklung der Wirtschaftsordnung

Die Wirtschaftsordnung ist wie jede Ordnung im menschlichen Zusammenleben einem steten Wandel unterworfen. In der Wirtschaftsordnung wandeln sich die Ziele des Wirtschaftens trotz gleichbleibenden Grundgehaltes, es wandeln sich aber auch die Ordnungsformen im Zusammenwirken der Wirtschafter.

Im Werdegang der gegenwärtig gültigen Wirtschaftsordnung können vier voneinander klar trennbare Ordnungstypen erkannt werden: *die ständisch-gebundene Wirtschaftsordnung, die staatlich-gebundene Wirtschaftsordnung, die ungebundene Wirtschaftsordnung der freien Marktwirtschaft und die sozial-gebundene Wirtschaftsordnung.*

Die ständisch-gebundene Wirtschaftsordnung wurde als reiner Typus im Mittelalter entwickelt und setzte sich in verschiedenen Übergangsformen bis in das vorige Jahrhundert fort. Die Hauptform des Überganges bildet die staatlich-gebundene Wirtschaftsordnung des Absolutismus und Merkantilismus vom 16. bis in das 19. Jahrhundert. Im Gegensatz gegen die Auswüchse und die monopolistische Zunftschließung und die staatliche Zwangswirtschaft des Merkantilismus entstand die freie Marktwirtschaft in der Mitte des vorigen Jahrhunderts und dauerte bis zum Beginn des Ersten Weltkrieges, wenn auch schon in den letzten Jahrzehnten davor die reine Form der freien Marktwirtschaft durch vielfältige Selbstbindungen der Wirtschafter in der organisationsgebundenen Wirtschaftsordnung „verzerrt" wurde. Die sozialgebundene Wirtschaftsordnung setzte wegen der Unerträglichkeit der

Folgen aus der freien Marktwirtschaft durch die Selbsthilfeorganisationen in ihren Vorformen langsam ein und kam nach dem Ersten Weltkrieg als Folge der Weltwirtschaftskrise der Dreißigerjahre durch den staatlichen Interventionismus voll zur Geltung.

Aus diesem Wandel der Ordnungstypen läßt sich die Zeitgebundenheit der jeweiligen Wirtschaftsordnung, aber auch die Grundstruktur jeder Wirtschaftsordnug unabhängig vom Zeitkolorit erkennen.

a) Die ständisch-gebundene Wirtschaftsordnung

Das *Grundprinzip* dieser Wirtschaftsordnung war die *Sicherung des „standesgemäßen Unterhaltes"* für die Angehörigen der Zunftmeisterbetriebe. Der standesgemäße Unterhalt war ein Einkommen, das durch den standesgemäßen Aufwand bestimmt war. Dieser Aufwand wurde in seinem Inhalt und in seinem Umfang von den ständischen Gesellschaftsstufen so festgelegt, daß die Norm des Verbrauchens sozial und kulturell für die jeweilige Zunftgemeinschaft Geltung hatte. Die Zugehörigkeit zur Zunft bestimmte die Verbrauchsnorm und diese die Größe des Einkommens für die ständisch gebundene Gesellschaft der Zunftmitglieder und ihrer Angehörigen. *Das gesellschaftliche Quale bestimmte das ökonomische Quantum des Einkommens und Auskommens.*

Das standesgemäße Einkommen wurde durch die Zunftordnung garantiert. In Vollzug dieser Garantie bestimmte der *Zunftzwang* nach der aus der Erfahrung ermittelten Nachfragegröße nach Waren und Leistungen im Bereiche der *„Zunftbannmeile"* die Zahl der Meisterbetriebe. Die gleichmäßige Verteilung der gesamten Auftragseingänge aus der Stadt und ihrem Landkreis wurde durch die *Festlegung der Zahl der Gesellen und der Lehrlinge* einerseits und durch die *Festlegung der Zahl der entsprechenden Arbeitsgeräte* (z. B. Webstühle) andererseits gesichert. Dazu kam noch, daß die Zunft auch die Preise festsetzte. *Der festgelegte Produktionsausstoß, vervielfältigt durch den Preis für die Einzelleistung abzüglich der Sachkosten, konnte das vorgesetzte Ziel, das standesgemäße Einkommen, sichern.*

Die ständisch-gebundene Wirtschaftsordnung hatte eine weitgehende planmäßige Bindung der Produktions- und Distributionsvorgänge mit dem Zwecke der Einkommenssicherung im Ausmaß und in der Art des zunftmäßigen Lebens- und Aufwandstiles. *Die verbleibende Freiheit war nur in der Richtung auf die Qualität der Arbeit offen,* so daß sich der Wettbewerb nur in der Qualitätsverbesserung auf Grund der persönlichen Fähigkeiten auswirken konnte.

Die ständisch-gebundene Wirtschaft war an die zunftmäßige ständische Gesellschaftsordnung gebunden und beließ die Freiheit für die qualitative Persönlichkeitsleistung. *Die ständisch-gebundene Wirtschaftsordnung war eine dezentralisierte Planwirtschaft.*

Diese Wirtschaftsordnung war statisch und unbeweglich, einen dynamischen Fortschritt gab es nicht. Deshalb blieb sie auch durch Jahrhunderte konserviert, bis die neue Entwicklungsnotwendigkeit zuerst die Durchbrechung und dann die Auflösung der ständisch-gebundenen Wirtschaftsordnung notwendig werden ließ.

b) Die staatlich-gebundene Wirtschaftsordnung

In die ständische Gesellschaft drängte sich mit der beginnenden Neuzeit der absolutistische Staat mit seiner landesfürstlichen Wohlstandspolizei. Die *politische Maxime* hiefür gab dem absolutistischen Fürsten *Nicolò Machiavelli,* indem er ihm riet: „Wenn es um das Sein oder Nichtsein des Staates geht, darf es kein Erwägen geben, ob eine Handlung gerecht oder ungerecht sei“ (Discorsi 1519), „daher muß sich der Fürst, der sich selbst behaupten will, darauf verstehen, je nach Gelegenheit gut oder schlecht zu handeln, so wie es eben die Notwendigkeit erfordert“ (Il principe 1513). Die *juristische Legitimierung* dieser frivolen Theorie der Staatsraison gab *Jean Bodin* in der Lehre von der Souveränität der Staatsgewalt: „Die landesfürstliche Hoheit ist die höchste Gewalt gegen die Bürger und Untertanen, sie ist auch frei von den Bindungen an die Gesetze“ (De republica 1586). So sehr saugt die fürstliche Macht die Rechte der Untertanen in sich auf, „daß die Macht und Ehre der Untertanen in der Gegenwart des souveränen Machthabers schwindet“ (Thomas Hobbes, Leviathan 1651).

Als Vollzugsorgane bedient sich der Fürst seiner Beamten und des Verwaltungsapparates, „der auf königlichen Majestätsbevehl leben und nachkumen soll“ (Ferdinand I., Hofstaatsordnung 1627).

Die fürstliche Gewalt bestimmt den Glauben der Untertanen (Cuius regio, eius religio, Augsburger Religionsfriede 1555), „denn die Einheit in der Religion vereinigt die Kräfte des Staats“ (Kaunitz an Maria Theresia 1768) und das für alle gleiche und einheitliche Recht, damit „die gesamten Unterthanen zur allgemeinen Wohlfahrt *unter einem Gott, einem Landesfürsten* und *einem Gesetz* vereint zu sein sich zu erfreuen hätten“ (Codex Theresianus, Vorwort 1766).

Aus diesem landesfürstlichen Recht geht auch „das *Obereigentum des Staates* über alle Güter der Privatpersonen“ hervor (J. H. G. Justi, Die Natur der Staaten, 1760). In diesem Recht ist die alle Wirtschaftsvorgänge durchdringende Wirtschaftspolitik des Landesfürsten verankert. Das Ziel dieser Wirtschaftspolitik ist die *Steigerung der fürstlichen Macht,* weil wirtschaftliche Macht auch politische Macht ist, und die *Wohlstandssteigerung der Untertanen,* beides aber auf der Grundlage der weitest möglichen wirtschaftlichen „Independenz“ und Unabhängigkeit von anderen Ländern.

Die merkantilistische Wirtschaftspolitik setzt mit der nachhaltigsten Regelung beim Bergbau und in der Landwirtschaft ein, reicht über die Gewerbe- und Manufakturpolitik bis zur Verkehrs- und Geldpolitik und wird durch die umfassende Außenhandelspolitik abgeschlossen. Immer ist die landesfürstliche Wohlstandspolizei bestrebt, die wirtschaftliche Entwicklung aus der Enge der zünftigen Planwirtschaft in die Weite der *staatlich organisierten Sozialwirtschaft* zu führen. Hiefür bedient sie sich eines Reglementierungssystems, das so weit total ist, wie die effektive Gewalt des Verwaltungsapparates reicht.

Die staatlich gelenkte Wirtschaftspolitik setzte als Entwicklungspolitik ein und endete in einer allgemeinen und allseitigen Reglementierung aller wirtschaftlichen Vorgänge.

Die merkantilistische Wohlstandspolizei des Landesfürsten verdrängte die ständisch-gebundene Wirtschaftsordnung weitgehend, aber doch nicht so vollkommen, daß diese nicht in ihren Auswirkungen bis in die Mitte des vorigen Jahrhunderts reichen konnte.

c) Die ungebundene Wirtschaftsordnung der freien Marktwirtschaft

Die freie Marktwirtschaft hat ihren philosophischen Ansatz in der Aufklärungsphilosophie und ihre theoretische Begründung in der klassischen Nationalökonomik. Verwirklicht wurde sie durch den politischen und wirtschaftlichen Liberalismus.

Die Aufklärungsphilosophie zerteilte die im mittelalterlichen Weltbild begründete Einheit der Lebensbereiche in autonome und eigengesetzlich bestimmte Kreise. Dadurch wurde die *Wirtschaft aus ihrem metaökonomischen Rahmen gelöst und der eigenen selbsttätigen Naturgesetzlichkeit* (ordre naturel) *unterstellt.* Dieser Eigengesetzlichkeit wurde die gläubige Hoffnung der Harmonie-Automatik unterstellt, so daß alle Erwartungen, die an die freie Marktwirtschaft geknüpft wurden, optimistisch sein mußten. Die Eigengesetzlichkeit der sozialen Wirtschaft bringt „das größte Glück der größten Zahl". *Der säkularisierte Erlösungsgedanke führte zur Hoffnung auf die determinierte Entwicklungsmechanik des wirtschaftlichen Glückes für alle.*

Die klassische Nationalökonomie von Smith und Ricardo bis zu den Epigonen der Gegenwart schildert in modellkonstruktiver „Nachschreibung" das Naturgesetz der Wirtschaft aus dem Eigennutz des homo oeconomicus in der Marktmechanik des Preisgesetzes. Das Verhältnis von Angebot und Nachfrage erwirkt im Größenzusammenstoß beider den Marktpreis. An diesem orientiert der eigennützige Wirtschafter seine Spekulation und Kalkulation für die Erzeugung und die Marktbelieferung. Der Preis bestimmt, was und wieviel erzeugt wird, weil die Differenz von Preis und Kosten zur *Leitlinie für die Erzeugungserwägungen* wird. Steht der Marktpreis über den Kosten, dann kommt diese positive Differenz einem „Befehl" auf Mehrerzeugung gleich. Ist die Differenz eine negative, dann gibt sie die „Anweisung", weniger oder nichts mehr zu erzeugen. Der Preis wird auch zum *alleinigen Verteilungsregler,* weil die Träger der Produktionsfaktoren ihr Einkommen aus der Marktverwertung dieser erhalten. Der Preis bestimmt die Lohngrößen, die Größe der Kapitalerträge und der Bodenrenten. In gleicher Weise wird auch das Verhältnis der Volkswirtschaften zueinander durch das Preisgesetz und seine Abwandlung im Außenhandelsgesetz der absoluten und komparativen Kostendifferenzen festgelegt. *Der Preis ordnet als Folge der freien Marktmechanik die Erzeugung, die Verteilung in der Volkswirtschaft und das Verhältnis der Volkswirtschaften zueinander. Der Wettbewerb erzwingt die leistungsfähigsten Ergebnisse.*

Diese naturgesetzliche Ordnung kann nur dann zu den erwarteten Glückserfolgen führen, wenn sie frei und ungehindert wirksam werden kann. Daher wurde vom Liberalismus die Freiheit der sozialen Wirtschaft mit dem *wirtschaftspolitischen Grundsatz des Laissez faire, laissez passer* gefordert. Die Ordnung der Wirtschaft soll lediglich eine vorökonomische der Art sein, daß sie das freie Entscheiden und freie Handeln der Wirtschafter durch die Grundrechte der Gewerbe- und Handelsfreiheit, der Freizügigkeit und durch das Koalitionsverbot sicherstellt. Jeder Wirtschafter soll auf Grund der jeweiligen Marktdaten aus sich heraus frei spekulieren, kalkulieren, investieren, produzieren und profitieren. Nur die garantierte Freiheit aller läßt die freie Marktwirtschaft mit dem ungestörten Wirken des Markt-Preis-Gesetzes wirksam sein. *Die Träger dieser Wirtschaftsordnung sind die Unternehmer mit ihrer Initiative.*

Ein Eingreifen des Staates oder sonstiger Ordnungsfaktoren in das Wirtschaftsgeschehen darf es nicht geben. Die Wirtschaftsordnung der freien Marktwirtschaft ist eine *monopolare,* weil nur *ein Ordnungspol, die freien Unternehmer,* die soziale Wirtschaft in Gang setzt und hält. *Die Freiheit garantiert jedem Wirtschafter die wirtschaftliche und soziale Sicherheit wie auch die gesellschaftliche Geltung, weil in der freien Wirtschaftsgesellschaft das wirtschaftliche Einkommens- und Vermögensquantum das gesellschaftlich Quale bestimmt.*

Die an die freie Marktwirtschaft geknüpften Hoffnungen erfüllten sich nur teilweise. Die Größen der Erzeugung vervielfältigten sich, so daß für die rasch wachsende Bevölkerungszahl der Lebens- und Nahrungsraum gegeben war. Solange der sich weiternde Absatz ständig neue und zusätzliche Nachfrage brachte, wirkte diese wie ein Sog auf das Wachstum der Erzeugung. Die stets größere Nachfrage ließ ständig eine positive Differenz von Preis und Kosten in Erscheinung treten, was als neue Gewinnchancen die Erzeugung wieder weiter wachsen ließ.

Dieser allgemeine Entwicklungstrend war aber nicht für alle Erzeugungszweige und Wirtschaftergruppen gegeben. Neben den begünstigten gab es auch benachteiligte Wirtschaftszweige, wie die Landwirtschaft und das handwerkliche Gewerbe. Für die Landwirtschaft wirkte sich die Verkehrsintensivierung so aus, daß zuerst im Inland und dann, durch den Freihandel bedingt, auch im Ausland das Gesetz der absoluten und komparativen Kostendifferenzen nur die Landstriche mit einer Bonitäts- und Lagerente sich weiterentwickeln ließ, während sich für die Landwirte in ungünstiger Erzeugungs- und Verwertungslage nur eine negative Grundrente ergab. Die Landwirtschaft erlitt so eine Umgliederung großen Stils, derzufolge *bis zu einem Drittel der Bauernwirtschaften der Liquidation verfielen.*

Im Handwerk zeigten sich ähnliche Erscheinungen, weil es der Industrie gegenüber teilweise nicht konkurrenzfähig sein konnte. Die Industrie hatte den Vorteil der Massenproduktion für sich, weil sie das Einzelstück bei wachsender Serienauflage billiger erzeugen konnte. Die Umschichtung in der gewerblichen Wirtschaft brachte *ein Anwachsen der Industrie* und ein *Schrumpfen des Handwerkes bis unter die Hälfte des früheren Standes.*

Zu all dem kam noch als abwegige Entwicklung der Gesellschaft die *Entstehung des Proletariates.* In ihm entstand eine Masse mit vollends ungesichertem Einkommen und Auskommen, das meist auf der Ebene des Existenzminimums und nicht selten auch darunter lag. Zu dieser ökonomischen Ungesichertheit kam noch der Zustand der gesellschaftlichen Geworfenheit, so daß das industrielle Proletariat außerhalb der geltenden Gesellschaftsordnung zu stehen kam.

All diese abwegigen Entartungen in der sozialen Wirtschaft und in der Gesellschaft drängten zu einer Veränderung in der Ordnung der freien Marktwirtschaft. Nach einem kurzen Bestand von einigen Jahrzehnten änderte sich die ungebundene Wirtschaftsordnung der freien Marktwirtschaft und wechselte in die sozial-gebundene Wirtschaftsordnung über.

3. Die sozial-gebundene Wirtschaftsordnung

Aus der geschichtlichen Entwicklung ergeben sich für die gegenwärtige Ordnung der sozialen Wirtschaft zwei Charaktereigenschaften: die soziale Gebundenheit durch die Tendenz der allseitigen Einkommenssicherung für die einzelnen Gruppen und die Bindung des sozialwirtschaftlichen Geschehens an die drei Ordnungspole: die Unternehmer, die wirtschaftlichen Organisationszentralen und den Staat mit seiner öffentlichen Wirtschaft. Der Sondercharakter der heutigen Wirtschaftsordnung der freien Welt ist demnach die sozial-gebundene und daher humanisierte Wirtschaft und die tripolare Wirtschaftsordnung der drei Ordnungszentren. In dieser Sonderform ist die gegenwärtige Wirtschaftsordnung ein eigenständiger Ordnungstypus.

a) Die Ziele der sozial-gebundenen Wirtschaftsordnung

α) Das allgemeine Streben nach Sicherung des Einkommens

Während in der freien Marktwirtschaft die Maxime galt: Die Freiheit gibt jedem Wirtschafter die optimale Sicherheit, änderte sich die „Wirtschaftsgesinnung“ durch die vielen wirtschaftlichen und sozialen Strukturbrüche und die vielen konjunkturellen Krisen so sehr, daß heute die Maxime gilt: *„die wirtschaftliche und soziale Sicherheit gewährleistet die freie Entfaltung der Persönlichkeit“* (Abg. Schwer im Nationalrat am 16. Dezember 1957).

Das Streben nach sozialer Sicherung und wirtschaftlicher Sicherheit ist so allgemein und überall zur Geltung gekommen, daß es als Grundrechtssatz in die Erklärung der Menschenrechte vom 10. Dezember 1948 Eingang fand. Dort sagte der Artikel 22: *„Jeder Mensch hat* als Mitglied der Gesellschaft *das Recht auf soziale Sicherheit.* Er hat das Recht, in den Genuß der für seine Würde und die freie Entwicklung seiner Persönlichkeit unentbehrlichen wirtschaftlichen, sozialen und kulturellen Rechte zu gelangen.“

Dieses Sicherungsstreben richtet sich auf die Sicherung des Einkommens und auf die Sicherung gegen die Notfälle des Lebens im Wege der Sozialversicherung. Beide Sicherungsrichtungen brachten ein umfassendes Sicherungssystem, das damit begründet wird, „daß erst das Freisein von Existenzsorgen die Würde und die freie Entfaltung der Persönlichkeit gewährleistet“ (Abg. Schwer). *Aus der wirtschaftlichen und sozialen Sicherung ergibt sich die Freiheit für die Persönlichkeitsentfaltung.*

Dieses allgemeine Sicherungstreben richtet sich auf die Sicherung des Einkommens aller Arten.

Die *Bauern* wollen ihr Einkommen in Parität zu den Einkommen der anderen Wirtschaftergruppen gesichert haben. Hiefür ist das Landwirtschaftsgesetz mit allen anderen Agrarmarktordnungen und Sicherungsgarantien geschaffen worden. Die *Unternehmer* der gewerblichen Wirtschaft streben notwendigerweise eine Sicherung des Markterlöses zur Absicherung der Kosten, zur Sicherung des optimalen betrieblichen Beschäftigungsstandes und im letzten zur Sicherung des Unternehmereinkommens an. Die *Arbeiter* streben, weil ihnen meist jede Sicherheit aus Vermögensreserven fehlt, die Sicherung ihres Arbeitslohnes an und bedienen sich hiefür der kollektiven Arbeitsverträge. Sie wollen „ein gerechtes Arbeitsentgelt, das ihnen und ihren Familien einen angemessenen Lebensstandard sichert" (Europäische Sozial-Charta vom 18. Oktober 1961, Teil 1, 4).

Die Gesinnung aller Wirtschafter ist auf die Sicherung ihres Einkommens gerichtet, weil sie aus dem gesicherten Einkommen und aus dem Freisein von der Not die Entfaltung ihrer Persönlichkeit erhoffen.

β) Der höhere Lebensstandard und der dynamische Aufwand

Der Lebensstandard ist im Gegensatz zum jeweils erreichten Lebensniveau *eine anzustrebende und begehrte Größe des Aufwandes und des Verbrauches,* der zum Leitbild der Verbrauchergesellschaft wurde.

Die gegenwärtig geltende Vorstellung vom Lebensstandard enthält eine Verbrauchs- und Aufwandsnorm, die ein Auskommen garantieren soll, das von einer Reihe von Komponenten bestimmt wird. Die vitale Komponente erstrebt einen Aufwand des gesicherten und gesunden Verbrauches für die Erhaltung und Entwicklung der körperlichen Kräfte. Die kulturelle und zivilisatorische Komponente zielt auf eine Aufwandgröße, die es ermöglicht, an den zivilisatorischen Errungenschaften im allgemeinen Durchschnitt teilnehmen zu können. Die Steigerung des allgemein gültigen Durchschnittes wird von den aggressiven Werbungs- und Verkaufsmethoden schrittweise, aber dynamisch betrieben. Dieser *Verbrauchsdynamik* dient der neu entstandene *Repräsentativverbrauch.* Als Repräsentationsaufwand kann gelten: Man kauft mit dem Geld, das man nicht hat (Ratenkauf), das, was man nicht braucht, um dem zu imponieren, den man nicht mag. Nicht, weil man dies oder jenes verbrauchen muß, wird es in die Bedarfsdeckung eingefügt, sondern weil man diesen oder jenen Bedarf der anderen wegen haben will, wird verbraucht. *Das Verbrauchsquantum bestimmt in der Verbrauchergesellschaft das soziale Quale.*

Hier zeigt sich nun der Wandel in der Funktion des Einkommens. In der freien Marktwirtschaft war das Einkommensquantum das soziale Legitimationsattest für die Geltung in der Gesellschaft. Analog dem Gesetz vom sinkenden Kulturgut sank das Streben nach größerem Einkommen der Oberschichte in der rein marktwirtschaftlichen Epoche zur Einkommensverwendungsgröße im Repräsentativverbrauch ab. In der geltenden Wirtschaftsordnung wirkt auf der gesicherten Einkommensbasis die Dynamik des ständig steigenden Aufwandes unter dem Titel der Steigerung des Lebensstandards. *Die Steigerung des Einkommens für Zwecke des Mehrverbrauchs wird zur dynamischen Kraft der Wirtschaftsentwicklung.*

γ) Die Entfaltung der Persönlichkeit in der Wirtschaft

In der Wirtschaftsgesellschaft von heute wird die übergroße Zahl der Menschen von der Wirtschaft in Anspruch und Beschäftigung genommen, so daß es nur wenige gibt, die nicht aktiv in der Wirtschaft tätig sind. Die Wirtschaft engagiert ihre Beschäftigten so, daß es neben der Arbeit in der Wirtschaft wohl die Möglichkeit der Erholung, aber die Persönlichkeitserfüllung außerhalb der Wirtschaft kaum gibt. Daher ist es verständlich, daß die Entfaltung und Erfüllung des Menschen in der Wirtschaft selbst gesucht werden muß und auch gesucht wird. Dies gilt für alle Wirtschafter, für die Bauern und gewerblichen Unternehmer ebenso wie für die Arbeiter und Angestellten.

Die *Bauern* haben neben ihrer volkswirtschaftlichen Aufgabe, die Agrarprodukte der Volkswirtschaft zur Verfügung zu stellen, auch die kulturellen Werte der Tradition zu pflegen und in beiden Verpflichtungen sich selbst zu entfalten. Dies wollte Hartmann als Landwirtschaftsminister ausdrücken, wenn er sagte: „Unsere Bauernschaft hat nicht nur die Aufgabe, das tägliche Brot zu erzeugen, sie hat auch die Aufgabe, eine jahrhundertalte kulturelle Mission zu erfüllen" (Hartmann im Nationalrat am 12. Juli 1950).

Der *gewerbliche Unternehmer* hängt an seinem Betrieb, weil ihm seine Werkstätte der Lebensinhalt ist (Abg. Dwořak im Nationalrat am 18. Dezember 1957). „Als Unternehmer hat er eine Verantwortung, die ihm niemand abnehmen kann. Das ist zunächst die Verantwortung für den Betrieb. Unlösbar ist damit die Verantwortung für die Mitarbeiter verbunden. Er trägt auch die Verantwortung für den Verbraucher und damit auch die Verantwortung für das Gedeihen der Gesamtwirtschaft. Das sind lauter Verantwortungsbereiche, die zu einer umfassenden, sittlichen Verantwortung des Unternehmers vor der Gesellschaft führen" (Der moderne Unternehmer, Jg. 3, 1962).

Die Entsprechung findet sich auch bei den *Arbeitern*, weil sie durch die soziale, wirtschaftliche und technische Entwicklung *Mitarbeiter* im Betrieb geworden sind. Dies können sie nur sein, wenn sie ihre Persönlichkeit in der Arbeit voll zum Einsatz bringen. „Die geforderte Arbeitsleistung verlangt im Betrieb den vollen Einsatz der Persönlichkeit. Die Arbeit ist wieder Niederschlag der Persönlichkeit und der Arbeiter ist Mitarbeiter" (Vom Arbeiter zum Mitarbeiter, Berlin 1961).

Die Wirtschaft fordert vom Menschen so viel, daß den Anforderungen nur durch den vollen Persönlichkeitseinsatz aller entsprochen werden kann. Die Wirtschaft wird dadurch aber auch zum Feld der Persönlichkeitsbewährung.

δ) Der Zweckrahmen für die sozial-gebundene Wirtschaftsordnung

Da das Einkommen wieder in die Mitte des wirtschaftlichen Geschehens gerückt ist, erhält die Wirtschaft wieder eine anthropromorphe Gestalt. Da das Einkommen und seine Verwendung dem menschlichen und gesellschaftlichen Bedarf dienstbar unterstellt wird, wird die Wirtschaft dem ursprünglichen, weil menschlichen Zweck unterstellt. *Die Wirtschaft wird wieder dem menschlichen und gesellschaftlichen Zweckrahmen eingeordnet.*

Durch den vorgegebenen Wertrahmen fügt sich die Wirtschaft als Lebensbereich *in den metaökonomischen Wertrahmen des Menschen und der Gesellschaft* ein. Sie erhält dadurch wieder eine Werterhöhung, weil sie aus der reinen Sachgesetzlichkeit in den menschlich bestimmten Wertbezug emporgehoben wird. *Indem das Einkommen der zentrale Zweckbezug des Wirtschaftens wird und die Wirtschaft zur Persönlichkeitsentfaltung drängt, wird die Wirtschaft humanisiert und den menschlichen und gesellschaftlichen Zwecken unterstellt.*

Die sozial-gebundene Wirtschaftsordnung der Gegenwart ist eine Ordnung, die dem menschlichen Wertbereich zugeordnet ist. Dadurch kommt der wesensgemäße Standort — der humane — wieder zur Geltung. Die Wirtschaft steht nicht mehr neben und schon gar nicht mehr über den außerwirtschaftlichen Lebensbereichen. Sie steht am Ende der Wertordnung der menschlichen Lebensbereiche und bekommt so die wesensgemäße *anthropomorphe Zweckbestimmtheit* wieder.

b) Die Träger der sozial-gebundenen Wirtschaftsordnung

Die geltende Wirtschaftsordnung weist ein mannigfaches System von Bindung und Freiheit aus und erscheint aus ihrem organisatorischen Aufbau als *tripolare* Wirtschaftsordnung. Der hier gebrauchte Begriff der Polarität entspricht dem philosophischen Inhalt dieses Begriffes, demgemäß sich die Entfaltung einer Wesenheit nach entgegengesetzten, aber doch sich gegenseitig bedingenden Richtungen vollzieht. Die Polarität wird oft nur in der Ebene eines Feldes gesehen. Es gibt aber gemäß der Dreidimensionalität des Raumes auch eine Tripolarität. Das Originäre dieses vielfältigen Ordnungssystems tritt in drei Ordnungsbrennpunkten der gegenwärtigen Wirtschaft hervor.

Um das Wesentliche im Verhältnis von Freiheit und Bindung in der gegenwärtigen Wirtschaftsordnung erkennen zu können, muß zunächst ein Irrtum beiseite geräumt werden, nämlich der: Freiheit und Bindung seien komplementär miteinander verbunden. Je weniger Bindung vorhanden, desto größer sei die Freiheit und je größer die Bindung, desto kleiner die Freiheit. So ist das Verhältnis von Freiheit und Bindung falsch gesehen, weil Freiheit und Bindung nicht komplementäre Größen sind. *Freiheit und Bindung sind vielmehr eine integrale Einheit.*

Für die richtige Erkenntnis dieses Zusammenhanges ist eines wichtig: Freiheit kann nur in Ordnung bestehen. „Freiheit ist der Zweck des Zwanges" (Schiller). Ordnung aber ist Bindung. *Freiheit gibt es nur in gebundener Ordnung.*

Die Freiheit ist die *Ursache der Ordnung.* Die erzeugungs- und marktschwachen Wirtschaftsgruppen sichern ihre gesellschaftliche, wirtschaftliche und nicht selten auch ihre existenzielle Freiheit durch die Bindung in den Selbsthilfeorganisationen und sonstigen Wirtschaftsbünden. Indem sie sich der Ordnung unterstellen, bekommen sie eine Freiheit zurück, die ihnen, wenn sie auf sich allein gestellt sein müßten, nie zukäme. Daher verursacht der Freiheitswille die selbstgewählte Bindung und die selbstgeschaffene Ordnung. Die Freiheit ist auch die *Folge der Ordnung.* Die gesamte Wirtschaftsordnung mit der Politik der Einkommenssicherung zielt insofern auf die Freiheit, als das gesicherte Einkommen ein gesichertes Auskommen garantiert.

Die sozial-gebundene Wirtschaftsordnung kennt die ordnenden Brennpunkte so weit an, als sie die Freiheit der Menschen garantieren. In dieser *integralen Verbindung von Freiheit und Ordnung besteht die Sonderheit und Originalität der sozial-gebundenen Wirtschaftsordnung von heute.* So fügt sich die Wirtschaft in das Ordnungsgefüge der Gesellschaft und in den Wertbezug des Menschen ein.

Das Ordnungssystem der sozial-gebundenen Wirtschaftsordnung der Gegenwart hat drei Ordnungspole: die Unternehmer, die Wirtschaftsorganisationen und Wirtschaftsverbände und den Staat mit der öffentlichen Wirtschaft.

a) Die Unternehmer: die Träger des Fortschrittes

Die geltende Wirtschaftsordnung kann mit Recht als *unternehmerische Wirtschaftsordnung* angesprochen werden, weil der größte Teil der Leitungsdirektiven von den Unternehmern geleistet wird. Hiebei ist es, äußerlich gesehen, ohne Unterschied, ob der Unternehmer ein selbständiger Wirtschafter mit eigenem Kapitaleinsatz und eigener Risikobelastung ist, oder ob er „Angestellter und verbeamteter Leiter" einer Unternehmung ohne Einsatz des eigenen Kapitals und ohne Risikobelastung ist. Dem Wesen nach gesehen aber entspricht nur der selbständige Unternehmer der unternehmerischen Wirtschaftsordnung. Der bestellte, aber risikofreie Direktor ist eben im letzten kein Unternehmer im eigentlichen Sinne, auch dann nicht, wenn seine Wirtschaftskräfte durch die übergroße Strahlungskraft „seiner" Unternehmung die kleineren Unternehmer überstrahlen und unter Umständen beherrschen.

Die *Aufgabe des Unternehmers* in der sozialen Wirtschaft ist es, die jeweils potentiellen Kräfte der Wirtschaft zu aktuieren, um so die arbeitsteilige Wirtschaft in der Gliederung ihrer Erzeugungszweige zu verlebendigen. Da jede Wirtschaftshandlung in der Produktion und in der Zirkulation die Möglichkeiten weiterer Handlungen nach sich zieht, weil jeder Erzeugungsakt weitere Rohstoffe und Arbeitsleistungen zum „Einsatz beordert", kommt es für den Unternehmer darauf an, die in der sozialen Wirtschaft jeweils vorgegebenen Potenzen und Gewinnchancen zu nutzen. Indem die Unternehmer dies tun, setzen und halten sie die Wirtschaft in Gang. Indem der Unternehmer seine aus den Daten der Volkswirtschaft abgeleiteten Pläne erstellt, gibt er für die nachfolgenden Wirtschaftshandlungen die organisatorische Voraussetzung. Indem er so seine unternehmerische Leistung vollbringt, zwingt er die Erzeuger seiner Stufe zum Wettbewerb. Durch diesen wird der ergiebigste Produktionsausstoß und die kostengünstigste Warenerzeugung und -vermittlung erwirkt.

Auf Grund der erzeugten Waren und der erstellten Leistungen steht den Unternehmern als Entgelt für den Beitrag am Sozialprodukt der entsprechende Anteil am Nationaleinkommen zu. Der vom Unternehmer in der sozialen Wirtschaft geleistete Einsatz muß nach dem allgemeinen Rationalprinzip so geleistet werden, daß mit den jeweils gegebenen Mitteln der optimale Erfolg erreicht wird. Der Unternehmer ist im Vollzug seiner sozialwirtschaftlichen Aufgabe *Träger der Volkswirtschaft* und daher der eine *Ordnungspol der gegenwärtigen Wirtschaftsordnung der freien Welt.*

Die rechtlichen Grundlagen für die unternehmerische Wirtschaftsordnung sind in den Grundrechten der Freizügigkeit und der Gewerbefreiheit gegeben, die auch dann noch besteht, wenn entsprechende Ausführungsgesetze Einschränkungen allgemeiner Art festlegen. Die entscheidende Rechtsgrundlage aber ist die verfassungsrechtliche Garantie des Eigentumsrechtes und damit die Anerkennung des Eigentumsrechtes als berechtigte Verfügungsgewalt über die Produktionsmittel für den Unternehmer. *Das Eigentumsrecht gibt dem Eigentümer den Rechtstitel für die Führung der Unternehmung.* Die Rechtsgrundlagen der geltenden Wirtschaftsordnung lassen der unternehmerischen Initiative und Tätigkeit einen weiten Spielraum in allen Bereichen der sozialen Wirtschaft, so daß die *geltende Wirtschaftsordnung nur als unternehmerische Wirtschaftsordnung bestehen kann.*

Die *Eigenschaften des Unternehmers* für die Erstellung der sozialwirtschaftlich geforderten Leistungen sind die Klugheit als Pflicht zum *planvollen Disponieren,* die Tapferkeit als Pflicht zum *initiativen Wagen* und *mutigen Durchhalten* gefaßter Dispositionspläne und schließlich das Maßhalten als Pflicht zum *maßgerechten Einsatz der Erzeugungs- und*

Erwerbskräfte und das Maßhalten im *Gewinnstreben* und im *zweckrichtigen Einkommensverbrauch.* Mit diesen Verhaltensweisen, die der echten Unternehmerhaltung entspringen, kann der Unternehmer seine sozialwirtschaftliche Aufgabe vollbringen. Soweit er sie so erbringt, rechtfertigt er auch die geltende Wirtschaftsordnung als unternehmerische Wirtschaftsordnung.

Die sozial-gebundene Wirtschaftsordnung kann nur als unternehmerische verwirklicht werden, weil nur sie dem freien Menschen und seiner freien Dispositionskraft entspricht und weil die Unternehmer die Garanten des Forschritts sind.

Die Mitarbeiter der Unternehmer im Betrieb entwickeln sich durch die moderne betriebliche Sozialpolitik *zu Mitarbeitern und daher auch zu „Mitunternehmern"*, so daß auch sie in der hierarchischen Stufung des Betriebes zu graduellen Unternehmern neuer Art werden. Je mehr diese betriebssoziale Entwicklung fortschreitet, desto breiter wird die Basis der unternehmerischen Wirtschaft, so daß sie zu einer durchgehenden unternehmerischen Wirtschaftsordnung werden kann.

β) Die Wirtschaftsorganisationen und Wirtschaftsverbände

Die verschiedenen Wirtschaftsorganisationen haben in der tripolaren Wirtschaftsordnung nach subsidiärer Stufenfolge die *volkswirtschaftliche Aufgabe, ihren Mitgliedern und Gruppenzugehörigen die fehlende Organisationskraft zu ersetzen,* die sie im Erzeugungs- und Marktgeschehen aus sich selbst nicht haben. Sie haben weiter die Aufgabe, die einander *entgegengesetzten Interessen der einzelnen Gruppen auszugleichen,* so daß in paritätischer Ausgeglichenheit der Fortgang der wirtschaftlichen Entwicklung in struktureller und konjunktureller Abgestimmtheit gewährleistet ist und die Einkommensverteilung sozial gerecht und sozialwirtschaftlich richtig vor sich geht.

Die gegenwärtige Wirtschaftsordnung kann mit Recht als *organisationsgebundene Ordnung* angesprochen werden, weil die Großorganisationen die Träger der Wirtschaftsordnung sind.

Die *rechtliche Grundlage* für die gruppen-organisierte Wirtschaftsordnung ist das Grundrecht der Koalitionsfreiheit mit den ausführenden Rechtsbestimmungen für die Gründung gesellschaftlicher Unternehmungstypen und für die verschiedenartigen Zusammenschlußrechte der Wirtschafter. Zu diesen koalitionsrechtlichen Grundlagen gehören auch die rechtlichen Bestimmungen über die Mißbrauchsverhinderung durch die Wirtschaftsorganisationen, wie sie in den Rechtsnormen des Kartellrechtes, des Konzernrechtes und des Antiterrorrechtes festgehalten sind.

Die *Eigenschaften* der „Verbandsdirigenten", der Marktstrategen und der Machtzentraldirektoren sind die *organisierende Ordnungskraft* und die *Gerechtigkeit*. Diese muß in Verbindung mit der Mäßigung der eigenen Verbandsinteressen den Einklang mit den Interessen der anderen Gruppen suchen und finden.

Die sozial-gebundene Wirtschaftsordnung kann nur *als gruppenorganisierte Ordnung* existieren, weil und insoweit die einzelnen Wirtschafter der *subsidiären Ordnungshilfe ihrer wirtschafts- und sozialpolitischen Organisationen bedürfen.*

Nachdem das Koalitionsrecht als Verfassungsgrundsatz in Geltung gesetzt war, konnten sich die schon außerhalb des Rechtes gebildeten Selbsthilfeorganisationen frei entfalten. Die sozial gefährdeten und wirtschaftlich bedrängten Gruppen organisierten sich zur Überwindung oder zur Minderung ihrer Erzeugungs- und Marktschwächen in Selbsthilfeorganisationen. So schufen die Bauern und Handwerker die *Genossenschaften,* die Arbeiter die *Gewerkschaften,* die Verbraucher die *Konsumgenossenschaften* und schließlich die industriellen Unternehmer die *Kartelle.* Daneben organisierten sich die Wirtschaftergruppen noch in den offiziellen Interessenvertretungskörpern, den *Kammern, Innungen* und in den *politischen Zweigorganisationen der Parteien.*

aa) Die Selbsthilfeorganisationen und die Marktdirektorien

Die Bauern haben neben den Sonderrisiken der Naturausgesetztheit durch die Bindung ihres Erzeugungsganges an den Jahresrhythmus eine Reihe von *Marktschwächen.* Sie müssen gleichzeitig anbauen und fragen daher stoßweise um produzierte Produktionsmittel, Saatgut und Düngemittel, nach. Der *Nachfragestoß* bringt steigende Preise und eine Überhöhung der Kosten für die Agrarprodukte. Da die Ernte auch gleichzeitig anfällt, verkaufen die Bauern ihre Waren im *Angebotsstoß* und gefährden die Preise. Bei sinkenden Preisen verkaufen die Bauern noch mehr Waren, damit sie zum betriebswirtschaftlich notwendigen Markterlös kommen. So bringen sie die sinkenden Preise zum Sturz.

Gegen diese und ähnliche Marktbedrängnisse wehrten sich die Bauern durch ihre *Genossenschaften.* Sie schufen sie zur Unterstützung ihrer Erzeugungskraft als *Produktionsgenossenschaften* und zur Unterstützung ihrer Warenverwertung als *Lager- und Verkaufsgenossenschaften.* Wegen ihrer schwachen Kapitalausrüstung, verursacht durch den langfristigen Kapitalumschlag, gründeten die Bauern die *Kreditgenossenschaften.*

Der aus der Notwendigkeit entstandene Zweck der bäuerlichen Genossenschaften ist die *Minderung der Erzeugungskosten* und die *Sicherung des Absatzes und der Preise,* um durch all diese Sonderzwecke *das Einkommen zu sichern.*

Die *Handwerker* wurden durch die marktbeherrschende Industrie in ihrem ortsgebundenen Absatz so bedrängt, daß auch sie *Lager-, Verwertungs- und Kreditgenossenschaften* schaffen mußten. Wieder galt es: ein *gesichertes Einkommen genossenschaftlich zu organisieren.*

Die *Arbeiter* mußten ihre schwache Marktposition gegen die monopolistische Arbeitsnachfrage der Unternehmer durch die *Gewerkschaften* zu verbessern suchen, indem sie ein gebundenes Angebot mit dem *Ziel der Lohnsicherung* den Unternehmern entgegenstellten.

Da nach der „Auffüllung" der erweiterten Absatzräume die Industrie in den konjunkturellen Zyklus mit Absatzbrüchen geriet, mußten auch die Industriellen marktdirigierende Organisationen wie Kartelle gründen. Das *Ansteigen der fixen Kosten,* verursacht durch die technischen Neuerungen, zwingt zur Sicherung des Absatzes bei gesicherten Preisen *Organisationen zur Marktlenkung und Marktbeherrschung* zu schaffen. Das Ziel dieser ist wieder die Sicherung des Markterlöses zur Abdeckung der Kosten und zur *Sicherung des optimalen betrieblichen Beschäftigungsstandes und des Einkommens.*

All diese Selbsthilfeorganisationen sind *im kleinen Kreis entstanden,* in dem das persönliche Einstehen füreinander die Grundlage für die Außenwirkung war. Da die kleinen Selbsthilfegemeinschaften nur eine eng-radiale Wirkung hatten, war auch die Hilfskraft von dürftigem Ausmaße. Daher schlossen sich die verschiedenen Organisationen *horizontal* und *vertikal zu Verbänden* zusammen. Durch diese wurde die Durchschlagskraft nicht nur additiv, sondern multiplikativ vergrößert. Die eine ganze Wirtschaftsgruppe beherrschende Organisationszentrale vermag vielfach die Marktschwächen der Organisierten zu überwinden und unter Umständen sogar den Markt zu beherrschen. *Aus den marktgeschwächten Organisierten wurden nicht selten marktbeherrschende Institutionen und Marktdirektorien.*

ββ) Die Wirtschaftskammern und der Kammerstaat

Für den wirtschaftlichen und sozialen Interessenausgleich in den Wirtschaftszweigen einerseits und für die Durchsetzung der gemeinsamen Interessen gegen andere Gruppen wurden die *Kammern mit Zwangsmitgliedschaft* geschaffen: die Kammern der gewerblichen Wirtschaft, die Kammern für Land- und Forstwirtschaft, die Kammern für Arbeiter und Angestellte und die Kammern für Land- und Forstarbeiter. Die Kammerorganisationen hatten ein dreistufiges System: die Bezirksstellen, die Landeskammern und auf der Bundesebene die Bundeskammer der gewerblichen Wirtschaft, die Präsidentenkonferenz der Landwirtschaftskammern und den Arbeiterkammertag für die Arbeiterkammern.

Die Kammern gleichen auf jeder ihrer Stufen die Interessen der verschiedenen Gruppen in sich aus, so daß sie nach außen mit einem gemeinsamen Willen zur Wirkung kommen. Je höher die Organisationsstufe, desto stärker wird die Durchschlagskraft nach außen. *Die Kammern werden zu wirtschaftspolitischen Ausgleichsfaktoren nach innen und zu wirtschaftspolitischen Zentren zur Durchsetzung gemeinsamer Interessen nach außen.*

Indem die Kammern durch verschiedene technische und betriebswirtschaftliche Förderungseinrichtungen die Grundlagen für eine verbesserte Betriebsführung geben, verbessern sie die Kostenlage und die Erzeugung der Betriebe. Indem sie durch ihre Marktforschung und Markterhebung im Inland und durch ihre Außenstellen im Ausland neue Absatzmöglichkeiten für die Mitglieder ausweisen, fördern sie auch die Verwertung der Waren und Leistungen der organisierten Unternehmungen. Die Ausbildung des Nachwuchses und die Forbildung der Meister und Gesellen läßt die Kammern als besondere Bildungsfaktoren für die wirtschaftlichen und gesellschaftlichen Bereiche der Kammermitglieder wirksam werden. In all diesen Funktionen sind die Kammern *subsidiäre Hilfsinstitutionen.* Durch die Kammern erhalten die Wirtschafter eine wichtige Organisationshilfe, die für viele die eigene Gestaltungskraft notwendig ergänzen muß.

Da die Kammern auch miteinander in organisatorische Verbindung treten, werden sie in der Wirtschafts- und Sozialpolik zu einem so kräftigen Ordnungszentrum, daß sie die *Organe der staatlichen Willensbildung nicht selten in ihre Gefolgschaft nehmen.* Die Kammern werden durch ihren autonomen, aber auch übertragenen Aktionsbereich zu Organen der staatlichen Willensbildung für die Wirtschafts- und Sozialpolitik.

Da zudem noch Spitzenorgane der Kammern nicht selten in Personalunion gewählte Abgeordnete zu den Gesetzgebungskörperschaften sind, ist die Verflechtung der Kammern mit den Gruppen der staatlichen Willensbildung vielfach eine sehr dichte. „Die vom Volk gewählten und die ihm verantwortlichen Abgeordneten werden zu Erfüllungsgehilfen der Gruppenwünsche degradiert" (Weber).

So gesehen, kann man nun die gegenwärtige Wirtschaftordnung, soweit sie von den Kammern getragen ist, als *„Kammerstaat"* bezeichnen.

Die Kammern verfolgen für ihre Zwangsmitglieder eine *Sicherung des Einkommens* über die Verbesserung der Erzeugungsbedingungen und der Verwertungspositionen. Sie streben daher das gleiche Ziel wie die Selbsthilfeorganisationen an.

$\gamma\gamma$) Die wirtschaftlichen Machtzentren und die Schlüsselunternehmungen

Neben den Selbsthilfeorganisationen und den Kammern gibt es in der gegenwärtigen Wirtschaftsordnung noch monopolistische oder mindestens monopoloide *Konzernzentralen* mit weitreichender organisatorischer Strahlungskraft.

Durch den Konzentrationsprozeß, der allerdings nie allgemein, sondern immer nur bereichsweise stattfindet (im Gegensatz zur Auffassung von Marx), bilden sich wirtschaftliche *Machtzentren* heraus, die kraft ihres *wirtschaftlichen Übergewichtes in der Kapitalausrüstung* oder in der *Marktmacht* als Monopolisten oder Oligopolisten ihre technisch vor- und nachgeordneten Kettenglieder in der Erzeugung oder im Verwertungsgang vollends ins Schlepptau nehmen, so daß diese, obwohl sie eigenständige Risikoträger sind, doch in wirtschaftlicher und finanzieller Gefolgschaft und Abhängigkeit stehen. Von diesen Zentralen der wirtschaftlichen Macht werden vielfach die Preise und die Verkaufsbedingungen für die Waren der eigenen und fremden Erzeugung bestimmt. Solche Preise werden nicht mehr durch das Gesetz von Angebot und Nachfrage, sondern vielfach nach dem Ausmaß der Marktmacht bestimmt.

Daß dem so sein kann, wurde für die österreichische Industrie festgestellt, in der etwa ein Drittel aller Warengattungen von nur je einem Unternehmer, ein weiteres Drittel von nur je zwei bis fünf Unternehmern, ein Sechstel von je sechs bis zwölf Erzeugern und das letzte Sechstel von mehr als zwölf Unternehmern hergestellt werden (Nemschak).

Erst recht bilden die *Konzernunternehmungen der Banken* eine Marktmacht, weil ihnen durch die Bankverbindung ein so langer „finanzieller Atem" gegeben ist, daß sie die Kosten in beinahe beliebiger Form drücken und so die Preise von sich aus bestimmen können. Als Organisationszentren ziehen die Konzerne wie mit der Kraft eines Soges weitere Unternehmungen an sich. Durch diese ihre Ordnungskraft in der sozialen Wirtschaft vermögen die Konzerne und ihre Bankzentren die Erzeugung, die Verwertung und durch beides die *Preise zu dirigieren und nach eigenem Interesse vielfach ohne Marktgesetzlichkeit zu bestimmen.*

All diese Marktmächte und organisatorischen Übermächte ordnen nach eigenem Interesse die Marktvorgänge, so daß die *Marktwirtschaft in den Wirtschaftsbereichen der Konzerne nur noch als bruchstückhaft freie Marktwirtschaft existiert.*

δδ) Die politischen Machtverbände und die paritätische Ausgleichskommission

Die Politik ist die Tätigkeit des Ausgleiches der Interessengegensätze. Da die wirtschafts- und sozialpolitischen Interessen der einzelnen Wirtschaftsgruppen und Sozialschichten auf der Ebene der Politik durchgesetzt oder im gegenseitigen Verhandeln ausgeglichen werden, organisieren sich die einzelnen Gruppen in politischen oder formal „unpolitischen" Gruppen und Sektionen. Diese politischen Verbände wachsen aus den Selbsthilfeorganisationen einerseits oder aus den Kammerorganisationen andererseits. Sie sind die *politischen Instrumente der wirtschaftlichen und sozialen Interessenbünde.* In den Organisationszentralen dieser politischen Interessenverbände werden die politischen Richtlinien der Parteien dirigiert und bestimmt. Diese Wirtschafts- und Sozialorganisationen sind die *Managerzentren der Interessenverbände.*

Die politischen Interessengruppen erstreben für ihre Mitglieder und Anhänger (die zugleich die Wähler sind) die Sicherung der wirtschaftlichen Erfolgschancen oder mindestens die Sicherung ihrer wirtschaftlichen Sozialexistenz. Jede Gruppe sucht für sich eine organisierte Einkommenssicherung und Sonderrente zu gewinnen.

In diesem Wettlauf gibt es nicht Sieger und Besiegte, sondern solche, die da und dort etwas gewinnen, weil sie hier und da etwas abgeben. Die sozial- und wirtschaftspolitischen Machtbünde müssen in der Demokratie den Weg des Kompromisses gehen.

Ein solcher Modus des Kompromisses war die Gründung der *Paritätischen Kommission für Preis- und Lohnfragen.* Diese Kommission wurde am 12. März 1957 durch ein Übereinkommen zwischen der Bundesregierung einerseits und den Kammern für die gewerbliche Wirtschaft, für die Landwirtschaft und für die Arbeiter und den Österreichischen Gewerkschaftsbund andererseits geschaffen. Ihre Aufgaben sind: im gegenseitigen Prüfungsverfahren Preise und Löhne auf Ansuchen von Interessentengruppen zu prüfen. Die vertragsschließenden Teile verpflichteten sich, sich an jeweils geschlossene Vereinbarungen zu halten.

Durch die Paritätische Kommission ist ein Ausgleichsorgan geschaffen, das ohne Hoheit und Befehlsgewalt *in paritätischer Übereinkunft frei geschaffene und freiwillig übernommene Übereinkommen für die Sozialpartner verbindlich sein läßt.* Im letzten wird von den Hauptorganen der Sozialpartner unter dem Vorsitz eines Staatsorganes die *Parität in der Einkommensverteilung* nach dem Prinzip der wirtschaftlichen Richtigkeit und sozialen Gerechtigkeit zu erreichen gesucht.

Solange dieses Organ keinen staatlichen Behördencharakter mit Anordnungs- und Weisungsbefugnis erhält, ist es ein Organ des Interessenaugleiches und daher ein *systemgerechtes Organ in einer Wirtschaftsordnung der Wirtschaftsorganisationen.* Die paritätische Ausgleichskommission wirkt als *Organ einer wirtschaftlichen und sozialen Friedensordnung.*

Wieder gilt: Der automatische Preismechanismus der freien Marktwirtschaft wurde teilweise durch ein System gruppenpaktierter Preise mit dem Ziel, eine wirtschaftlich richtige und sozial gerechte Einkommensverteilung zu erreichen, ersetzt.

γ) Der Staat und die öffentliche Wirtschaft

Die Entartung der sozialwirtschaftlichen Struktur und der Zerfall der bürgerlichen Gesellschaftsordnung *zwangen den Staat zu größeren Ordnungseingriffen,* so daß sich der Trend der wachsenden Staatsaufgaben und als Folge das Gesetz der wachsenden Staatsausgaben ergab. Der Staat hatte immer größere wirtschaftspolitische Reparaturverpflichtungen und stets wachsende sozialpolitische Korrekturaufgaben. Dazu kam noch, daß der Staat immer mehr Kulturaufgaben für Forschung, Unterricht, Fortbildung und Volksbildung übernehmen mußte. Der Staat wurde zum *omnipotenten Leviathan* in dem Ausmaß, in dem die private Initiative allenthalben zurückging. Durch diesen Entwicklungstrend wurde auch die Wirtschaft des Staates quantitativ im Umfang größer und qualitativ in der Funktion verändert. All diese Wandlungsvorgänge lassen den Staat in der Wirtschaftsordnung von heute nicht mehr am Randes des sozialwirtschaftlichen Geschehens stehen. *Der Staat nimmt die zentrale Stellung in der Sozialwirtschaft ein.* Der Staat und die öffentliche Wirtschaft müssen in *subsidiärer Ergänzung zur Initiative und Entscheidung der einzelnen Wirtschafter und in subsidiärer Vervollständigung der Ordnungskraft der Wirtschaftsorganisationen* die sozialwirtschaftlichen Zustände so ordnen, daß das Optimum des Sozialproduktes bei geringster struktureller und konjunktureller Störung gewährleistet wird. Der Staat und die öffentliche Wirtschaft sind der Ordnungspol der sozial-gebundenen Wirtschaft, der im Gesamten der Gesellschaft und Wirtschaft die *integrierte Einheit in richtiger Ausgeglichenheit der einzelnen Gruppen garantiert.*

Die *rechtlichen Grundlagen* für die Sozial- und Wirtschaftspolitik des Staates und der öffentlichen Wirtschaft liegen in der Hoheit des Staates an sich, die auf Grund der Kompetenzkompetenz jegliche Ordnungsbereiche und Ordnungsaufgaben an sich ziehen kann. Im besonderen sind die Ordnungsaufgaben des Staates in allen Gesetzen und Verordnungen festgehalten, die den Staat zum ordnenden Handeln verpflichten. Die Ordnungsaufgaben der öffentlichen Wirtschaft ergeben sich aus dem Volumen der Geldausgaben und der entsprechenden Geldeinnahmen einerseits und aus der besonderen Ordnungsverpflichtung der Gesetze, die über Subventionen bestimmen, aus dem jeweiligen Regierungsprogramm wie auch aus dem Regierungskonzept des Finanzministers andererseits. Einen besonderen Zuwachs ordnender Aufgaben erhielt die öffentliche Wirtschaft durch die Verstaatlichungsgesetze, durch die die öffentliche Wirtschaft zum größten Unternehmer der Schlüsselunternehmungen in der sozialen Wirtschaft wurde.

Die geltende Wirtschaftsordnung kann mit Recht als *teilweise staatlich gelenkte Ordnung* bezeichnet werden.

Die Organträger, die im Staat, in der Gesetzgebung und Vollziehung und in der öffentlichen Wirtschaft leitend tätig sind, *bedürfen aller Leitungsqualitäten des Menschen.* Sie müssen *gerecht* sein, um jeweils den richtigen Ausgleich zwischen den Interessentengruppen zu treffen. Sie müssen *mutig* sein, um in voller eigenständiger Verantwortung ordnende Leistungen setzen zu können. Sie müssen *klug* sein, um ihre organisierende und veranstaltende Tätigkeit aus voller Sachkenntnis, gepaart mit größtmöglicher Einsicht in die menschlichen und gesellschaftlichen Zustände und Bestrebungen, setzen zu können. Von der fachlichen und ethischen Qualität der staatlichen Dirigenten hängt es ab, ob der Ordnungspol Staat als oberste Ordnungsinstanz die Teile richtig zum Ganzen fügen kann und den einzelnen Teilen, den wirtschaftlichen Organisationen und den einzelnen Wirtschaftern so viel an Eigenverantwortung und Eigeninitiative beläßt, daß sie ihre Aufgabe richtig erfüllen können.

Die tripolare Wirtschaftsordnung bedarf des Staates als oberster Ordnungsinstanz und der öffentlichen Wirtschaft als Organisationswirtschaft, denn sonst könnte sie wegen der Gegensätzlichkeit der Interessen der zwei anderen Ordnungsbrennpunkte nicht funktionieren.

aa) Der Staat als oberste Ordnungsinstanz in der sozialen Wirtschaft

Je mehr die Initiative der Wirtschafter erlahmte und je größer das Streben nach Sicherung wurde, desto stärker wurde die ergänzende Ordnungsnotwendigkeit durch den Staat. Dies zeigt sich in der Übernahme vieler Agenden der Sozialpolitik und im Wirtschaftlichen durch die Übernahme der Struktur- und Konjunkturpolitik durch den Staat.

Da der Staat, gedrängt durch die Interessenkreise und politischen Gruppen, immer mehr die gesellschaftliche Fehlentwicklung reparieren und die Gesellschaftsordnung wieder instandsetzen mußte, wurde er zum *Hauptträger der Sozialpolitik.* Durch diese sicherte er allerdings für die Wirtschaftsentwicklung den ungebrochenen Fortgang. Die Sozialpolitik des Staates gab der Wirtschaftsentwicklung die gesicherte Grundlage.

Da die Erzeugungszweige im Wildwuchs wegen der verschiedenen Kapitalumsatzfähigkeit und daher wegen verschiedener Kapitalsertragsfähigkeit nie eine gleichmäßige Entwicklung haben, gibt es jeweils überwucherte und zurückgebliebene Wirtschaftszweige. Die Differenz im Entwicklungsvorgang bringt strukturelle Krisen. Sie zu beheben ist neben der Aufgabe der Selbsthilfeorganisationen auch Aufgabe des Staates. Der Staat wurde *durch die Strukturpolitik Ordnungsträger der Volkswirtschaft.*

Mit dem verstärkten Ausschwingen des Konjunkturpendels wurden die konjunkturellen Depressionswirkungen so stark, daß sie nicht nur die Volkswirtschaft zum Erliegen brachten, sondern auch den Staat zerstörten. Über die Notwendigkeit der Arbeitsbeschaffungspolitik wuchs der Staat in die Aufgabe der Konjunkturpolitik hinein. So kam es, daß der Staat der *Garant der Vollbeschäftigung für die Arbeit und für die Vollnutzung der Kapitalanlagen wurde.*

In diesen vielfältigen Ordnungsaufgaben verhindert der Staat die stets drohenden Entartungen der sozialen Wirtschaft. Er wird zum gestaltenden Faktor, der die Volkswirtschaft stets zur richtig strukturierten und krisenfreien Einheit führt. *Der Staat ist die oberste Ordnungsinstanz der sozialen Wirtschaft geworden.*

Dies sagt aber nicht, daß der Staat zum Allestuer und daher zur totalen Ordnungsinstanz wurde.

ββ) Die öffentliche Wirtschaft als Organisationswirtschaft in der Volkswirtschaft

Die ordnunggebende Kraft des Staates setzt sich in der öffentlichen Wirtschaft fort. Sie wird zum *Organon des Staates.* Die öffentliche Wirtschaft ist daher in all ihren Institutionen ein *Gestaltungsinstrument der staatlichen Sozial- und Wirtschaftspolitik.* Als solches hat die öffentliche Wirtschaft eine ständige Erweiterung des Aufgabenbereiches und daher des Ausgabenvolumens durchgemacht. Mit dieser quantitativen Umfangserweiterung ergab sich auch eine qualitativ funktionelle Veränderung der öffentlichen Wirtschaft. Sie ist nicht mehr, wie dies der Grundsatz der freien Marktwirtschaft forderte, neutral — im Gegenteil: die öffentliche Wirtschaft ist die *organisierende Wirtschaft des Staates in der Volkswirtschaft.*

Die Politik der Ausgaben und der Einnahmen untersteht der sozial- und wirtschaftspolitischen Zwecksetzung des Staates. Neben den Ausgaben für den Hoheitsbedarf gibt es Ausgaben, die unmittelbar in die Wirtschaftspolitik einmünden: die Subventionen und Investitionen. *Mittels der Subventionen macht der Staat Strukturpolitik und mittels der Investitionen Konjunkturpolitik.*

Die *Einnahmen* der öffentlichen Wirtschaft: die Erträge der öffentlichen Unternehmungen, die Abgaben mit Beiträgen, Gebühren und Steuern, sind auch nicht mehr nur Werkzeuge der Geldbeschaffung, sondern *Instrumente der Sozial- und Wirtschaftspolitik.*

Die *öffentlichen Unternehmungen* unterstehen einerseits dem betriebswirtschaftlichen Grundsatz der optimalen Ertragsbringung und andererseits dem Grundsatz der Wirtschaftspolitik, die Volkswirtschaft zu fördern. Es müssen daher nicht alle Unternehmen Einnahmeüberschüsse bringen, sie können auch ohne diese sein, wenn die Preise ihrer Leistungen durch die sozialwirtschaftliche „Auflage" oder „Hypothek" von der Kostengrundlage abweichen müssen. Die sich ergebenden Abgänge können im Wege der Umwegsrentabilität, die sich in der höheren Leistungsfähigkeit der privaten Wirtschafter und daher in der größeren Steuerfähigkeit einstellt, wettgemacht werden. Die volkswirtschaftliche Lenkungskraft öffentlicher Unternehmungen wurde durch die Verstaatlichung ehemals privater Unternehmungen entsprechend größer. *Die öffentlichen Unternehmungen sind Direktionszentralen der Volkswirtschaft geworden.*

Die *Steuer* ist auch nicht mehr nur eine fiskalische Geldentnahme, sie ist ein Steuerungsmittel für die Sozial- und Wirtschaftspolitik. Es gibt daher keine Sparte der Wirtschaftspolitik, in der nicht die Steuer als Steuerungsinstrument gebraucht wird. Sie ist ein Instrument der Sozialpolitik für die Einkommensausgleichung und ein besonderer Apparat der Struktur- und Konjunkturpolitik. *Die Steuer ist ein Steuerungsinstrument der Volkswirtschaft.*

In gleicher Weise wirkt der *öffentliche Kredit* als Lenkungsmittel des Kapitalmarktes und als Anregungsinstrument bei deflationistischen Krisenzuständen.

Die öffentliche Wirtschaft ist durch und durch Organisationswirtschaft.

Dieser Grundcharakter der öffentlichen Wirtschaft ist quantitativ am hohen Anteil der öffentlichen Geldein- und -ausströme zu sehen. Das Budgetvolumen des österreichischen Bundesstaates umfaßt das Zweieinhalbfache des gesamten Banknotenumlauf. Die gesamte öffentliche Wirtschaft mit den Ländern, Gemeinden und den intermediären Finanzgewalten, wie etwa den Sozialversicherungsträgern, nimmt beinahe die Hälfte des Nationaleinkommens an sich.

In qualitativer Hinsicht wird die organisatorische Bedeutung der öffentlichen Wirtschaft noch verstärkt. Wenn sie 32 vH der in der Volkswirtschaft Tätigen beschäftigt, wenn sie mehr als die Hälfte aller Investitionen von sich aus tätigt und wenn sie vom gesamten Aktienkapital 67 vH in ihrer Hand hat, dann ist dieser Wirtschaftskörper von einer Organisationskraft wie kein anderer in der Volkswirtschaft. Wenn man noch den Schlüsselcharakter öffentlicher Unternehmungen, wie etwa der Notenbank, der bedeutendsten Kreditinstitute und wichtiger Schlüsselindustrien in Betracht zieht, dann ist der Staat und die *öffentliche Wirtschaft das zentrale Organisationsinstrument der Volkswirtschaft.*

4. Die Vorzüge und die Gefahren der gegenwärtigen Wirtschaftsordnung

Die Ordnung der sozial-gebundenen Wirtschaft mit dem Spannungsverhältnis von Sicherheit und Freiheit hat durch das allgemeine Sicherungsstreben der Wirtschafter ein *statisches* und durch die gewährleistete Initiative der Unternehmer ein *dynamisches Element* in sich. Zwischen beiden einander entgegengesetzten Ordnungsgrundsätzen muß immer wieder das richtige Verhältnis erstellt werden. Überwiegt nämlich das Sicherungsstreben, dann erlahmt die dynamische und initiative Tätigkeit, so daß immer nur das *Streben nach organisierten Sicherungsrenten* bei minder erbrachter Leistung den Fortschritt zum Erliegen bringt. Überwiegt das dynamische Streben, dann verflüchtigt sich der Zustand der sozialen und wirtschaftlichen Ausgeglichenheit der einzeln organisierten Gruppen und ein *klassenkämpferisches Spannungsverhältnis begänne* von neuem.

So glücklich das richtige Spannungsverhältnis von Sicherung und freier Initiative ist, so gefährlich ist das gestörte Verhältnis mit dem Überwiegen einer einseitigen Streberichtung. Wie immer, so liegt auch bei der sozial-gebundenen Wirtschaftsordnung die letzte Entscheidung über ihr richtiges Funktionieren nicht im Organisationssystem, sondern bei den Menschen, die sich des Ordnungssystems bedienen. *Die letzte Entscheidung über die Güte der sozial-gebundenen Wirtschaftsordnung liegt in der ethischen Haltung aller Träger dieser Ordnung.*

Ein so kompliziertes System der Wirtschaftsordnung mit drei Ordnungszentren der tripolaren Wirtschaftsordnung bringt Vorzüge, die im Spannungsausgleich gesellschaftlicher und wirtschaftlicher Art liegen, und Gefahren, die bei Überwiegen eines Ordnungspoles das gesamte System so verzerren können, daß die Wirtschaftsordnung in ihrer Existenz bedroht ist.

Der *Vorzüge* der tripolaren Wirtschaftsordnung sind manche. Wenn die drei Ordnungsbrennpunkte *im richtigen Spannungsverhältnis* sind und bleiben, und keiner sich die anderen unterordnet, dann gibt es *kein verzerrtes Überwiegen einer ordnenden Zentralmacht.* Ähnlich der Teilung der Staatsgewalt garantiert auch die tripolare Wirtschaftsordnung im gegenseitigen Spannungsverhältnis der Ordnungspole das richtige Maß von Sicherheit und Freiheit. Aus der Notwendigkeit, das klassenkämpferische Spannungsverhältnis abzubauen, sind ja die drei Pole in gegenseitiger Spannungskontrolle entstanden. So müssen sie auch ihren geschichtlichen Auftrag weiter leisten. Daß es für die richtige Ausgeglichenheit der drei Spannungszentren einer hohen Fachkenntnis und höchster ethischer Haltungsqualitäten der Ordnungsträger bedarf, ist einsichtig. Diese Wirtschaftsordnung garantiert in der organisierten Ausgeglichenheit auch den gesicherten Fortgang in der Gesellschafts- und Wirtschaftsentwicklung. Die sozial-gebundene und tripolare Wirtschaftsordnung ist durch die im Wege der Kompromisse jeweils erreichte Ausgeglichenheit der Interessen eine *echte Friedensordnung der Gesellschaft und Wirtschaft.* Diese Friedensordnung garantiert durch Selbstbindung der Interessentengruppen und durch die Selbstverpflichtung gegenüber den vereinbarten Ausgleichs-Übereinkommen *die Freiheit der organisierten*

Gruppen und die Freiheit der einzelnen Wirtschafter als Unternehmer und als Mitarbeiter.

Der *Gefahren* der tripolaren Wirtschaftsordnung sind nicht wenige. Kommt es zu einer auch nur kleinen Verschiebung in der Machtverteilung der Ordnungszentren, dann vermag ein Machtzentrum die anderen in ihr Schlepptau zu nehmen und aus der Ausgeglichenheit der Interessen ergibt sich ein *Machtübergewicht einer Gruppe,* dem sich die anderen nicht mehr entziehen können. Die Organisierten, die sich der Hilfe ihrer Organisationen bedienen wollten, werden die *Ohnmächtigen ihrer Organisationen.* Die übermächtige Organisationszentrale zieht die ungerechtfertigten Organisationsrenten in ausbeuterischer Weise an sich.

Durch die gegenseitige Verflechtung der Ordnungsträger im Wege der Personalunionen der Ordnungszentralen wird die Gefahr des Überwiegens einer Zentrale so groß, daß es der *ständigen Selbstkontrolle aller Organisationsmanager* für das richtige Funktionieren der geltenden Wirtschaftsordnung bedarf.

Die soziale und wirtschaftliche Friedensordnung der sozial-gebundenen und tripolaren Wirtschaftsordnung kann nur bestehen, wenn die Träger der drei Ordnungspole den Sinn und Zweck des sozialen und wirtschaftlichen Gleichgewichtes verstehen und immer den Willen zum wirtschaftlich richtigen und sozial gerechten Interessenausgleich tätigen. Da die soziale und wirtschaftliche Friedensordnung nie feststeht, muß sie immer wieder durch die Wirtschafter, die wirtschaftlichen Organisationen und den Staat neu errichtet und festgehalten werden. *Die sozialgebundene Wirtschaftsordnung ist stets Aufgabe für alle!*

Wissenschaftliche Arbeiten

1. Selbständige Veröffentlichungen

Ernst Ludwig Carl, der Begründer der Volkswirtschaftslehre, Jena 1939.
Traktat zur Währungsreform, Graz 1946.
Die Lebensfähigkeit Österreichs, Wien und Graz 1946.
Bankenverstaatlichung, Zur Frage des gestuften Zinses, Salzburg 1946.
Staatswirtschaftslehre des Kameralismus, Bern 1947.
Wirtschaft, Schicksal oder Aufgabe des Menschen, Wien 1949.
Die Geschichte der Volkswirtschaftslehre, Wien 1950.
Die öffentliche Wirtschaft, Berlin 1953.
Die Grenzen der Besteuerung, Berlin 1954.
Liberalisierung und Konsumentenpolitik in Österreich, Wien 1954.
Die Stellung des Gewerbes in der modernen Wirtschaft und die Bedeutung des genossenschaftlichen Zusammenschlusses, Wien 1954.
Einkommenspolitik und Genossenschaften, Göttingen 1955.
Die Aufgaben und Grenzen der Genossenschaften, Paderborn 1955.
Wirtschaftsethik, München 1957; ital. Ausgabe: Morale economica, Alba 1961; span. Ausgabe: Etica della economia, im Druck 1965.
Die öffentliche Wirtschaft im Spannungsfeld von Sicherheit und Freiheit, Inaugurationsrede, Graz 1957.
Vom Arbeiter zum Mitarbeiter, Quantitative und qualitative Sozialpolitik, Berlin 1961.
Grundsätze der modernen Sozialpolitik, Wien 1961.
Lebensstandard und Lebensglück, Berlin 1963.
Das Problem der Behinderten, Gutachten zum oberösterreichischen Gesetzesentwurf, 1964.
Die verstaatlichten Schlüsselunternehmungen und ihre Reform, Gutachten 1964.
Die volkswirtschaftlichen Aufgaben des Fremdenverkehrs, Salzburg 1965.
Zur Reform der verstaatlichten Unternehmungen Österreichs, Wien 1965.
Die Elite aus Geist und Verantwortung, zur gegenwärtigen Wirtschaftsordnung Österreichs, Inaugurationsrede, Graz 1965.
Die Wirtschaft als Schicksal und Aufgabe, Gesammelte Aufsätze, Berlin 1965.
Die Geschichte der Wirtschaftsordnung Österreichs, in Arbeit.

2. Arbeiten in Fachzeitschriften und Sammelwerken

Volkswirtschaft und Weltwirtschaft im deutschen Merkantilismus. — In: Vierteljahrsschrift f. Soz. u. Wirtschaftsgeschichte, Bd. 30, 1937.
Weltwirtschaft und Volkswirtschaft bei den Klassikern. — In: Schmollers Jahrbuch, Jg. 61, 1937.
Die Streuung der wissenschaftlichen Bibliotheken. — In: Zentralblatt für Bibliothekswesen, Jg. 56, 1939.
Der Begründer der Volkswirtschaftslehre — ein Deutscher. — In: Schmollers Jahrbuch, Jg. 64, 1940.

Das Prinzip der Einkommens- und Ertragssteuer. — In: Zs. f. ges. Staatswissenschaft, Bd. 101, 1940.
Die Arbeitsteilung als Grundproblem der Nationalökonomie bei E. L. Carl. — In: Zs. f. Nationalökonomie, Bd. 10, 1941.
E. L. Carl und A. Smith, Zur Neusichtung des Smithproblems. — In: Weltwirtschaftliches Archiv, Bd. 54, 1941.
Der gestufte Zins. — In: Schmollers Jahrbuch, Jg. 65, 1941.
Die dynamische Kredittheorie der deutschen Merkantilisten. — In: Weltwirtschaftliches Archiv, Bd. 56, 1942.
Die Steuer als Gestaltungsmittel der Volkswirtschaft bei den deutschen Merkantilisten. — In: Finanzarchiv, N. F., Bd. 9, 1942.
Die berufsständische Sozialordnung in Frankreich. — In: Zs. f. ges. Staatswissenschaft, Bd. 103, 1943.
Steuerumbau, die Aufgabe von morgen. — In: Finanzarchiv, N. F., Bd. 10, 1943.
Warum Bankenverstaatlichung? — In: Der österreichische Volkswirt, Jg. 32, 1946.
Wirtschaftspolitisches Steuersystem. — In: Österreichische Monatshefte, Jg. 2, 1946.
Dynamische Staatswirtschaft. — In: Bick-Festschrift, Wien 1947.
Die organisatorische Aufgabe bei der Konföderation mehrerer Volkswirtschaften. — In: Politeia, Vol. 1, 1948.
Facharbeitermangel und Jugendarbeitslosigkeit. — In: Arbeit und Wirtschaft, Jg. 3, 1949.
Die föderationswirtschaftliche Geldordnung. — In: Politeia, Vol. 1, 1949.
Die volkswirtschaftliche Wirkung des Arbeitsbeschaffungsgeldes. — In: Arbeit und Beruf, Jg. 1950.
Wesenswandel der Staatswirtschaft. — In: Zs. f. ges. Staatswissenschaft, Bd. 106, 1950.
Gesellschaftlicher oder wirtschaftlicher Lohn? — In: Gloria Dei, Jg. 4, 1950.
Der Beschäftigungsgrad der Volkswirtschaft und das Staatsbudget. — In. Arbeit und Beruf, Jg. 1950.
Die Steuergrenzen. — In: Die Industrie, Jg. 1950, Nr. 18, 19 u. 20.
Integrale Finanzwissenschaft. — In: Wissenschaft und Weltbild, Jg. 4, 1951.
Die Vermögenssubstanzsteuer. — In: Zs. f. Nationalökonomie, Bd. 13, 1951.
Der Bauer und sein Geld. — In: Jahresbericht d. Raiffeisen-Zentralkasse f. Steiermark, 1951.
Das Gesetz der Interdependenz der Steuererträge. — In: Archivio finanziario, Vol. 2, 1951.
Alte und neue Finanzwissenschaft. — In: Finanzarchiv, N. F., Bd. 13, 1951.
Geschichte der deutschen Finanzwissenschaft bis zum Ausgang des 18. Jahrhunderts. — In: Hb. d. Finanzwissenschaft, 2. Aufl., Tübingen 1951—1952, Bd. 1.
Grundlegung der integralen Finanzwissenschaft. — In: Schmollers Jahrbuch, Jg. 71, 1951.
Vollbeschäftigung und öffentliche Finanzpolitik. — In: Zs. f. ges. Staatswissenschaft, Bd. 108, 1952.
Vom Proletariat zum Arbeitertum. — In: Gloria Dei, Jg. 7, 1952.
Um die Vereinfachung der Einkommenssteuer. — In: Die Industrie, Jg. 1952, Nr. 25.
Die öffentliche Wirtschaft als Ordnungsfaktor der Volkswirtschaft. — In: Degenfeld-Festschrift, Wien 1952.
Kapitalertrag und Kredit in der Landwirtschaft. — In: Jahresbericht d. Raiffeisen-Zentralkasse f. Steiermark, 1952.

Les fonctions économiques des entreprises publiques. — In: Revue des sciences et des legislations financieres, Année 44, 1952.

Die Wirtschaft der Steiermark. — In: Steirischer Wirtschaftsalmanach, Graz 1952.

El pleno empleo y su politica. — In: Fomento social, Vol. 7, 1952.

Die Gebote der Vollbeschäftigungspolitik. — In: Arbeit und Beruf, Jg. 1952.

Il piano finanziario. — In: Archivio finanziario, Vol. 3, 1953.

Die Aufgaben des österreichischen Genossenschaftsinstitutes. — In: Jahresbericht d. Raiffeisen-Zentralkasse f. Steiermark, 1953.

Steuergrenzen und Steuermoral. — In: Wissenschaft und Weltbild, Jg. 6, 1953.

Die volkswirtschaftlichen Aufgaben der öffentlichen Unternehmungen. — In: Zs. f. ges. Staatswissenschaft, Bd. 109, 1953.

Genossenschaften und Einkommenspolitik. — In: Aktuelle Genossenschaftsprobleme, Bern 1953.

Die Macht der Organisation und die Ohnmacht der Organisierten. — In: Wissenschaft und Weltbild, Jg. 6, 1953.

Josef von Sonnenfels. — In: Handbuch d. Sozialwissenschaften, Bd. 9, Tübingen 1953.

Liberalisierung und die landwirtschaftlichen Genossenschaftsverbände. — In: Jahresbericht d. Raiffeisen-Zentralkasse f. Steiermark, 1954.

Grundlagen und Aufbau der Gesellschaft. — In: Gloria Dei, Jg. 9, 1954.

Notwendigkeit und Wege einer Steuerreform. — In: Wirtschaftspolitische Blätter, Jg. 1, 1954.

Das Problem des Einkommenssteuertarifes. — In: Wirtschaftspolitische Blätter, Jg. 1, 1954.

Die volkswirtschaftlichen Aufgaben und Leistungen des Molkereiverbandes für Steiermark und Kärnten. — In: Festschrift anläßlich des 20jährigen Bestandes des Verbandes der Molkereigenossenschaften in Steiermark und Kärnten, Graz 1954.

Die Umsatzsteuer und ihre Reformprobleme. — In: Wirtschaftspolitische Blätter, Jg. 1, 1954.

Konjunkturbedingte Budgetpolitik und stabiler Geldwert. — In: Wirtschaftspolitische Blätter, Jg. 1, 1954.

Von der quantitativen zur qualitativen Sozialpolitik. — In: Industrie, Jg. 1955, Nr. 16.

Grenzen der Verstaatlichung. — In: Wirtschaftspolitische Blätter, Jg. 2, 1955.

Die volkswirtschaftlichen Aufgaben der Raiffeisen-Genossenschaften. — In: Jahresbericht der Raiffeisen-Zentralkasse f. Steiermark, 1956.

Vom Arbeiter zum Mitarbeiter. — In: Die Industrie, Jg. 1955, Nr. 42.

Kameralismus. — In: Hw. d. Sozialwissenschaften, Bd. 5, Tübingen 1955.

v. Justi, J. H. G. — In: Hw. d. Sozialwissenschaften, Bd. 5, Tübingen 1955.

Lebensstandard und Lebensglück. — In: Wissenschaft und Weltbild, Jg. 8, 1955.

Das gemeinsame Ziel der Genossenschaften. — In: Die Genossenschaften in der Österr. Wirtschaft der Gegenwart, Göttingen 1955.

Die steirische Industrie. — In: Steiermark, Land, Leute, Leistungen, Graz 1956.

Die sozialwirtschaftlichen Verpflichtungsstufen des Eigentums. — In: Eigentum und Gesellschaft, Graz 1956.

Die Landwirtschaft in der Marktwirtschaft. — In: Wirtschaftspolitische Blätter, Jg. 3, 1956.

Wirtschaftsgeschichte 1789—1950. — In: Hb. d. Weltgeschichte, Olten 1956.

Becher, Johann Joachim. — In: Handwörterbuch der Sozialwissenschaften, Bd. 1, Tübingen 1956.

Wirtschaften als Selbstzweck und Gemeinzweck. — In: Wirtschaftsordnung durch Zusammenarbeit, Tagung des Österreichischen Gewerkschaftsbundes am 20. und 21. Feber 1957, Wien 1957.

Die wirtschaftsethischen Verhaltensweisen. — In: Schmollers Jahrbuch, Jg. 77, 1957.

Carl, Ernst Ludwig. — In: Neue dt. Biographie, Bd. 3, 1957.

Kultur und Wirtschaft. — In: Wissenschaft und Kultur, Dritte Kärntner Hochschulwochen, Graz 1957.

Von der quantitativen zur qualitativen Sozialpolitik. — In: Kulturalmanach 1958, Graz 1958.

Kritische Sichtung der wirtschaftspolitischen Maximen und Postulate im Programmentwurf der Sozialistischen Partei Österreichs. — In: Wissenschaft und Weltbild, Jg. 11, 1958.

Wandel von Gesellschaft und Wirtschaft im technischen Zeitalter. — In: Naturwissenschaft und Zivilisation, Vierte Kärntner Hochschulwochen 1957, Graz 1958.

Die Europäische Freihandelszone und die landwirtschaftlichen Genossenschaftsverbände. — In: Österreich und die Europäische Agrargemeinschaft, Festschrift für Vinzenz Schumy zum 80. Geburtstag, Wien 1958.

Der Wandel von der quantitativen zur qualitativen Sozialpolitik. — In: Wissenschaft und Weltbild, Jg. 11, 1958.

Gewerbepolitik. — In: Staatslexikon, Bd. 3, Freiburg 1958.

Die wirtschaftspolitischen Postulate im neuen Programm der SPÖ. — In: Kirche und Sozialismus, Innsbruck 1959.

Vom Arbeiter zum Mitarbeiter. — In: Politische Welt, Jg. 1959.

Die volkswirtschaftlichen Aufgaben der landwirtschaftlichen Verwertungsgenossenschaften. — In: Festschrift: 25 Jahre Molkereiverband, Graz 1959.

Europäische Wirtschaftsintegration und die Freihandelszone. — In: Vereintes Europa als Idee und Verwirklichung, Fünfte Kärntner Hochschulwochen 1958, Graz 1959.

Betriebliche Sozialpolitik. — In: Die Schweizerpost, Jg. 1959.

Kameralismus. — In: Staatslexikon, Bd. 4, Freiburg 1960.

Das Bauerntum in der industriellen Gesellschaft. — In: Jahres- und Tagungsbericht der Görres-Gesellschaft 1959, Köln 1960.

Das Verhältnis zwischen Vorgesetzten und Mitarbeitern im Industriebetrieb. — In: Seminarbrief der Kärntner Volkswirtschaftlichen Gesellschaft, Jg. 1, 1960.

Müller, Adam Heinrich. — In: Staatslexikon, Bd. 5, Freiburg 1960.

Merkantilismus. — In: Staatslexikon, Bd. 5, 1960.

Die Freihandelszone als Weg zum größeren Markt. — In: Europa-Seminar 1959, Der Europa-Gedanke in der Erwachsenenbildung, Wien 1960.

Die Investitionen höherer Ordnung und das Kulturbudget. — In: Die Industrie, Jg. 61, 1961.

Der Bauer und sein Markt. — In: Raiffeisen-Festspiele 1961 in St. Georgen an der Stiefing, Graz 1961.

Wirtschaftsordnung und Wirtschaftspolitik. — In: Handbuch der Österreichischen Wirtschaftspolitik, Wien 1961.

Sozialpolitik. — In: Handbuch der Österreichischen Wirtschaftspolitik, Wien 1961.

Freiheit von der Arbeit und Freiheit in der Arbeit. — In: Die Schweizerpost, Jg. 1961.

Die Sonderstellung der Landwirtschaft in der Volkswirtschaft. — In: Agrarische Rundschau, Jg. 1961.

Wirtschaftspolitische Gründe für die Zweckforschung. — In: Wirtschaftspolitische Blätter, Jg. 8, 1962.

Der Fremdenverkehr in der österreichischen Volkswirtschaft. — In: Forderungen und Vorträge der 9. Generalversammlung der österreichischen Hoteliers in Baden bei Wien, Wien 1962.

Grundsätze der modernen Sozialpolitik. — In: Österreichische Ärztezeitung, Jg. 17, 1962.

Der Fremdenverkehr in der österreichischen Wirtschaft, die binnen- und außenwirtschaftliche Bedeutung. — In: Jahresberichte des Landesverband des für Fremdenverkehr in Vorarlberg 1960/61/62.

Die Arbeitszeit des Unternehmers. — In: Wirtschaftspolitische Blätter, Jg. 9, 1962.

Die religiöse Situation und die Seelsorge von heute. — In: Theologische Quartalschrift, Jg. 1963.

Die verstaatlichten Unternehmungen als Instrument der Wirtschaftspolitik. — In: Probleme der Verstaatlichung in Österreich, Wien 1963, Schriftenreihe des Inst. f. Sozialpolitik und Sozialreform, H. 19.

Arbeit und Beruf. — In: Seminarbrief der Kärntner Volkswirtschaftlichen Gesellschaft, Jg. 4, 1963.

L'economia delle valli alpine ed il turismo, Die Wirtschaft der Alpentäler und der Fremdenverkehr. — In: Cronache economiche mensile a cura della camera di commercio, industria e agricoltura di Torino, Nr. 250, Ottobre 1963, und in: atti del convegno internazionale organizzato della camera di Torino, Torino 1963.

Eigentum und Gesellschaft. — In: Der Einzelne und die Gesellschaft, Neunte Kärntner Hochschulwochen 1962, Graz 1963.

Die Produktivität des Geistes und die Investitionen höherer Ordnung. — In: Festschrift für Walter Heinrich, ein Beitrag zur Ganzheitsforschung, Graz 1963.

Das humanistische Gymnasium der Gegenwart. — In: Akademie anläßlich der Eröffnung des Anstaltsgebäudes für das 2. Bundesgymnasium in Graz, in: Bericht über das Schuljahr 1962/63.

Aufwand und Verbrauch, die Bedürfnisse aus der sozialen Geltungssucht. — In: Industriekurier, Jg. 17, Nr. 65, 1964 (Düsseldorf).

Gäertner, Friedrich. — In: Neue dt. Biographie, Bd. 6, 1964.

Der wirtschaftliche Auftrag an die Molkereiverbände. — In: Festschrift: Dreißig Jahre Molkerei-Verband, Graz 1964.

Arbeit. — In: Katholisches Soziallexikon, Innsbruck 1964.

Arbeiter. — In: Katholisches Soziallexikon, Innsbruck 1964.

Kameralismus. — In: Katholisches Soziallexikon, Innsbruck 1964.

Lebensstandard. — In: Katholisches Soziallexikon, Innsbruck 1964.

Merkantilismus. — In: Katholisches Soziallexikon, Innsbruck 1964.

Zünfte. — In: Katholisches Soziallexikon, Innsbruck 1964.

Die qualitative Sozialpolitik. — In: Im Dienste der Sozialreform, Festschrift für Karl Kummer, Wien 1965.

Der ökonomische Leviathan oder die wirtschaftliche Übermacht des Staates. — In: Zeitschrift für die ges. Staatswissenschaft, Bd. 121, 1965.

Der Wandel im Eigentumsrecht. — In: Wilburg-Festschrift, Graz 1965.

Forschung und Wirtschaft. — In: Elfte Kärntner Hochschulwochen 1964, Klagenfurt 1965.

Die Leitbilder der pluralistischen Gesellschaft. — In: Österreichische Monatshefte, Jg. 21, Nr. 2, 1965.

Die Entwicklung der Angestelltenschaft, dargelegt aus Datenmaterial der Steiermark. — In: Beiträge zur Untersuchung der steirischen Wirtschaftsstruktur, Graz 1965.

Das österreichische Staatsbewußtsein. — In: Wissenschaft und Weltbild, Jg. 18, 1965.

3. Beiträge in Zeitschriften und Zeitungen

Individualismus und Universalismus. — In: Studentenbriefe, Berlin, Jänner 1930.

Das steirische Eisen in der Wirtschaft Österreichs in der Zeit von Maximilian II. bis Josef II. T. 1—3. — In: G. K. B.-Zeitung für Eisenbahn und Bergbau, Jg. 1, Heft 16, Graz, 22. Feber 1930, Jg. 1, Heft 18, Graz, 5. April 1930, Jg. 1, Heft 27, Graz, 30. August 1930.

Die Geldordnung in der Föderationswirtschaft. — In: Salzburger Nachrichten, Jg. 5, Nr. 110, Salzburg, 12. Mai 1949.

Die Grenzen der Besteuerung. — In: Salzburger Nachrichten, Jg. 5, Nr. 233, Salzburg, 8. Oktober 1949.

Jugendarbeitslosigkeit — Gefahr für Gesellschaft und Wirtschaft. — In: Der Staatsbürger, Jg. 2, Folge 12, Salzburg, 15. Oktober 1949.

Europäische Währungsunion. Zuerst Frankreich, Italien und Benelux, dann alle Marshall-Länder vorgesehen. — In: Das Steirerblatt, Jg. 5, Nr. 254, Graz, 1. November 1949.

Europäische Währungsunion. — In: Salzburger Nachrichten, Jg. 5, Nr. 256, Salzburg, 5. und 6. November 1949.

Das Wesen der Steuerkrise. — In: Das Steirerblatt, Jg. 5, Nr. 265, Graz, 15. November 1949.

Steuerreform ist notwendig. — In: Das Steirerblatt, Jg. 5, Nr. 275, Graz, 26. November 1949.

Wandlung im Zweck der Steuer. — In: Das Steirerblatt, Jg. 5, Nr. 277, Graz, 29. November 1949.

Steuer als Lenkungsmittel. — In: Das Steirerblatt, Jg. 5, Nr. 286, Graz, 9. Dezember 1949.

Überbrückungshilfe und Preissenkungsaktion. — In: Salzburger Nachrichten, Jg. 5, Nr. 292, Salzburg, 17. Dezember 1949.

Geldpolitik durch Steuerpolitik. — In: Das Steirerblatt, Jg. 5, Nr. 295, Graz, 20. Dezember 1949.

Die modernen Prinzipien des Budgets. — In: Salzburger Nachrichten, Jg. 6, Nr. 20, Salzburg, 28. und 29. Jänner 1950.

Die Messe und ihr Marktgrößengesetz. — In: Steirische Rundschau. Monatsblatt für Wirtschaft, Kultur und Fremdenverkehr, Jg. 1, Nr. 3, Graz, April 1950.

Das Nachziehen der Beamtengehälter. — In: Salzburger Nachrichten, Jg. 6, Nr. 100, Salzburg, 29. April 1950.

Europa als Wirtschaftseinheit. — Die europäische Föderationswirtschaft als Aufgabe. — In: Furche, Jg. 6, Nr. 19, Wien, 6. Mai 1950.

Besprechung: T. S. Elliot, Die Idee einer christlichen Gesellschaft. — In: Furche, Jg. 6, Nr. 26, Wien, 17. Juni 1950.

Vollbeschäftigung als Aufgabe. — In: Salzburger Nachrichten, Jg. 6, Nr. 178, Salzburg, 3. August 1950.

Zum Problem der Winterarbeitslosigkeit. — In: Salzburger Nachrichten, Jg. 7, Nr. 12, Salzburg, 16. Jänner 1951.
Die Wirtschaft und ihre Gebilde. — In: Die Genossenschaft, Jg. 1, Nr. 7/8, Wien 1951.
Der Milchpreis. — In: Salzburger Nachrichten, Jg. 7, Nr. 51, Salzburg, 2. März 1951.
Die Kreditfunktion des Handels. — In: Steirische Umschau, Jg. 2, Nr. 2, Graz, 2. April 1951.
Der Tür-zu-Tür-Handel. — In: Salzburger Nachrichten, Jg. 7, Nr. 80, Salzburg, 17. April 1951.
In memoriam: Heinrich Pesch — Begründer des Solidarismus. — In: Furche, Jg. 7, Nr. 17, Wien, 21. April 1951.
Handel von Tür zu Tür. — In: Der steirische Kaufmann, Jg. 1951, Nr. 16, Wien, Graz, 21. April 1951 (Wiederabdruck).
Handel von Tür zu Tür. — In: Kärntner Wirtschaft, 6. Jg., Nr. 19, Klagenfurt, 9. Juni 1951 (Wiederabdruck).
Person: Mitte der Gemeinschaft. — In: Der Staatsbürger, Jg. 4, Folge 14, Salzburg, 3. Juli 1951.
Das Problem der Verstaatlichung. — In: Der Volksbote, Jg. 51, Nr. 27, Innsbruck, 8. Juli 1951.
Die verstaatlichten Unternehmen in Österreich. — In: Der Volksbote, Jg. 51, Nr. 28, Innsbruck, 15. Juli 1951.
Finanzminister contra Wirtschaftskrise. — In: Salzburger Nachrichten, Jg. 7, Nr. 227, Salzburg, 1. Oktober 1951.
Private und staatliche Kartelle. — In: Der Volksbote, Jg. 51, Nr. 40, Innsbruck, 7. Oktober 1951.
Höherer Lebensstandard durch Produktivitätssteigerung. — In: Der Volksbote, Jg. 51, Nr. 41, Innsbruck, 14. Oktober 1951.
Die Ordnung der Volkswirtschaft. — In: Die Genossenschaft, Jg. 1, Nr. 12, Wien 1951.
Das Mitspracherecht der Arbeiter. — In: Der Volksbote, Jg. 51, Nr. 45, Innsbruck, 11. November 1951.
Wandlung der Sozialpolitik. — In: Salzburger Nachrichten, Jg. 7, Nr. 264, Salzburg, 12. November 1951.
Produktion, Kosten und Preise. — In: Die Genossenschaft, Jg. 1, Nr. 14, Wien 1951.
Kreditdrosselung bewirkt Preissenkung. — In: Der Volksbote, Jg. 51, Nr. 48, Innsbruck, 2. Dezember 1951.
Betriebs- und Werksgemeinschaften. — In: Salzburger Nachrichten, Jg. 7, Nr. 290, Salzburg, 14. Dezember 1951.
Das Mitspracherecht im Betrieb. — In: Salzburger Nachrichten, Jg. 7, Nr. 299, Salzburg, 27. Dezember 1951.
Der Strukturwandel in unserer Volkswirtschaft. — In: Der Volksbote, Jg. 52, Nr. 3, Innsbruck, 20. Jänner 1952.
Geld, Geldwert, Währung. — In: Die Genossenschaft, Jg. 2, Nr. 1, Wien 1952.
Neue Wege der Gewerbeförderung. — In: Der Volksbote, Jg. 52, Nr. 6, Innsbruck, 10. Feber 1952.
Neue Investitionspolitik. — In: Der Volksbote, Jg. 52, Nr. 13, Innsbruck, 30. März 1952.
Die europäische Agrarunion. — In: Der Volksbote, Jg. 52, Nr. 16, Innsbruck, 20. April 1952.
Produktivität und steuerliche Kostensuche. — In: Südost-Tagenpost, Jg. 1952, Nr. 107, Graz, 8. Mai 1952.

Die neue Lage unserer Volkswirtschaft. — In: Der Volksbote, Jg. 52, Nr. 21, Innsbruck, 25. Mai 1952.

Die Einkommensverteilung. — In: Die Genossenschaft, Jg. 2, Nr. 11/12, Wien 1952.

Wissenschaftliche Arbeit und ihre Bewertung. — In: Südost-Tagespost, Jg. 1952, Nr. 142, Graz, 21. Juni 1952.

Neue Wege der österreichischen Agrarpolitik. — In: Der Volksbote, Jg. 52, Nr. 27, Innsbruck, 6. Juli 1952.

Kreditverkürzung und Kreditverteuerung. — In: Der Volksbote, Jg. 52, Nr. 29, Innsbruck, 20. Juli 1952.

Die landwirtschaftlichen Genossenschaften. — In: Der Volksbote, Jg. 52, Nr. 34, Innsbruck, 24. August 1952.

Von Wirtschaft und Staat bedroht.— In: Der Volksbote, Jg. 52, Nr. 35, Innsbruck, 31. August 1952.

Freie Wirtschaft und Rabattverbot. — In: Südost-Tagespost, Jg. 1952, Nr. 212, Graz, 12. September 1952.

Der Akademiker in der Gesellschaftskrise. — In: Salzburger Nachrichten, Jg. 8, Nr. 226, Salzburg, 29. September 1952.

Der Verein für Sozialpolitik. — In: Salzburger Nachrichten, Jg. 8, Nr. 229, Salzburg, 1. Oktober 1952.

Die wirtschaftliche Not der Wissenschaft. — In: Der Volksbote, Jg. 52, Nr. 40, Innsbruck, 5. Oktober 1952.

Akademikernot. — In: Südost-Tagespost, Jg. 1952, Nr. 245, Graz, 21. Oktober 1952.

Die Schwierigkeiten bei der Budgeterstellung. — In: Der Volksbote, Jg. 52, Nr. 44, Innsbruck, 2. November 1952.

Der Wiederaufbau des Kapitalmarktes. — In: Südost-Tagespost, Jg. 1952, Nr. 278, Graz, 29. November 1952.

Die Struktur der steirischen Wirtschaft. — In: Der Aufbau. Monatsschrift für den Wiederaufbau, hrsg. vom Stadtbauamt der Stadt Wien, Jg. 7, Nr. 12, Wien 1952.

Vollbeschäftigung und Vollnutzung des Kapitals. — In: Südost-Tagespost, Jg. 1952, Nr. 284, Graz, 7. Dezember 1952.

Paritätspreise für die Landwirtschaft. — In: Der Volksbote, Jg. 52, Nr. 49, Innsbruck, 7. Dezember 1952.

Gleichmachen oder abstufen? — In: Der Volksbote, Jg. 52, Nr. 51/52, Innsbruck, 24. Dezember 1952.

Vollbeschäftigung. — In: Die Information, Jg. 5, Folge 3, Graz 1952.

Bilanz der Stabilisierung. — In: Der Volksbote, Jg. 53, Nr. 5, Innsbruck, 1. Feber 1953.

Stärkere Handwerkspolitik. — In: Südost-Tagespost, Jg. 1953, Nr. 31, Graz, 7. Feber 1953.

Thoma's Agrarplan. — In: Südost-Tagespost, Jg. 1953, Nr. 34, Graz, 11. Feber 1953.

Für und wider den Wohlfahrtsstaat. — In: Südost-Tagespost, Jg. 1953, Nr. 37, Graz, 15. Feber 1953.

Mitspracherecht in den verstaatlichten Betrieben. — In: Südost-Tagespost, Jg. 1953, Nr. 40, Graz, 18. Feber 1953.

Die volkswirtschaftliche Bilanz. — In: Der Volksbote, Jg. 53, Nr. 9, Innsbruck, 1. März 1953.

Arbeitslose Jugend. — In: Südost-Tagespost, Jg. 1953, Nr. 67, Graz, 21. März 1953.

Elektroanleihe. — In: Südost-Tagespost, Jg. 1953, Nr. 70, Graz, 27. März 1953.

Die Krise der Einkommensteuer. — In: Der Volksbote, Jg. 53, Nr. 13, Innsbruck, 29. März 1953.
Zweierlei Sozialpolitik. — In: Südost-Tagespost, Jg. 1953, Nr. 94, Graz, 24. April 1953.
Vom Proletariat zum Arbeitertum. — In: Südost-Tagespost, Jg. 1953, Nr. 100, Graz, 1. Mai 1953.
Sparen — steuerbegünstigt. — In: Der Volksbote, Jg. 53, Nr. 19, Innsbruck, 10. Mai 1953.
Der konstitutionelle Betrieb. — In: Südost-Tagespost, Jg. 1953, Nr. 112, Graz, 13. Mai 1953.
Der Arbeiter in der Gesellschaft. — In: Südost-Tagespost, Jg. 53, Nr. 113, Graz, 14. Mai 1953.
Die Macht der Organisation oder die Gefahr der Vermassung. — In: Südost-Tagespost, Jg. 1953, Nr. 118, Graz, 24. Mai 1953.
Arbeit für die Jugend! — In: Der Volksbote, Jg. 53, Nr. 23, Innsbruck, 7. Juni 1953.
„Sozialkapitalismus" oder „Die Genossenschaften eine Gefahr". — In: Die Genossenschaft, Jg. 3, Nr. 11/12, Wien 1953.
Die bäuerlichen Genossenschaften. — In: Südost-Tagespost, Jg. 1953, Nr. 135, Graz, 16. Juni 1953.
Sozialpolitik am Scheideweg. — In: Der Volksbote, Jg. 53, Nr. 28, Innsbruck, 12. Juli 1953.
Der Staat schafft Arbeit. Welche Wirkungen haben öffentliche Investitionen? — In: Der Volksbote, Jg. 53, Nr. 31, Innsbruck, 2. August 1953.
Fragen zur Reform der Krankenkassen. — In: Südost-Tagespost, Jg. 1953, Nr. 181, Graz, 8. August 1953.
Was ist Wirtschaftsethik? — In: Der Volksbote, Jg. 53, Nr. 35, Innsbruck, 30. August 1953.
Familie und Familienpolitik. — In: Südost-Tagespost, Jg. 1953, Nr. 213, Graz, 16. September 1953.
Betriebliche Sozialpolitik. — In: Sozialpolitische Korrespondenz, Jg. 2, Heft 9, Linz 1953.
Genossenschaften und Gewerkschaften. — In: Der Volksbote, Jg. 53, Nr. 40, Innsbruck, 4. Oktober 1953.
Der organisierte Mensch. — In: Furche, Jg. 9, Nr. 45, Wien, 7. November 1953.
Schilling bald frei konvertierbar? — In: Südost-Tagespost, Jg. 1953, Nr. 259, Graz, 8. November 1953.
Warum Erhöhung der Eisenbahntarife? — In: Der Volksbote, Jg. 53, Nr. 45, Innsbruck, 8. November 1953.
Das Parlament und das Budget. — In: Südost-Tagespost, Jg. 1953, Nr. 261, Graz, 11. November 1953.
Dezentralisierung der Krankenkassen. — In: Salzburger Nachrichten, Jg. 9, Nr. 262, Salzburg, 12. November 1953.
Staatsausgaben und Volkswirtschaft. — In: Südost-Tagespost, Jg. 1953, Nr. 274, Graz, 26. November 1953.
Der Staat nimmt und gibt. Der Bundesvoranschlag für 1954 im Lichte der Zahlen. — In: Der Volksbote, Jg. 53, Nr. 48, Innsbruck, 29. November 1953.
Österreichs Handelsbilanz: aktiv. — In: Welt im Spiegel, Sonder-Informationsblatt der ÖVP-Landesparteileitung Steiermark, Folge 6, Graz 1953.
Nach der Steuersenkung die Steuerreform. — In: Der Volksbote, Jg. 53, Nr. 52, Innsbruck, 25. Dezember 1953.
Die Notenbank — das Schaltbrett der Wirtschaft. — In: Der Volksbote, Jg. 54, Nr. 4, Innsbruck, 24. Jänner 1954.

Liberalisierung und Landwirtschaft. — In: Südost-Tagespost, Jg. 1954, Nr. 32, Graz, 9. Feber 1954.

Gewerkschaftsfremdheit. — In: Südost-Tagespost, Jg. 1954, Nr. 60, Graz, 13. März 1954.

Um ein landwirtschaftliches Schutzgesetz. — In: Der Volksbote, Jg. 54, Nr. 12, Innsbruck, 21. März 1954.

Produktivität der geistigen Arbeit. — In: Südost-Tagespost, Jg. 1954, Nr. 88, Graz, 16. April 1954.

Um den neuen Zolltarif. — In: Der Volksbote, Jg. 54, Nr. 17, Innsbruck, 25. April 1954.

Handwerk und Kleinhandel sind bedroht. — In: Der Volksbote, Jg. 54, Nr. 21, Innsbruck, 23. Mai 1954.

Das Gewerbe und seine Genossenschaften. Zum Verbandstag der gewerblichen Genossenschaften in Gmunden. — In: Salzburger Nachrichten, Jg. 10, Nr. 124, Salzburg, 29. Mai 1954.

Die Genossenschaften. — In: Südost-Tagespost, Jg. 1954, Nr. 136, Graz, 16. Juni 1954.

Österreich und die Montanunion. — In: Furche, Jg. 10, Nr. 25, Wien, 19. Juni 1954.

Steuerhilfe für das Gewerbe. — In: Südost-Tagespost, Jg. 1954, Nr. 167, Graz, 23. Juli 1954.

Der Fremdenverkehr als Wirtschaftsfaktor. — In: Der Volksbote, Jg. 54, Nr. 32, Innsbruck, 6. August 1954.

Die Lasten der indirekten Steuern. — In: Der Volksbote, Jg. 54, Nr. 34, Innsbruck, 22. August 1954.

Die Stellung des Gewerbes in der modernen Wirtschaft und die Bedeutung des gesellschaftlichen Zusammenschlusses. — In: Spiegel der Gewerbe, Jg. 4, Nr. 4, Köln 1954.

Agrarische Marktordnung. — In: Südost-Tagespost, Jg. 1954, Nr. 223, Graz, 26. September 1954.

Leistung entscheidet, nicht der Besitz. — In: Der Volksbote, Jg. 54, Nr. 41, Innsbruck, 10. Oktober 1954.

Stabilisierte Vollbeschäftigung. Sechspunkteprogramm und Investitionsproduktion sichern Hochkonjunktur. — In: Südost-Tagespost, Jg. 1954, Nr. 241, Graz, 17. Oktober 1954.

Agrarische Marktordnung. — In: Steirischer Bauernbündler, Jg. 14, Nr. 38, Graz, 17. Oktober 1954.

Handel und Produktion. — In: Steirische Handelszeitung, Jg. 1, Nr. 11, Graz, 30. Oktober 1954.

Um die Sicherung der Vollbeschäftigung. — In: Der Volksbote, Jg. 54, Nr. 45, Innsbruck, 7. November 1954.

Liquiditätsunterschiede in den Handelsbranchen. — In: Steirische Handelszeitung, Jg. 1, Folge 13, Graz, 13. November 1954.

Kulturbudget. — In: Südost-Tagespost, Jg. 1954, Nr. 265, Graz, 16. November 1954.

Das wirtschaftliche Einmaleins für jedermann. — In: Salzburger Nachrichten, Jg. 10, Nr. 270, Salzburg, 19. November 1954.

Ein Viertel des Volkseinkommens für Staatszwecke. — In: Der Volksbote, Jg. 54, Nr. 48, Innsbruck, 28. November 1954.

Mehr Kredite für das Gewerbe! Das Gewerbe wurde in der Wirtschaftsförderung bisher vernachlässigt. — In: Der Volksbote, Jg. 55, Nr. 1, Innsbruck, 2. Jänner 1955.

Eine ausgezeichnete Bilanz. Der Wiederaufbau der österreichischen Wirtschaft, zehn Jahre nach dem Zusammenbruch. — In: Der Volksbote, Jg. 55, Nr. 3, Innsbruck, 16. Jänner 1955.

Der Schweinezyklus. — In: Salzburger Nachrichten, Jg. 11, Nr. 25, Salzburg, 1. Feber 1955.

Kaufen Sie auch auf Raten? Die Ratengeschäfte und die Art ihrer Abwicklung. — In: Der Volksbote, Jg. 55, Nr. 7, Innsbruck, 13. Feber 1955.

Das genossenschaftliche Milchgeld. — In: Die Genossenschaft, Jg. 5, Nr. 4, Wien 1955.

Konjunkturdrosselung. — In: Südost-Tagespost, Jg. 1955, Nr. 41, Graz, 19. Feber 1955.

Zweimal Senkung der Einkommensteuer. Nach der „kleinen" nun die grundsätzliche Steuerreform. — In: Der Volksbote, Jg. 55, Nr. 11, Innsbruck, 13. März 1955.

Industrie und Konjunktur. — In: Südost-Tagespost, Jg. 1955, Nr. 80, Graz, 7. April 1955.

Produktionsfaktor Mensch. — In: Südost-Tagespost, Jg. 1955, Nr. 100, Graz, 1. Mai 1955.

Das Geld ist teurer geworden. Erhöhter Diskontsatz soll Überhöhung der Konjunktur vermeiden. — In: Der Volksbote, Jg. 55, Nr. 44, Innsbruck, 12. Juni 1955.

Sozialversicherung oder die Macht der Organisation und die Ohnmacht der Organisierten. — In: Österreichische neue Tageszeitung, Jg. 1955, Nr. 164, Wien, 17. Juli 1955.

Italiens Bodenreform. — In: Südost-Tagespost, Jg. 1955, Nr. 183, Graz, 10. August 1955.

Bauwirtschaft als Konjunkturschlüssel. — In: Salzburger Nachrichten, Jg. 11, Nr. 185, Salzburg, 11. August 1955.

Das Herz der Wirtschaft, zum Nationalbankgesetz 1955. — In: Der Volksbote, Jg. 55, Nr. 36, Innsbruck, 4. Septmeber 1955.

Der Arbeiter wird Mitarbeiter. Klassenkämpferisch zerspaltene Betriebe werden wieder Lebensgemeinschaften. — In: Salzburger Nachrichten, Jg. 11, Nr. 228, Salzburg, 1. Oktober 1955.

Hochkonjunktur und Staatsbudget. Staatswirtschaft — Spiegel der Volkswirtschaft, Finanzpolitik entspricht moderner Finanzwissenschaft. — In: Salzburger Nachrichten, Jg. 11, Nr. 275, Salzburg, 26. und 27. November 1955.

Ein Schüler kostet 10 096 S. Das Kultur- und Unterrichtsbudget unter der Lupe. — In: Salzburger Nachrichten, Jg. 11, Nr. 278, Salzburg, 30. November 1955.

Vom Arbeiter zum Mitarbeiter. — In: Sozialpolitische Korrespondenz, Jg. 5, Nr. 1, Linz, 1956.

Kreditdrosselung gegen Überkonjunktur. Finanzpolitische Maßnahmen sollen die Stabilität der Preise und Löhne gewährleisten. — In: Der Volksbote, Jg. 56, Nr. 1, Innsbruck, 1. Jänner 1956.

Der Faktor Milch im Bauernbetrieb. Der Milcherlös zu 70 Prozent an den Gesamteinnahmen beteiligt. — In: Südost-Tagespost, Jg. 1956, Nr. 36, Graz, 12. Feber 1956.

Österreichs Wirtschaftslage günstig wie noch nie. Wirtschaftliche Erfolge beweisen die Richtigkeit der Stabilisierungspolitik. — In: Der Volksbote, Jg. 56, Nr. 12, Innsbruck, 18. März 1956.

Die Gefahren der Konzentration im Wirtschaftsleben. Entpersönlichung und Vermassung als Folge des technischen und organisatorischen Fortschrittes. — In: der Volksbote, Jg. 56, Nr. 16, Innsbruck, 15. April 1956.

Der Priester in der Gesellschaft. — In: Die Persönlichkeit des Priesters. 11. Österreichische Theologenwoche 23. bis 30. Juli 1956 im Stift Rein (als Manuskript abgezogen).

Um unser tägliches Brot. Die Leistung der österreichischen Landwirtschaft seit dem Kriegsende. — In: Der Volksbote, Jg. 56, Nr. 32, Innsbruck, 5. August 1956.

Für das Landwirtschaftsgesetz. — In: Salzburger Nachrichten, Jg. 12, Nr. 190, Salzburg, 17. August 1956.

Verpolitisierung der verstaatlichten Industrie? Um die neue Ordnung in der verstaatlichten Schlüsselindustrie. — In: Der Volksbote, Jg. 56, Nr. 35, Innsbruck, 26. August 1956.

Mit meiner Frau: Hedy Tautscher. Etrusker formten Rom und das Abendland. Versunkene Kultur im Herzen Italiens. — In: Salzburger Nachrichten, Jg. 12, Nr. 209, Salzburg, 8. September 1956.

Politik und Sachlichkeit. — In: Salzburger Nachrichten, Jg. 12, Nr. 209, Salzburg, 8. September 1956.

Vom Arbeiter zum Mitarbeiter. — In: Neuer Kurier, Wien, 13. Oktober 1956.

Schluß mit der Preistreiberei! Die wirtschaftliche Lage: „ernst, aber nicht hoffnungslos". — In: Der Volksbote, Jg. 56, Nr. 44, Innsbruck, 28. Oktober 1956.

Ihr Staats-Haushaltsgeld: 4839 Schilling. Das wachsende Staatsbudget, Jeder Schilling rollt 2,5mal durch Kamitz' Kassen. — In: Salzburger Nachrichten, Jg. 12, Nr. 261, Salzburg, 10. November 1956.

Das Bundesfinanzgesetz für 1957. — In: Neuer Kurier, Wien, 12. Dezember 1956.

Das Bundesfinanzgesetz. — In: Sozialpolitische Korrespondenz, Jg. 5, Nr. 12, Linz, 1956.

Die Landwirtschaft in der Hochkonjunktur. Volkswirtschaftliche Zahlen zeigen die Kluft zum Nachteil der Landwirtschaft auf. — In: Salzburger Nachrichten, Jg. 13, Nr. 4, Salzburg, 5. Jänner 1957.

Landwirtschaft braucht besonderen Schutz. In fast allen Ländern gibt es landwirtschaftliche Lenkungsmaßnahmen. — In: Der Volksbote, Jg. 57, Nr. 3, Innsbruck, 19. Jänner 1957.

Landwirte ohne Konjunkturgewinn. — In: Die Genossenschaft, Jg. 7, Nr. 3, Wien, 1957.

Das Bundesfinanzgesetz (1957). — In: Sozialpolitisches Jahrbuch, 3. Folge (Nachdruck), Linz, 1957.

Vom Arbeiter zum Mitarbeiter. — In: Sozialpolitisches Jahrbuch, 3. Folge, Linz, 1957 (Nachdruck).

Steuerliche Begünstigung für das Sparen. Die Steuer als wirtschaftspolitisches Instrument. — In: Der Volksbote, Jg. 57, Nr. 13, Innsbruck, 30. März 1957.

Vom Klassenkampf zur Zusammenarbeit. Innere Entwicklung führt Gewerkschaft zum Sozialpartner ohne Streitcharakter. — In: Salzburger Nachrichten, Jg. 13, Nr. 76, Salzburg, 30. und 31. März 1957.

Vom Arbeiter zum Mitarbeiter. — In: Der Sozialbürger, Jg. 1, Heft 1, Wien, April 1957 (Nachdruck).

Für und wider die Kartelle. — In: Internationale Wirtschaft, Jg. 1957, Nr. 24, Wien, 1957.

Die italienische Agrarreform. Ein Werk großartiger Planung und gigantischer Leistungen. — In: Salzburger Nachrichten, Jg. 13, Nr. 143, Salzburg, 22. Juni 1957.

Die Ohnmacht der Organisierten. Je größer die Organisationen, desto kleiner ist das Mitspracherecht der Mitglieder. — In: Salzburger Nachrichten, Jg. 13, Nr. 190, Salzburg, 18. August 1957.

Was bringt uns der europäische Markt? Der europäische Einheitsmarkt und seine Wirkungen auf die einzelnen Wirtschafter. Das Ergebnis wird höherer Wohlstand für alle sein. — In: Der Volksbote, Jg. 57, Nr. 34, Innsbruck, 24. August 1957.

Genossenschaftswissenschaftliche Tagung in Erlangen. — In: Salzburger Nachrichten, Jg. 13, Nr. 225, Salzburg, 28. September 1957.

Mehr Charakter, mehr Verantwortung. Die Leistungsreserven in der Persönlichkeit des Arbeiters. — In: Der Volksbote, Jg. 57, Nr. 45, Innsbruck, 9. November 1957.

Bundesvoranschlag 1958. — In: Südost-Tagespost, Jg. 12, Nr. 264, Graz, 14. November 1957.

Staatswirtschaft, Sicherheit, Freiheit. Inaugurationsrede (Auszug). — In: Salzburger Nachrichten, Jg. 13, Nr. 266, Salzburg, 16. November 1957.

Selbstverantwortung vor Staatsallmacht. Aus der Inaugurationsrede (Auszug). — In: Kleine Zeitung, Jg. 10, Nr. 266, Graz, 16. November 1957.

Bewahre, was dein ist: die Freiheit! Wandel der Öffentlichen Wirtschaft. Inaugurationsrede (Auszug). — In: Südost-Tagespost, Jg. 12, Nr. 266, Graz, 16. November 1957.

Moderner Staat als „Omnipotenter Leviathan". — In: Europaruf, Jg. 1, Folge 12, Zürich, München, Salzburg, Dezember 1957.

Nicht die freie Initiative ersticken! Die Wandlung von Gesellschaft und Wirtschaft im technischen Zeitalter. — In: Salzburger Nachrichten, Jg. 14, Nr. 3, Salzburg, 4. Jänner 1958.

Geistige Produktionskräfte nutzen! Auch die Forschungs- und Entwicklungskosten müssen steuerlich begünstigt werden. — In: Die Wirtschaft, Jg. 13, Nr. 3, Wien, 18. Jänner 1958.

Das erfolgreiche Wirtschaftsjahr 1957. Die Erwartungen zu Beginn des Jahres wurden weit übertroffen. — In: Der Volksbote, Jg. 58, Nr. 6, Innsbruck, 8. Feber 1958.

Wiedereröffnung des Klassenkampfes. Die wirtschaftlichen Feststellungen und Forderungen im Entwurf des SPÖ-Programmes (I). — In: Salzburger Nachrichten, Jg. 14, Nr. 35, Salzburg, 12. Feber 1958.

Das ist totale Planwirtschaft. Die wirtschaftlichen Feststellungen und Forderungen im Entwurf des SPÖ-Programmes (II). — In: Salzburger Nachrichten, Jg. 14, Nr. 37, Salzburg, 14. Feber 1958.

Die gemeinwirtschaftliche Sozialisierung. Die wirtschaftlichen Feststellungen und Forderungen im Entwurf des SPÖ-Programmes (III). — In: Salzburger Nachrichten, Jg. 14, Nr. 41, Salzburg, 19. Feber 1958.

Zur Kritik des Programmentwurfs der Sozialisten. — In: Die Industrie, Jg. 58, Nr. 8, Wien, 22. Feber 1958.

Die sozialwirtschaftlichen Verpflichtungsstufen des Eigentums. — In: Sozialpolitische Korrespondenz, Jg. 7, Nr. 3, Linz, März 1958.

Zwei Sozialprogramme — zwei Welten. Ein Vergleich zwischen Sozialhirtenbrief und SPÖ-Programmentwurf. — In: Der Volksbote, Jg. 58, Nr. 10, Innsbruck, 8. März 1958.

Nochmals Klassenkampf. — In: Südost-Tagespost, Jg. 13, Nr. 78, Graz, 4. April 1958.

Die sozialen Verpflichtungsstufen des Eigentums. — In: Der Sozialbürger, Jg. 1958, Nr. 4, Wien, April 1958 (Wiederabdruck).

Ist die Konjunktur im Rückzug? — In: Die Wirtschaft, Jg. 13, Nr. 15, Wien, 12. April 1958.
Rote Planwirtschaft. — In: Südost-Tagespost, Jg. 13, Nr. 86, Graz, 15. April 1958.
Die sozialwirtschaftlichen Verpflichtungsstufen des Eigentums (Teil 1, 2 und 3). — In: Neue Front, Jg. 10, Folge 16, 17, 18, Wien, 19. April, 26. April und 3. Mai 1958 (Wiederabdruck).
Die öffentliche Wirtschaft im Spannungsfeld von Sicherheit und Freiheit. — In: Sozialpolitisches Jahrbuch, 4. Folge, Linz, 1958.
Sozialpolitik auf neuen Wegen. — In: Steirische Gewerbezeitung, Jg. 1958, Folge 16, Graz, 26. April 1958.
Sozialpolitik auf neuen Wegen. — In: Steirische Fremdenverkehrswirtschaft, Jg. 9, Folge 16, Graz, 26. April 1958 (Wiederabdruck).
Sozialpolitik auf neuen Wegen. — In: Steirische Handelszeitung, Jg. 1958, Folge 16, Graz, 26. April 1958.
Gedanken zum 1. Mai: Der Wandel in der Sozialpolitik. — In: Salzburger Nachrichten, Jg. 14, Nr. 100, Salzburg, 30. April 1958.
Der Wandel in der Sozialpolitik. — In: Sozialpolitische Korrespondenz, Jg. 7, Nr. 6, Linz, Juni 1958.
Vom Nutzen und Nachteil der Kartelle. Was ist zielführender: Kartellverbot oder Mißbrauchverhinderung? — In: Der Volksbote, Jg. 58, Nr. 28, Innsbruck, 12. Juli 1958.
Wohlstand nicht ohne Schwierigkeiten. Die europäische Wirtschaftsintegration und die Freihandelszone. — In: Der Volksbote, Jg. 58, Nr. 40, Innsbruck, 4. Oktober 1958.
Der Verbraucher in der Volkswirtschaft. — In: Salzburger Nachrichten, Jg. 14, Nr. 233, Salzburg, 9. Oktober 1958.
Mehr Staatsaufgaben — mehr Staatsausgaben. Zum Bundesbudget 1959 — Seit 60 Jahren und überall: Die Staatsausgaben steigen, wir füttern den Leviathan. — In: Salzburger Nachrichten, Jg. 14, Nr. 258, Salzburg, 8. und 9. November 1958.
Sozialisten fordern bolschewistische Wirtschaftsordnung des Ostens für Österreich. Zielsetzungen des neuen SPÖ-Programms. — In: Vorarlberger Volksblatt, Bregenz, 16. November 1958.
Möglichkeiten der Produktivitätssteigrung. — In: Das österreichische graphische Gewerbe, Jg. 10, Heft 12, Wien, Dezember 1958.
Das Mitspracherecht der Belegschaft. — In: Mitteilungen der Arbeitsgemeinschaft zur Förderung der Partnerschaft in der Wirtschaft, Jg. 7, Nr. 1, München, 1. Jänner 1959.
Der Lebensstandard. — In: Salzburger Nachrichten, Jg. 15, Nr. 73, Salzburg, 28. März 1959.
Den Wirtschaftskurs halten! — In: Salzburger Nachrichten, Jg. 15, Nr. 91, Salzburg, 20. April 1959.
Was brächte uns die „Gemeinwirtschaft"? — In: Der Volksbote, Jg. 5, Nr. 19, Innsbruck, 9. Mai 1959.
Die Zukunft der Arbeit. Gute Chancen für den verantwortungsbewußten Arbeiter. — In: Der Volksbote, Jg. 59, Nr. 20, Innsbruck, 16. Mai 1959.
Unbestechlicher Kompaß der Wirtschaft. Was uns die Daten über das österreichische Volkseinkommen im Jahre 1958 lehren. — In: der Volksbote, Jg. 59, Nr. 23, Innsbruck, 6. Juli 1959.
Ein Preisauftrieb hätte ernste Folgen. Österreichischer Außenhandel 1958, mit niedrigen Preisen konkurrenzfähig bleiben. — In: Der Volksbote, Jg. 59, Nr. 31, Innsbruck, 1. August 1959.

Fremdenverkehr als Wirtschaftsfaktor. Die Statistik gibt interessante Aufschlüsse. — In: Der Volksbote, Jg. 59, Nr. 35, Innsbruck, 29. August 1959.

Neue Phase der Gesellschaftsentwicklung = die betriebliche Sozialpolitik. — In: Artikel-Dienst der Österreichischen volkswirtschaftlichen Gesellschaft, Nr. 1, Wien, September 1959.

Budgetpolitik und Konjunkturpolitik. Volkswirtschaftliche Überlegungen zum Bundesvoranschlag für das Finanzjahr 1960. — In: Der Volksbote, Jg. 59, Nr. 41, Innsbruck, 10. Oktober 1959.

Die sozialwirtschaftlichen Verpflichtungsstufen des Eigentums. — In: Sozialpolitisches Jahrbuch, 5. Folge, Linz, Oktober 1959 (Wiederabdruck).

Geld sparen und richtig anlegen. Die Voraussetzung größeren Wohlstandes und anhaltender Vollbeschäftigung. — In: Der Volksbote, Jg. 59, Nr. 45, Innsbruck, 7. November 1959.

Der neue Auftrag: Qualitative Sozialpolitik. Arbeit wird wieder verpersönlicht — moderner Betrieb ist eine echte Gemeinschaft — Unternehmer im Mittelpunkt. — In: Salzburger Nachrichten, Jg. 15, Nr. 276, Salzburg, 28. November 1959.

Sozialpolitik — Schlüssel der Zukunft. — In: Kleine Zeitung, Jg. 56, Nr. 297, Graz, 24. Dezember 1959.

Die öffentliche Wirtschaft im Spannungsfeld von Sicherheit und Freiheit. — In: Neue Technik und Wirtschaft, Jg. 13, Heft 11/12, Wien, 1959 (Wiederabdruck).

Neue Phase der Gesellschaftsentwicklung — die betriebliche Sozialpolitik. — In: Die Aussprache, Seminarbriefe der Wiener und Niederösterreichischen Volkswirtschaftlichen Gesellschaft, Heft 1/2, Wien, Dezember 1959.

Eine Lebensfrage für Österreich. Zwei europäische Wirtschaftsblöcke. — In: Der Volksbote, Jg. 60, Nr. 2, Innsbruck, 9. Jänner 1960.

Neue Aufgaben der Sozialpolitik. Der ÖAAB sollte sein Sozialprogramm neu sichten. — In: Der Volksbote, Jg. 60, Nr. 5, Innsbruck, 30. Jänner 1960.

Das Verhältnis zwischen Vorgesetzten und Mitarbeitern. — In: Artikel-Dienst der Österreichischen Volkswirtschaftlichen Gesellschaft, Nr. 4, Wien, Jänner 1960.

Wir „leben" von Österreichs Wäldern. Holzausfuhr deckt zwei Drittel der Nahrungsmitteleinfuhr der österreichischen Volkswirtschaft. — In: Der Volksbote, Jg. 60, Nr. 15, Innsbruck, 9. April 1960.

Konjunkturbremse angezogen. — In: Die Wirtschaft, Jg. 15, Nr. 14, Wien, 9. April 1960.

Die Stellung des Arbeiters hat sich gewandelt (zum 1. Mai). — In: Kleine Zeitung, Jg. 57, Nr. 101, Graz, 1. Mai 1960.

Der Käufer muß sich selbst schützen. Ein reiches Angebot am Markt spekuliert auf seine Schwächen. — In: Der Volksbote, Jg. 60, Nr. 22, Innsbruck, 28. Mai 1960.

Wissenschaft und Investitionen höherer Ordnung. Der Wohlstand eines Volkes hängt von seiner geistigen Schaffenskraft und Intelligenz ab. — In: Salzburger Nachrichten, Jg. 16, Nr. 130, Salzburg, 4. Juni 1960.

Um den gerechten Anteil der Bauern. Das Landwirtschaftsgesetz mit den Augen des Volkswirtes gesehen. — In: Der Volksbote, Jg. 60, Nr. 31, Innsbruck, 30. Juli 1960.

Auf die Qualität des Menschen kommt es an. Die tripolare Wirtschaftsordnung der Gegenwart bedarf des Maßes und der Ethik. — In: Salzburger Nachrichten, Jg. 16, Nr. 182, Salzburg, 6. August 1960.

Kosten- und Gewinnsenkung unerläßlich. Die Wirkungen der EWG und EFTA auf den österreichischen Außenhandel. — In: Der Volksbote, Jg. 60, Nr. 38, Innsbruck, 17. September 1960.

Wann Staatsausgaben dem Volke schaden. Die staatliche Budgetpolitik und die Volkswirtschaft. — In: Der Volksbote, Jg. 60, Nr. 45, Innsbruck, 5. November 1960.

Einst waren die Abgeordneten die Sparmeister, heute drehen sie an der Steuerschraube. — In: Salzburger Nachrichten, Jg. 16, Nr. 278, Salzburg, 29. November 1960.

Wendepunkt in der Wirtschaftspolitik. Gefährliche Klippen und Versäumnisse, einschneidende Maßnahmen unerläßlich. — In: Der Volksbote, Jg. 61, Nr. 2, Innsbruck, 14. Jänner 1961.

Österreich zwischen EWG und EFTA. Eine Existenzfrage der österreichischen Wirtschaft drängt zur Entscheidung. — In: Der Volksbote, Jg. 61, Nr. 4, Innsbruck, 28. Jänner 1961.

Freiheit von der Arbeit und Freiheit in der Arbeit. — In: Sozialpolitische Korrespondenz, Jg. 10, Nr. 2, Linz, Feber 1961.

Arbeit und Beruf. — In: Seminarbriefe der Kärntner Volkswirtschaftlichen Gesellschaft, Jg. 2, Folge 1, Klagenfurt, März 1961.

Nivellierung und Differenzierung der Arbeitnehmer. Bemerkungen zum Entwurf der Kodifikation des Arbeitsrechtes. — In: Die Industrie, Jg. 61, Nr. 11, Wien, 17. März 1961.

Der Konzentrationsprozeß in der Wirtschaft. — In: Salzburger Nachrichten, Jg. 17, Nr. 65, Salzburg, 18. und 19. März 1961.

Mittelstand und Mittelstandspolitik. Wer gehört zum Mittelstand? Die Gefahr der gesellschaftlichen Einebnung. — In: Der Volksbote, Jg. 61, Nr. 14, Innsbruck, 8. April 1961.

In allen Sparten: Erfolg und Aufstieg. 1960 war das günstigste Wirtschaftsjahr — 1955 zum Teil übertroffen. — In: Der Volksbote, Jg. 61, Nr. 16, Innsbruck, 22. April 1961.

Die volkswirtschaftlichen Aufgaben des Handels. — In: Steirische Handelszeitung, Jg. 1961, Folge 20, Graz, 20. Mai 1961.

Der Strukturwandel in der Sozialpolitik von der quantitativen zur qualitativen Sozialpolitik. — In: Wirtschaftspolitische Blätter, Jg. 8, Nr. 3, Wien, Juni 1961.

Innere Not der Hochschulen. — In: Salzburger Nachrichten, Jg. 17, Nr. 197, Salzburg, 26. und 27. August 1961.

Universität Salzburg. Großzügiges, aber nicht utopisches Projekt. — In: Salzburger Nachrichten, Jg. 17, Nr. 241, Salzburg, 17. Oktober 1961.

Schützend vor dem Geld der Staatsbürger. Das Ringen um den Bundesvoranschlag für das Jahr 1962 hat sich gelohnt. — In: Der Volksbote, Jg. 61, Nr. 44, Innsbruck, 4. November 1961.

Entscheidende Wendung im Staatsbudget. Der Bundesvoranschlag 1962 kann zu echter Konjunkturpolitik überleiten. — In: Der Volksbote, Jg. 61, Nr. 49, Innsbruck, 9. Dezember 1961.

Vom Arbeiter zum Mitarbeiter. — In: Mitteilungen der Arbeitsgemeinschaft zur Förderung der Partnerschaft in der Wirtschaft, Jg. 10, Nr. 1, Hilden im Rheinland, 1. Jänner 1962.

Warum die Preise angestiegen sind. Es bedarf der Zusammenarbeit aller, um sie bei Hochkonjunktur stabil zu halten. — In: Der Volksbote, Jg. 62, Nr. 2, Innsbruck, 13. Jänner 1962.

Um den Ausgleich der sozialen Interessengegensätze. Funktion und Bedeutung der Paritätischen Kommission für Preis- und Lohnfragen. — In: Der Volksbote, Jg. 62, Nr. 4, Innsbruck, 27. Jänner 1962.

Nationalbank stellt sich gegen die Preiserhöhung. — In: Der Volksbote, Jg. 62, Nr. 9, Innsbruck, 3. März 1962.

EWG = Größere Chancen, schärfere Konkurrenz. Wie wird sich Österreichs Assoziierung mit der Europäischen Wirtschaftsgemeinschaft auswirken? — In: Der Volksbote, Jg. 62, Nr. 12, Innsbruck, 4. März 1962.

Die Grundlagen und der Aufbau der österreichischen Volkswirtschaft. — In: Steirische Handelszeitung, Jg. 1962, 1. Folge 12, Graz, 24. März 1962, 2. Folge 13, Graz, 31. März 1962, 3. Folge 14, Graz, 7. April 1962, 4. Folge 15, Graz, 14. April 1962, 5. Folge 16, Graz, 21. April 1962, 6. Folge 17, Graz, 28. April 1962, 7. Folge 18, Graz, 5. Mai 1962, 8. Folge 19, Graz, 12. Mai 1962, 9. Folge 20, Graz, 19. Mai 1962, 10. Folge 21, Graz, 26. Mai 1962.

Die innere Not der Hochschulen. — In: impuls, Zeitung der Hörer der Karl-Franzens-Universität Graz, Nr. 4, Graz, April 1962.

Sparen — Rückgrat der Volkswirtschaft. Die Sparbegünstigung muß auch in Österreich großzügig eingeleitet werden. — In: Der Volksbote, Jg. 62, Nr. 16, Innsbruck, 21. April 1962.

Lohn und Preis im Teufelskreis. Unkenntnis und Gruppenegoismus verhindern Geldwertsicherung. — In: Der Volksbote, Jg. 62, Nr. 25, Innsbruck, 23. Juni 1962.

Mutige Entscheidungen oder Inflation. Die volkswirtschaftliche Zwischenbilanz mahnt zur Sachlichkeit und Besinnung. — In: Der Volksbote, Jg. 62, Nr. 28, Innsbruck, 14. Juli 1962.

Der Verbrauch wurde zur Demonstration. — In: Salzburger Nachrichten, Jg. 18, Nr. 201, Salzburg, 31. August 1962.

Österreich: Das politische und soziale Gleichgewicht ist gestört. Republik als Dependance des Gewerkschaftsbundes. — In: Salzburger Nachrichten, Jg. 18, Nr. 202, Salzburg, 1. September 1962.

Das Staatsschiff hat linke Schlagseite. Bleibt Österreich ein Rechtsstaat oder kommt es zur Diktatur einer Gruppe. — In: Der Volksbote, Jg. 62, Nr. 37, Innsbruck, 15. September 1962.

Die Gesellschaft ist keine ungegliederte Masse. Neues Arbeitsrecht will „Angestellte" abschaffen. — In: Salzburger Nachrichten, Jg. 18, Nr. 219, Salzburg, 21. September 1962.

Die Angestellten in Gefahr. — In: Südost-Tagespost, Jg. 17, Nr. 233, Graz, 9. Oktober 1962.

Der Gewerkschaftsbund greift nach der Macht im Staate. — In: Rundschau, Werkszeitung der VÖEST-AG, Jg. 2, Nr. 5, Linz, Oktober 1962.

Die roten Kipper und Wipper. — In: Südost-Tagespost, Jg. 17, Nr. 239, Graz, 16. Oktober 1962.

Die Übermacht der Sozialisten. Der personelle und wirtschaftliche Einfluß der SPÖ. — In: Der Volksbote, Jg. 62, Nr. 44, Innsbruck, 3. November 1962.

Das Lebensrecht der Bauern. — In: Landwirtschaftliche Mitteilungen, Jg. 102, Nr. 22, Graz, 15. November 1962.

Die Wende in der Konjunkturentwicklung. Die Tage der überhitzten Hochkonjunktur sind gezählt. — In: Der Volksbote, Jg. 62, Nr. 49, Innsbruck, 8. Dezember 1962.

Eigentum und Gesellschaft in Wechselbeziehung. Die Gesellschaft formt sich um — Das Eigentum erhält einen neuen Rechtsinhalt. — In: Salzburger Nachrichten, Jg. 19, Nr. 3, Salzburg, 4. Jänner 1963.

Ordnen, nicht ins Schlepptau nehmen! Die verstaatlichten Unternehmungen als Instrumente der Wirtschaftspolitik. — In: Der Volksbote, Jg. 63, Nr. 1, Innsbruck, 5. Jänner 1963.

Der Weg zum selbstbewußten Bauern. Ein neues Leitbild entsteht. — In: Südost-Tagespost, Jg. 18, Nr. 28, Graz, 2. Feber 1963.

Weg von der konjunkturverkehrten Budgetpolitik. Anstieg des Ausgabenvolumens von 1945 bis 1962 um das Zwanzigfache. — In: Steirische Handels-Zeitung, Jg. 1963, Folge 6, Graz, 9. Feber 1963.

Grundsatzfragen unserer Budgetpolitik. — In: Südost-Tagespost, Jg. 18, Nr. 40, Graz, 16. Feber 1963.

Aschenbrödel im Staatshaushalt. Kultur und Wissenschaft dürfen nicht weiter vernachlässigt werden. — In: Der Volksbote, Jg. 63, Nr. 9, Innsbruck, 2. März 1963.

Die gegenwärtigen Aufgaben der Volksbanken. — In: Die gewerbliche Genossenschaft, Jg. 75 (8), Nr. 2, Wien, März 1963.

Das Staatsbudget in der Klemme. Das gegenwärtige Lizitationsverfahren macht Konjunkturpolitik unmöglich. — In: Der Volksbote, Jg. 63, Nr. 16, Innsbruck, 20. April 1963.

Österreich und die EWG. — In: Südost-Tagespost, Jg. 18, Nr. 108, Graz, 10. Mai 1963.

Das Wohnungs- und Mietenproblem — eine Lebensfrage Österreichs. — In: Der Österreichische Hausbesitz, Organ des Reformverbandes Österreichischer Hausbesitzer, Jg. 37, Nr. 6, Wien, Juni 1963.

Der Fremdenverkehr weckt neue Energien, Alpentäler werden stärker in den wirtschaftlichen Kreislauf einbezogen. — In: Südost-Tagespost, Jg. 18, Nr. 201, Graz, 31. August 1963.

Budgetpolitik in der Klemme. — In: Südost-Tagespost, Jg. 18, Nr. 244, Graz, 20. Oktober 1963.

Die Paritätische Kommission. — In: Südost-Tagespost, Jg. 18, Nr. 282, Graz, 5. Dezember 1963.

Lerne doch das Glück ergreifen. Mensch und Lebensstandard. — In: Südost-Tagespost, Jg. 18, Nr. 298, Graz, 24. und 25. Dezember 1963.

Mit Bedacht und Gewinn sparen. Die schon überfälligen Sparmarktgesetze müssen das langfristige Sparen fördern. — In: Der Volksbote, Jg. 64, Nr. 4, Innsbruck, 25. Jänner 1964.

Wer bestimmt in unserem Staat? Die Verbände und Großorganisationen der Wirtschaft mit ihren Licht- und Schattenseiten. — In: Der Volksbote, Jg. 64, Nr. 14, Innsbruck, 4. April 1964.

Aufwand und Verbrauch. Die Bedürfnisse aus der sozialen Geltung. — In: Industriekurier, Jg. 17, Nr. 65, Düsseldorf, 25. April 1964.

Die ökonomische Übermacht des Staates. — In: Südost-Tagespost, Jg. 19, Nr. 102, Graz, 1. Mai 1964.

In wessen Händen liegt die Konjunktur? Das volkswirtschaftliche Nationalbudget und seine Konsequenzen für Unternehmer und Politiker. — In: Der Volksbote, Jg. 64, Nr. 23, Innsbruck, 6. Juni 1964.

Die Wirtschaftsordnung von Heute. — In: Wirtschaft und Volksbildung. Bericht über die 17. Jahrestagung des oberösterreichischen Volksbildungswerkes. — In: Mitteilungen des oberösterreichischen Volksbildungswerkes, Jg. 14, Nr. 11—16, Linz, 1964.

Die unbewältigte Konjunktur. — In: Der Volksbote, Jg. 64, Nr. 40, Innsbruck, 3. Oktober 1964.

Der Werdegang des Bundesfinanzgesetzes. Ein Gradmesser für den Steuerzugriff des Staates. — In: Der Volksbote, Jg. 64, Nr. 45, Innsbruck, 7. November 1964.

Devisenbringer — Geldverteiler. Der Fremdenverkehr bringt Belebung in allen Wirtschaftszweigen. — In: Der Volksbote, Jg. 64, Nr. 50, Innsbruck, 12. Dezember 1964.

Weihnachtsgeschenke. — In: Südost-Tagespost, Jg. 19, Nr. 296, Graz, 20. Dezember 1964.

Freie Bahn für den Außenhandel. Österreichs Außenhandel muß neue Tore aufstoßen. — In: Der Volksbote, Jg. 65, Nr. 9, Innsbruck, 27. Februar 1965.

Das Milchgeld der Bauern. — In: Der Volksbote, Jg. 65, Nr. 12, Innsbruck, 20. März 1965.

Zwanzig Jahre wirtschaftlicher Aufstieg. Österreich hat bewiesen, daß es lebensfähig ist. — In: Der Volksbote, Jg. 65, Nr. 16, Innsbruck, 17. April 1965.

Die Wohnungsfrage ist nicht mit Schlagworten zu lösen. — In: Der Volksbote, Jg. 65, Nr. 22, Innsbruck, 29. Mai 1965.

Reform der Verstaatlichten:
1. Die ökonomische Übermacht des Staates
2. Die Vorschläge der beiden Großparteien
3. Grundsätze der Schlüssel-Unternehmungen
   Das Aktienrecht ist unzulänglich
4. Ein eigenständiges Wirtschaftsrecht. — In: Die Wirtschaft, Jg. 20, Nr. 25, 26, 27, 28, Wien, 19. u. 26. Juni, 3. u. 10. Juli 1965.

Industriegesellschaft braucht gebildete und verantwortungsfreudige Arbeiter. — In: Der Volksbote, Jg. 65, Nr. 30, Innsbruck, 24. Juli 1965.

4. Vorträge

Österreich ist lebensfähig, Graz: 5. Oktober 1945.

Die Ordnung der Wirtschaft, Akademiker-Runde, Graz: 29. Mai 1946.

Grundprobleme der Staatswirtschaft, Hochschulwoche, Bad Ischl: 29. Juli 1946.

Die Wirtschaft, Schicksal oder Aufgabe des Menschen, Gesellschaft für christliche Kultur, Altdorf-Schweiz: 4. Dezember 1947.

Wirtschaftsplanung und Wirtschaftslenkung, Steirische Urania, Leoben: 28. Jänner 1948.

Die Vermögenssubstanzsteuer, Verband der steirischen Waldbesitzer, Graz: 8. Juni 1948.

Entwicklungstendenzen der Staatswirtschaft, Sommer-Hochschulkurs, Bad Ischl: 13. September 1948.

Die Gesellschaft, Aufbau und Krisen, Steirische Hochschulwochen, Seckau: 3.—7. August 1949.

Die Grenzen der Besteuerung, Vereinigung österreichischer Industrieller — Steuerausschuß, Graz: 20. Dezember 1949.

Die modernen Grundsätze der Budgeterstellung, Gesellschaft für Wirtschafts- und Sozialpolitik, Salzburg: 14. April 1950.

Die Stellung des Akademikers in der Gesellschaft, Steirischer Akademiker-Verband, Graz: 19. Mai 1950.

Situation und Probleme der Sozialwissenschaften, Salzburger Hochschulwochen, Salzburg: 3.—5. August 1950.

Die Vollbeschäftigung der Volkswirtschaft, Alpine — Werk Zeltweg, Zeltweg: 23. September 1950.

Die volkswirtschaftliche Bedeutung des Großgrundbesitzes, Steirisch-Kärntnerischer Großgrundbesitzer-Verband, Graz: 23. April 1951.

Integrationsstufen der Volkswirtschaften, Arbeitskreis für europäische Vereinigung, Salzburg: 25. Mai 1951.

Die Gesinnung des Wirtschaftens, Internationale Studienwoche, Kremsmünster: 22. August 1951.

Industriepolitische Probleme der Gegenwart, Sommer-College, Bad-Ischl: 23. August 1951.

Vollbeschäftigung und Finanzpolitik, Wirtschaftswissenschaftliche Tagung, Bad Ischl: 29. August 1951.

Welchen Wert hat mein Lohn? Arbeiterhochschule, Graz: 1. Oktober 1951.

Die Steuerreform, Arbeiterkammer für Kärnten, Klagenfurt: 24. November 1951.

Vom Proletariat zum Arbeitertum, Stiftungskurs des Österreichischen Produktivitätszentrums, Graz: 21. Februar 1952.

Sicherheit und Freiheit in der Wirtschaftsordnung, Grazer Kreis, Graz: 1. März 1952.

Die Bedrohung von Mensch und Gesellschaft durch Wirtschaft und Staat, Beirat für christliche Politik, Maria-Zell: 1. Mai 1952.

Die Öffentliche Wirtschaft als Ordnungsfaktor der Volkswirtschaft, Salzburger Hochschulwochen, Salzburg: 26. August 1952.

Öffentliche Wirtschaft und Volkswirtschaft, Studientagung des Internationalen Instituts für Sozialwissenschaften, Eichstätt: 30. Oktober 1952.

Die Wandlung der Eigentumsordnung, Katholisches Bildungswerk, Linz: 25. Februar 1953.

Die Krise des modernen Steuerstaates, Tagung der Finanzkammerdirektoren, Graz: 10. März 1953.

Wirtschaft und Politik, Politisches Seminar, Graz: 8. April 1953.

Die Familie — die soziale Frage unserer Zeit, Arbeitsgemeinschaft für Familienpolitik, Graz: 30. Juni 1953.

Die Integration der Volkswirtschaften Europas, Europa-Komitee der Jugend, Schloß Trautenfels: 17. Juli 1953.

Der Beruf als formende Kraft in der Gesellschaft, Hochschulwoche der oberösterreichischen Studenten, Orth bei Gmunden: 24. August 1953.

Liberalisierung und Konsumentenpolitik in Österreich, Verbandstag des österreichischen Konsumverbandes, Wien: 18. Oktober 1953.

Der Land- und Forstarbeiter, eine ökonomische und soziale Skizze, Schulungstagung der Landes-Landarbeiterkammer, St. Martin bei Graz: 5. Februar 1954.

Wirtschaft als Tugend und Laster, Katholisches Bildungswerk, Linz: 18. April 1954.

Die Stellung des Gewerbes in der gegenwärtigen Wirtschaft, Verbandstag der österreichischen Gewerblichen Genossenschaften, Gmunden: 29. Mai 1954.

Das gemeinsame Ziel der Genossenschaften, Tagung des Österreichischen Genossenschaftsinstitutes an der Universität Wien, Wien: 19. Juni 1954.

Beruf und Bildungsgang des Juristen, Kärntner Hochschulwochen, Klagenfurt: 2. Oktober 1954.

Eigentum und Gesellschaft, Kärntner Hochschulwochen, Klagenfurt: 3. Oktober 1954.

Die Produktivitätssteigerung, Notwendigkeit und Möglichkeit, Stiftungskurs des Österreichischen Produktivitätszentrums, Graz: 14. Oktober 1954.

Marktforschung, Genossenschaftliches Seminar, Graz: 29. November 1954.

Wirtschafts- und Finanzpolitik Österreichs seit 1945, Verband der Land- und Forstarbeiter, Graz: 4. Dezember 1954.

Volkswirtschaft und Betrieb, Betriebswirtschaftliches Seminar der Fa. Humanic, Graz: 4. Februar 1955.

Funktionen und Formen des Handels, Verkaufsleiter-Seminar der Fa. Humanic, Graz: 18. März 1955.

Die volkswirtschaftlichen Aufgaben der Raiffeisen-Genossenschaften, Generalversammlung der Raiffeisen-Zentralkassa, Graz: 21. März 1955.

Die Wandlung von der quantitativen zur qualitativen Sozialpolitik, Arbeitsgemeinschaft österreichischer Werkschriftsteller, Graz: 25. März 1955.

Der Betrieb als Leistungs- und Lebensgemeinschaft, Betriebswirtschaftliches Seminar der Fa. Humanic, Graz: 15. April 1955.

Offene Fragen des Akademikerproblems, Steirischer Akademikerverband, Graz: 25. Mai 1955.

Die Wirtschaft jenseits von gut und böse, Werkwoche der Kärntner Hochschüler, Schloß Wernberg: 27. Juli 1955.

Vom Arbeiter zum Mitarbeiter, Vereinigung Österreichischer Industrieller, Pörtschach: 9. September 1955.

Wirtschaftsethik, Studium generale der Karl-Franzens-Universität, Graz: 11. November 1955.

Der soziale Rahmen der Marktwirtschaft, Grazer Urania, Graz: 24. Mai 1956.

Der Priester in der Gesellschaft, Theologen-Woche, Rein: 24. Juli 1956.

Die Landwirtschaft im Konjunkturzyklus, Kammer für Land- und Forstwirtschaft für Salzburg, Salzburg: 3. Jänner 1957.

Wirtschaft als Selbstzweck und Gemeinzweck, Tagung des Österreichischen Gewerkschaftsbundes, Wien: 20. Februar 1957.

Die öffentliche Wirtschaft im Spannungsfeld von Sicherheit und Freiheit, Inaugurationsrede in der Aula der Karl-Franzens-Universität, Graz: 15. November 1957.

Das neue Wirtschaftsprogramm der Sozialistischen Partei Österreichs, Vereinigung Österreichischer Industrieller — Wirtschaftspolitischer Ausschuß, Graz: 30. Jänner 1958.

Wesen und Gefährdung der Gesellschaft, Salzburger Hochschulwochen, Salzburg: 11.—14. August 1958.

Die Freihandelszone als Weg zum größeren Markt, Wirtschaftswissenschaftliche Tagung, Bad Ischl: 25. August 1958.

Das Verhältnis der Sozialpartner, Österreichische Volkswirtschaftliche Gesellschaft, Wien, Tulbinger Kogel: 16. September 1958.

Die Stellung des Meisters im Industriebetrieb, Aufbau-Seminar der Steirischen Volkswirtschaftlichen Gesellschaft, Veitsch-Hubertushof: 18. Oktober 1958.

Das Bauerntum in der industriellen Gesellschaft, Tagung der Görresgesellschaft, Passau: 6. Oktober 1959.

Der Unternehmer, seine Aufgaben in Gesellschaft und Wirtschaft, Kammer der gewerblichen Wirtschaft für Salzburg, Salzburg: 25. November 1959.

Das Handwerk in Gegenwart und Zukunft, Tag des Kärntner Handwerks, Klagenfurt: 28. September 1960.

Die Ethik als Faktor der Wirtschafts- und Sozialpolitik, Volkshochschule Salzburg, Salzburg: 4. November 1960.

Die Finanzpolitik der Gegenwart, Seminar für höhere Finanzbeamte Kärntens, Bleiburg: 30. November 1960.

Der Konzentrationsprozeß in der Wirtschaft, Seminar für Unternehmer Kärntens, Bleiburg: 16. Jänner 1961.

Zweck der Wirtschaft und Aufbau der Volkswirtschaft, Seminar für Mittelschullehrer Steiermarks, Kapfenberg: 4. Mai 1961.

Die Öffentliche Wirtschaft im Dienste der Volkswirtschaft, Juristen-Seminar der Kärntner Landesregierung, Klagenfurt: 29. Mai 1961.

Die Aufgaben der landwirtschaftlichen Genossenschaften für Produktion und Verwertung, Genossenschaftstagung des österreichischen Raiffeisenverbandes, Bregenz: 9. Juni 1961.

Der Fremdenverkehr in der österreichischen Volkswirtschaft, Generalversammlung der österreichischen Hoteliersvereinigung, Baden: 25. Oktober 1961.

Die gegenwärtige Wirtschaftsordnung, Vereinigung Österreichischer Industrieller, Salzburg: 27. Oktober 1961.

Lebensglück und Lebensstandard, Studium generale der Karl-Franzens-Universität, Graz: 30. November 1961.

Der Betrieb als Leistungsgemeinschaft, Seminar der Kärntner volkswirtschaftlichen Gesellschaft für Mittelschullehrer Kärntens, Bleiburg: 19. Jänner 1962.

Die Assoziierung Österreichs mit der EWG und die österreichische Landwirtschaft, Arbeitgeberverband der Land- und Forstwirtschaft, Graz: 19. Februar 1962.

Die volkswirtschaftliche Funktion des Handelns, Sektion Handel der Kammer für gewerbliche Wirtschaft Steiermarks, Graz: 20. Februar 1962.

Die Assoziierung Österreichs mit der EWG. Seminar der Steirischen volkswirtschaftlichen Gesellschaft für Mittelschullehrer Steiermarks, Kapfenberg: 11. März 1962.

Das österreichische Staatsbewußtsein, Seminar für politische Bildung, St. Martin bei Graz: 12. März 1962.

Tarifpolitik der Öffentlichen Wirtschaft, Juristen-Seminar der Kärntner Landesregierung, Klagenfurt: 29. Mai 1962.

Der Handel im Umbruch von Gesellschaft und Wirtschaft, Seminar der Wiener volkswirtschaftlichen Gesellschaft für Professoren der Handelsakademien von Wien, Maria-Schutz: 27. Juni 1962.

Geld und Geldwert, Seminar für mittlere Finanzbeamte Kärntens, Heroldek: 12. Oktober 1962.

Die Forderung der Wirtschaft an die Schule unserer Zeit, Pädagogisches Seminar des Grazer Stadtschulrates, Graz: 10. Dezember 1962.

Die Bedeutung des Baugewerbes für die Volkswirtschaft, Tagung der Landesinnung des Baugewerbes, Graz: 19. Dezember 1962.

Das Bauerntum in der Zukunft, Absolventen-Tagung der Landwirtschaftsschule in Hatzendorf, Hatzendorf: 28. Dezember 1962.

Die Wehrwirtschaft als Friedensaufgabe, Wehrpolitisches Seminar der Karl-Franzens-Universität, Graz: 15. Jänner 1963.

Das Wohnungs- und Mietenproblem — eine Lebensfrage Österreichs, Tagung des Österreichischen Hausherrenverbandes, Graz: 25. Mai 1963.

Die Wirtschaft der Alpentäler und der Fremdenverkehr, Internationale Tagung für Probleme der Wirtschaft in den Alpentälern, Turin: 1. Juni 1963.

Die äußere und innere Not der Hochschulen, Studium generale der Karl-Franzens-Universität, Graz: 7. November 1963.

Die christlichen Ordnungsprinzipien der Gesellschaft, Verbandstag des Steirischen Cartellverbandes, Graz: 11. Dezember 1963.

Das Geld als Organisationsmittel der Volkswirtschaft, Tagung der Österreichischen Bankwissenschaftlichen Gesellschaft, Graz: 12. Dezember 1963.

Wirtschaft und Gesellschaft im österreichischen Barock, Vortragsreihe der Urania, Graz: 17. Jänner 1964.

Vollbeschäftigung und Konjunkturpolitik, Seminar für Jungunternehmer Salzburgs, Kuchl: 19. April 1964.

Der ökonomische Leviathan oder die wirtschaftliche Übermacht des Staates, Kammer der gewerblichen Wirtschaft für Steiermark, Graz: 26. Juni 1964.

Die einigenden Kräfte der Wirtschaft, Steirische Akademie, Graz-Eggenberg: 23. September 1964.

Die Angestellten, Wirtschaftspolitischer Beirat, Graz: 10. November 1964.

Das österreichische Staatsbewußtsein, Festrede bei der akademischen Feier der drei Grazer Hochschulen in der Karl-Franzens-Universität am 20. Jahrestag der Wiedererstehung Österreichs, Graz: 27. April 1965.

Die Stellung des Lehrers in der gegenwärtigen Gesellschaft, Jubiläumstagung des Österr. Lehrerbundes, Klagenfurt: 4. Juni 1965.

Die Vermenschlichung der Institution und Funktion, Salzburger Hochschulwochen, Salzburg: 22.—25. August 1965.

Die Elite aus Geist und Verantwortung, zur gegenwärtigen Wirtschaftsordnung Österreichs, Inaugurationsrede in der Aula der Karl-Franzens-Universität, Graz: 19. November 1965.

5. Herausgeber

Grundrisse der Sozialwissenschaften, Bd. 1—4, Teil 1 und 2, Wien 1948—1954.

Handbuch der österreichischen Wirtschaftspolitik, Wien 1961.

6. Mitarbeiter

Handbuch der Finanzwissenschaft, 2. Aufl., Tübingen 1952—1965.

Handwörterbuch der Sozialwissenschaften, Göttingen 1952 ff.

Staatslexikon, Freiburg 1956—1962.

Katholisches Soziallexikon, Innsbruck 1964.

Handbuch der Weltgeschichte, Olten 1954—1958.

Neue deutsche Biographie, München 1955 ff.

Wirtschaftspolitische Blätter, Wien 1955 ff.

FSC
www.fsc.org
MIX
Papier | Fördert gute Waldnutzung
FSC® C083411

Kolibri 360 GmbH
Ferdinand-Jühlke-Straße 7
99095 Erfurt, Deutschland
produktsicherheit@kolibri360.de

Druck:
CPI Druckdienstleistungen GmbH
im Auftrag der
Kolibri 360 GmbH
Ferdinand-Jühlke-Str. 7
99095 Erfurt